普通高等院校船舶与海洋工程"十三五"规划教材

U0645240

船舶结构力学内容精要与典型题解析

主　编　王　林　高　慧
副主编　刘　军　孟　巧

哈尔滨工程大学出版社
Harbin Engineering University Press

内 容 简 介

船舶结构力学是一同船舶与海洋工程领域密切相关的专业基础学科。学习船舶结构力学一是要理解基本概念,掌握基本理论和基本方法;二是要重视实践,掌握船舶结构力学解题思路及其工程应用。通过演算、分析一定数量的典型题,可以加深对基本概念的理解,以及对基本理论和基本方法的应用,从而培养分析、解决工程实际问题的能力。本书共有9章内容,每一章包含内容精要、常用知识点和典型题解析。"内容精要"和"常用知识点"以提纲挈领的形式,列出各章的基本概念和基本公式。这一部分是对各章内容的归纳总结,也是对各章概念和公式的强调。"典型题解析"精选了一些较为典型、概念性较强的典型题,同时还精选出全国部分重点高校历年来研究生入学考试试题,每道题均给出了详细的解答过程。通过一定数量的典型题的训练,可以大大提高学生的解题能力,并拓展其知识面。

本书适合船舶与海洋工程专业的本科生、专科生学习使用,也可作为相关专业研究生入学考试的参考资料。

图书在版编目(CIP)数据

船舶结构力学内容精要与典型题解析 / 王林,高慧
主编.—哈尔滨 : 哈尔滨工程大学出版社,2020.1(2023.6 重印)
ISBN 978 – 7 – 5661 – 2635 – 1

Ⅰ. ①船…　Ⅱ. ①高…②王…　Ⅲ. ①船舶 – 结构力
学 – 高等学校 – 教学参考资料　Ⅳ. ①U661.4

中国版本图书馆 CIP 数据核字(2019)第 302119 号

选题策划　　薛　力
责任编辑　　张　彦　　杨思雨
封面设计　　刘长友

出版发行	哈尔滨工程大学出版社
社　　址	哈尔滨市南岗区南通大街 145 号
邮政编码	150001
发行电话	0451 – 82519328
传　　真	0451 – 82519699
经　　销	新华书店
印　　刷	哈尔滨午阳印刷有限公司
开　　本	787 mm × 1 092 mm　1/16
印　　张	11.75
字　　数	300 千字
版　　次	2020 年 1 月第 1 版
印　　次	2023 年 6 月第 2 次印刷
定　　价	33.00 元

http://www.hrbeupress.com
E-mail:heupress@ hrbeu.edu.cn

前　言

　　本书是编者基于长期进行船舶结构力学教学(包括课堂讲授和习题课教学)所积累的经验编写的。在教学中,我们使用了陈铁云教授编著的《船舶结构力学》和陈伯真教授编写的《船舶结构力学习题集》。在编写本书的过程中,参考了以上两本书和其他兄弟高校的相应教材。

　　多年来,学生常常问我们为什么不出一本习题解析集,我们的想法很简单,即不希望学生在学习过程中受到不必要的束缚,更希望他们能充分发挥自己的主观能动性。但是鉴于当前形势的变化,学生需要掌握的新知识量大大增加,而学习时间相对减少;择业难度的增加也要求学生需要更加扎实和灵活地掌握知识;另外从因材施教的角度来讲,对不同的学生应有不同的要求。以上便是我们编写本书的初衷,希望本书能够起到抛砖引玉的作用。

　　本书由王林、高慧主编,由江苏海洋大学刘军老师、南通理工学院孟巧老师参与编写,向以上参编老师表示感谢。全书最终由王林和高慧共同修改审定。

　　本书选题立足于本科生的基本学习要求,又兼顾了部分渴望在本专业继续深造的读者的需求。由于编者水平有限,不妥之处在所难免,欢迎本书的读者不吝批评指正。

编　者
2020 年 1 月

目　　录

第1章 绪 论

1.1 内容精要

本章叙述了船舶结构力学的主要内容、任务和研究方法,讨论了船体结构计算图形的建立,介绍了三种典型的杆系(连续梁、刚架、板架)和矩形平板等计算图形。

1.2 常用知识点

(1)总纵强度。船在沿船长方向分布的重力与浮力作用下会产生弯曲变形和应力,而船体结构能够抵抗这种弯曲,不使整体结构遭受破坏或不允许的变形的能力就是总纵强度。

(2)局部强度、横向强度。横向构件(横梁、肋骨、肋板)和局部构件(船底板、底纵桁)抵抗因局部荷重而发生变形或受到破坏的强度。

(3)稳定性问题。随着船的尺度增加,船体弯曲时受压的构件会因过度受压而失稳。

(4)扭转强度问题。船与波浪斜交时,船体发生扭转。

(5)应力集中。主要发生在舱口角隅、船体上层建筑的端部、河内船舷侧开的波门及其他不连续的地方。

(6)带板。骨架上的板与骨架相连的部分叫带板。带板宽度依据船舶建造规范中的规定选取。

(7)计算图形。在船体结构计算中,需要根据实际结构的受力特征、结构相互之间的影响和计算要求等因素对实际结构进行简化,简化后得到的结构称为结构的计算图形。

1.3 典型题解析

1. 船体结构中,哪些构件是承受总纵弯曲的? 哪些构件是承受横向弯曲和局部弯曲的? 哪些构件是既承受总纵弯曲又承受局部弯曲的?

解 ①承受总纵弯曲的构件有船底板、内底板、船底纵骨、舷侧列板及舷侧纵骨、连续纵桁、龙骨、连续甲板及甲板纵骨等远离中和轴的纵向连续构件;

②承受横向弯曲和局部弯曲的构件有甲板强横梁、船底肋板、肋骨、甲板板、平台甲板、船底板、纵骨、底纵桁、龙骨等；

③既承受总纵弯曲又承受局部弯曲的构件有甲板、船底板、纵骨、底纵桁、龙骨等。

2.船体结构中甲板板、舷侧外板、内底板、外底板及舱壁板各受到什么荷重？

解 ①甲板板：总纵弯曲力、横向货物的压力、上浪水的压力；

②舷侧外板：总纵弯曲力、横向水的压力、货物挤压力；

③内底板：货物横向载荷、液舱水的压力，连续内底板参与总纵弯曲；

④外底板：总纵弯曲力、压载舱内水压力、船外水的压力；

⑤舱壁板：货物横向力、舱内液体压力。

第 2 章　单跨梁的弯曲理论

2.1　内　容　精　要

(1)本章主要叙述普通梁、复杂弯曲梁及弹性基础梁的弯曲理论,要求在已知梁的尺度、材料、荷重及边界条件下能够求出梁的挠度、转角、弯矩及剪力等弯曲要素,从而计算出梁的应力与变形。

(2)求解单跨梁弯曲要素的基本方法包括初参数法和利用梁的弯曲要素表的叠加法。

应用初参数法时,利用推导出的梁在任意边界条件下、一般荷重作用下的挠曲线方程式,再根据梁端实际的边界条件求取方程式中的未知初参数。如果是静定梁或具有对称性的梁,可利用静力平衡方程式或对称条件求出某些未知初参数,以使求解过程简化。

用梁的弯曲要素表计算时,应注意以下几点:

①充分了解已知弯曲要素表的种类、应用范围、坐标及符号法则。

②不同荷重作用下的弯曲要素可由各个荷重作用下的弯曲要素叠加得到(叠加法),但对于复杂弯曲的梁,只有在轴向力不变时才能用叠加法;对于弹性基础梁,只有在弹性基础刚度为常数时才可用叠加法。

③在画梁的弯矩图与剪力图时,尽可能将梁化为两端自由支持的情形来做;在画叠加弯矩图与剪力图时,注意图形及符号,并尽量使得最终的弯矩图与剪力图保持清晰。

④计算的最终目的是求出梁的应力,因此还需要掌握梁的正应力与切应力的计算方法。

2.2　常用知识点

(1)平断面假定:梁在弯曲前的断面是平面,在弯曲以后仍为平面。适用条件:梁的高度与长度比小于 1/10,剪切对弯曲影响很小可以忽略不计。

(2)符号法则:梁的挠度 v 向下为正;梁的断面转角 $\theta = \mathrm{d}v/\mathrm{d}x$,顺时针方向转动为正;梁断面弯矩 M 左断面逆时针为正,右断面顺时针为正;梁断面剪力 N 左断面向下为正,右断面向上为正,即使微段产生逆时针转动趋势时为正。

(3)使用叠加原理的条件:①材料满足胡克定律;②小变形;③弯曲要素与外力呈线性关系。

(4)一般荷重下梁的挠曲线方程为

$$v = v_0 + \theta_0 x + \frac{M_0 x^2}{2EI} + \frac{N_0 x^3}{6EI} + \Big\|_a \frac{m(x-a)^2}{2EI} + \Big\|_b \frac{P(x-b)^2}{6EI} + \Big\|_c \int_c^x \frac{q(\xi)}{6EI}(x-\xi)^3 \mathrm{d}\xi$$

（5）应力

正应力

$$\sigma = -\frac{My}{I}$$

切应力

$$\tau = \frac{NS}{Ib}$$

式中，$\tau_{max} = \frac{N}{A_s}$；$A_s$ 为梁断面的有效抗剪面积，圆断面取 $\frac{3}{4}A$（A 为断面面积，下同），矩形断面取 $\frac{2}{3}A$，工字钢断面取 A_w（腹板面积）。

（6）剪切作用的梁的弯曲

弯矩形成的挠度

$$v_1 = f(x) + \frac{ax^3}{6} + \frac{bx^2}{2} + cx + d, f(x) = \frac{1}{EI}\int_c^x\int_0^x\int_0^x\int_0^x q\,\mathrm{d}x^4$$

剪切挠度

$$v_2 = -\frac{EI}{GA_s}\big[f''(x) + ax\big] + c_2$$

梁的总挠度

$$v = v_1 + v_2 = f(x) - \frac{EI}{GA_s}f''(x) + \frac{ax^3}{6} + \frac{bx^2}{2} + \left(c - \frac{EI}{GA_s}a\right)x + d$$

（7）复杂弯曲

微分方程式

$$EIv^{IV} - Tv'' = q(\text{拉}), \quad EIv^{IV} + T^*v'' = q(\text{压})$$

梁受任意横向荷重时的挠曲线通用公式

$$v = v_0 + \frac{\theta_0}{k}\mathrm{sh}\,kx + \frac{M_0}{EIk^2}(\mathrm{ch}\,kx - 1) + \frac{N_0}{EIk^3}(\mathrm{sh}\,kx - kx) + \parallel_a \frac{m}{EIk^2}\big[\mathrm{ch}\,k(x-a) - 1\big] +$$

$$\parallel_b \frac{P}{EIk^3}\big[\mathrm{sh}\,k(x-b) - k(x-b)\big] + \parallel_c \int_c^x \frac{q(\xi)\mathrm{d}\xi}{EIk^3}\big[\mathrm{sh}\,k(x-\xi) - k(x-\xi)\big] \,(\text{拉})$$

式中，$k = \sqrt{\dfrac{T}{EI}}$，当 $x > d$ 时，积分上限为 d。

$$v = v_0 + \frac{\theta_0}{k^*}\mathrm{sh}\,k^*x + \frac{M_0}{EIk^{*2}}(1 - \cos k^*x) + \frac{N_0}{EIk^{*3}}(k^*x - \sin k^*x) +$$

$$\parallel_a \frac{m}{EIk^{*2}}\big[1 - \cos k^*(x-a)\big] + \parallel_b \frac{P}{EIk^{*3}}\big[k^*(x-b) - \sin k^*(x-b)\big] +$$

$$\parallel_c \int_c^x \frac{q(\xi)\mathrm{d}\xi}{EIk^{*3}}\big[k^*(x-\xi) - \sin k^*(x-\xi)\big] \,(\text{压})$$

式中，$k^* = \sqrt{\dfrac{T^*}{EI}}$，当 $x > d$ 时，积分上限为 d。

用弯曲要素表求解时，使用参数 $u = \dfrac{kl}{2} = \dfrac{l}{2}\sqrt{\dfrac{T}{EI}} > 0$。当杆件轴向受拉时，辅助函数随 u 的增大而减小，说明轴向拉力使梁的弯曲要素减小；当杆件轴向受压时，辅助函数随 u^* 的增加而增大,说明轴向压力使梁的弯曲要素增大。

（8）弹性基础梁的弯曲

微分方程式

$$EIv^{IV} + kv = q$$

梁受任意横向荷重时的弹性基础梁挠曲线通用公式

$$v = v_0 V_0(\alpha x) + \frac{\theta_0}{\sqrt{2}\alpha} V_1(\alpha x) + \frac{M_0}{2\alpha^2 EI} V_2(\alpha x) + \frac{N_0}{2\sqrt{2}\alpha^3 EI} V_3(\alpha x) + \|_a \frac{m}{2\alpha^2 EI} V_2[\alpha(x-\alpha)] +$$

$$\|_b \frac{P}{2\sqrt{2}\alpha^3 EI} V_3[\alpha(x-b)] + \|_c \int_c^x \frac{q(\xi)\mathrm{d}\xi}{2\sqrt{2}\alpha^3 EI} V_3[\alpha(x-\xi)]$$

式中,$\alpha = \sqrt[4]{\dfrac{k}{4EI}}$,当 $x > d$ 时,积分上限为 d。

用弯曲要素表求解时,使用参数 $u = \dfrac{\alpha l}{2} = \dfrac{l}{2}\sqrt[4]{\dfrac{k}{4EI}}$。当 $u = 0$ 时,辅助函数等于 1,无弹性基础;当 $u > 0$ 时,辅助函数随 u 的增大而减小,说明弹性基础相较于无弹性基础时变形要小。

2.3 典型题解析

1. 用初参数法写出图 2.1 中单跨梁的挠曲线方程及边界条件,不需要求解。（对图中的梁,要取两种坐标:坐标原点在左端及坐标原点在跨中）

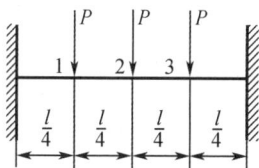

图 2.1

解:设坐标原点在左端及在跨中时的挠曲线方程分别为 $v_1(x)$ 与 $v_2(x)$。

①坐标原点在左端

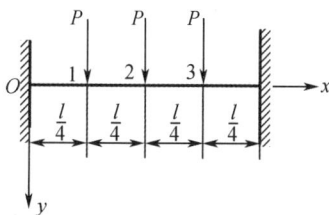

边界条件:$x = 0$,$v_0 = \theta_0 = 0$,$x = l$,$v_l = \theta_l = 0$。

$$v_1(x) = \frac{M_0 x^2}{2EI} + \frac{N_0 x^3}{6EI} + \|_{\frac{l}{4}} \frac{P\left(x - \frac{l}{4}\right)^3}{6EI} + \|_{\frac{l}{2}} \frac{P\left(x - \frac{l}{2}\right)^3}{6EI} + \|_{\frac{3l}{4}} \frac{P\left(x - \frac{3l}{4}\right)^3}{6EI}$$

②坐标原点在跨中

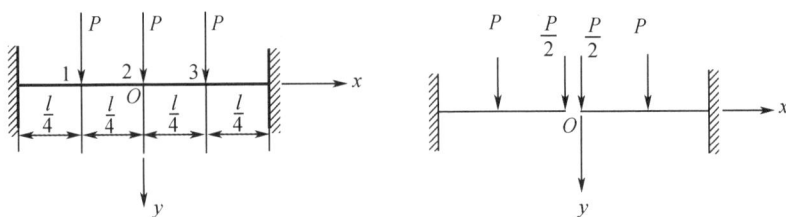

边界条件: $x = 0, \theta_0 = N_0 = 0, x = \dfrac{l}{2}, v_{\frac{l}{2}} = N_{\frac{l}{2}} = 0$。

$$v_2(x) = v_0 + \frac{M_0 x^2}{2EI} + \frac{Px^3}{12EI} + \|_{\frac{l}{4}} \frac{P\left(x - \dfrac{l}{4}\right)^3}{6EI}$$

2. 利用梁的弯曲要素计算:

①图 2.1 中梁上 1,2 点处的挠度。

②图 2.2 中梁两端的转角及力 P 的作用点的挠度,已知 $M = 0.1Pl$。

③图 2.3 中梁中点挠度与左端转角,已知 $P = \dfrac{1}{3}ql$。

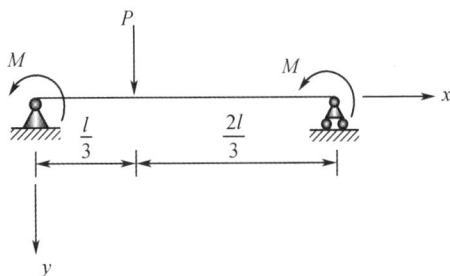

图 2.2

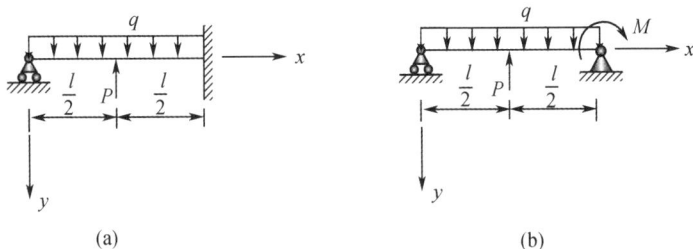

(a)   (b)

图 2.3

解:①查附录表 A – 4

1 点处

$$a = b = \frac{l}{2}, x = \frac{l}{4} \Rightarrow v_1^1 = \frac{Pl^3}{384EI}$$

2 点处

$$a = \frac{l}{4}, b = \frac{3l}{4} \Rightarrow v_1^2 = \frac{5Pl^3}{1\,536EI}$$

两项叠加得到

$$v_1 = v_1^1 + v_1^2 = \frac{Pl^3}{384EI} + \frac{5Pl^3}{1\,536EI} = \frac{3Pl^3}{512EI}$$

同理

1 点处

$$v_2^1 = \frac{Pl^3}{192EI}$$

2 点处

$$a = \frac{l}{4}, b = \frac{3l}{4} \Rightarrow v_2^2 = \frac{Pl^3}{192EI}$$

两项叠加得到

$$v_2 = v_2^1 + v_2^2 = \frac{Pl^3}{192EI} + \frac{Pl^3}{192EI} = \frac{Pl^3}{96EI}$$

②查附录表 A - 2

1 点处

$$a = \frac{l}{3}, b = \frac{2l}{3} \Rightarrow \theta_1^P = \frac{5Pl^2}{81EI}, \theta_2^P = -\frac{4Pl^2}{81EI}, v_{l/3}^P = \frac{4Pl^3}{243EI}$$

2 点处

$$x = \frac{l}{3} \Rightarrow \theta_1^M = -\frac{Ml}{3EI} + \frac{Ml}{6EI} = -\frac{Pl^2}{60EI}, \theta_2^M = -\frac{Pl^2}{60EI}, v_{l/3}^M = -\frac{Pl^3}{810EI}$$

两项叠加得到

$$\theta_1 = \theta_1^P + \theta_1^M = \frac{5Pl^2}{81EI} - \frac{Pl^2}{60EI} = \frac{73}{1\,620}\frac{Pl^2}{EI}$$

$$\theta_2 = \theta_2^P + \theta_2^M = -\frac{4Pl^2}{81EI} - \frac{Pl^2}{60EI} = -\frac{107}{1\,620}\frac{Pl^2}{EI}$$

$$v_{l/3} = v_{l/3}^P + v_{l/3}^M = \frac{4Pl^3}{243EI} - \frac{Pl^3}{810EI} = \frac{37}{2\,430}\frac{Pl^3}{EI}$$

③查附录表 A - 3

$$v_{l/2} = v_{l/2}^P + v_{l/2}^q, \theta_0 = \theta_0^P + \theta_0^q$$

$$v\left(\frac{l}{2}\right) = \frac{ql^4}{192EI} - \frac{7ql^4}{3\,768EI} = \frac{5ql^4}{2\,304EI}$$

如果不能直接查出 θ_0，可先查出右端弯矩 M，然后化为两端自由支持梁，见图 2.3(b)，再查附录表 A - 3。

$$M = -\frac{3}{16}Pl + \frac{1}{8}Ql = -\frac{3}{16} \times \frac{1}{3}ql^2 + \frac{1}{8}ql^2 = -\frac{1}{16}ql^2$$

$$\theta_0 = \frac{Ql^2}{24EI} - \frac{Pl^2}{16EI} - \frac{Ml}{6EI} = \frac{ql^3}{24EI} - \frac{Pl^2}{16EI} - \frac{l}{6EI} \times \frac{ql^2}{16} = \frac{ql^3}{96EI}$$

3. 利用梁的弯曲要素表计算图 2.4 中梁的右端弯矩 M_1 及左端转角 θ_0。已知 $q_2 = 2q_1$，$M = \frac{1}{6}q_1l^2$，梁的长度为 l，断面惯性矩为 I。

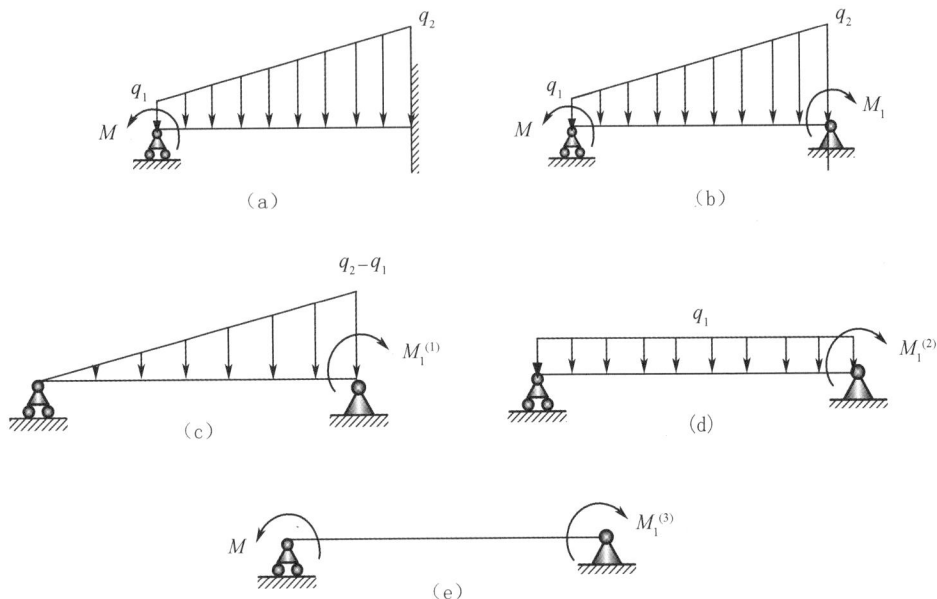

图 2.4

解 ①将梁化为图 2.4(b)所示形式,载荷分解成图 2.4(c)、(d)、(e)所示形式,梁右端弯矩 M_1 可查附录表 A-2,用叠加法求得

$$\begin{cases} -\dfrac{2}{45}\cdot\dfrac{l^2}{EI}\left[\dfrac{l}{2}(q_2-q_1)\right]+\dfrac{1}{3}\cdot\dfrac{M_1^{(1)}l}{EI}=0 \\[3mm] -\dfrac{1}{24}\cdot\dfrac{q_1l^3}{EI}+\dfrac{1}{3}\cdot\dfrac{M_1^{(2)}l}{EI}=0 \\[3mm] \dfrac{1}{6}\cdot\dfrac{Ml}{EI}+\dfrac{1}{3}\cdot\dfrac{M_1^{(3)}l}{EI}=0 \end{cases},$$

解得

$$\begin{cases} M_1^{(1)}=\dfrac{(q_2-q_1)l^2}{15} \\[3mm] M_1^{(2)}=\dfrac{q_1l^2}{8} \\[3mm] M_1^{(3)}=-\dfrac{M}{2}=-\dfrac{q_1l^2}{12} \end{cases}$$

已知,$q_2=2q_1$,故

$$M_1=M_1^{(1)}+M_1^{(2)}+M_1^{(3)}=\frac{q_1l^2}{15}+\frac{q_1l^2}{8}-\frac{q_1l^2}{12}=\frac{13}{120}q_1l^2$$

②求左端转角 θ_0,查附录表 A-2

$$\begin{cases} \theta_0^{(1)} = \dfrac{7}{180} \cdot \dfrac{(q_2 - q_1)l^3}{2EI} - \dfrac{1}{6} \cdot \dfrac{M_1^{(1)}l}{EI} = \left(\dfrac{7}{360} - \dfrac{1}{90}\right)\dfrac{(q_2 - q_1)l^3}{2EI} = \dfrac{q_1 l^3}{120EI} \\[3mm] \theta_0^{(2)} = \dfrac{q_1 l^3}{24EI} - \dfrac{M_1^{(2)}l}{6EI} = \left(\dfrac{1}{24} - \dfrac{1}{48}\right)\dfrac{q_1 l^3}{EI} = \dfrac{q_1 l^3}{48EI} \\[3mm] \theta_0^{(3)} = -\dfrac{Ml}{3EI} - \dfrac{M_1^{(3)}l}{6EI} = \left(\dfrac{1}{72} - \dfrac{1}{18}\right)\dfrac{q_1 l^3}{EI} = -\dfrac{3q_1 l^3}{72EI} = -\dfrac{q_1 l^3}{24EI} \end{cases}$$

$$\theta_0 = \theta_0^{(1)} + \theta_0^{(2)} + \theta_0^{(3)} = \dfrac{q_1 l^3}{120EI} + \dfrac{q_1 l^3}{48EI} - \dfrac{q_1 l^3}{24EI} = -\dfrac{q_1 l^3}{80EI}$$

4. 用梁的弯曲微分方程式的解及边界条件计算图 2.5(a)、图 2.6 中梁的挠曲线方程式。已知图 2.5(a)中 $A = \dfrac{l^3}{6EI}$。

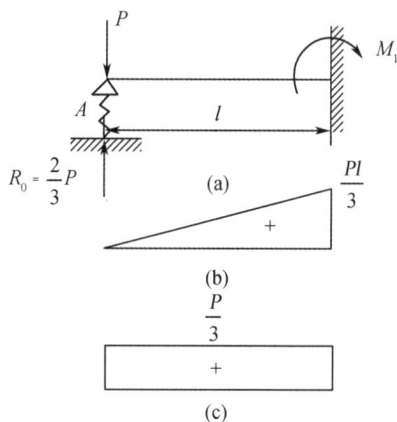

图 2.5

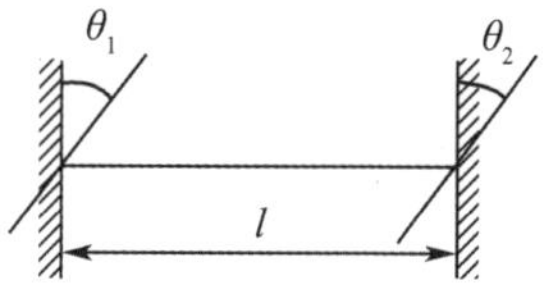

图 2.6

解　① 如图 2.5(a)所示,边界条件:$x = 0$,$M_0 = 0$,$v_0 = -AN_0$,则

$$x = l, v_l = \theta_l = 0$$

挠曲线方程为

$$v(x) = -AN_0 + \theta_0 x + \dfrac{N_0 x^3}{6EI} + \dfrac{Px^3}{6EI}$$

将 $x = l$,$v_l = \theta_l = 0$ 代入上式,得

$$\begin{cases} 0 = -AN_0 + \theta_0 l + \dfrac{N_0 l^3}{6EI} + \dfrac{Pl^3}{6EI} \\[3mm] 0 = \theta_0 + \dfrac{N_0 l^2}{2EI} + \dfrac{Pl^2}{2EI} \end{cases}$$

故 $N_0 = -\dfrac{2P}{3}$,$\theta_0 = -\dfrac{Pl^2}{6EI}$,求得

$$v(x) = \dfrac{Pl^3}{9EI} - \dfrac{Pl^2}{6EI}x + \dfrac{P}{18EI}x^3$$

②如图 2.6 所示,边界条件:$\begin{cases} x=0,v_0=0,\theta_0=\theta_1 \\ x=l,v_l=0,\theta_1=\theta_2 \end{cases}$

挠曲线方程为

$$v(x) = \theta_1 x + \frac{M_0 x^2}{2EI} + \frac{N_0 x^3}{6EI}$$

将 $x=l,v_l=0,\theta_1=\theta_2$ 代入上式,得

$$\begin{cases} 0 = \theta_1 l + \dfrac{M_0 l^2}{2EI} + \dfrac{N_0 l^3}{6EI} \\ \theta_2 = \theta_1 + \dfrac{M_0 l}{EI} + \dfrac{N_0 l^2}{2EI} \end{cases}$$

故 $N_0 = \dfrac{6(\theta_1+\theta_2)EI}{l^2}, M_0 = -\dfrac{4EI\theta_1}{l} - \dfrac{2EI\theta_2}{l}$,求得

$$v(x) = \theta_1 x - (2\theta_1 + \theta_2)\frac{x^2}{l} + (\theta_1 + \theta_2)\frac{x^3}{l^2}$$

5. 利用弯曲要素表计算出图 2.5(a)、图 2.7(a) 及图 2.8(a) 中梁的中点挠度与端点转角,并画出弯矩图及剪力图。梁长度为 l,断面惯性矩为 I,图 2.7 中 $A_1 = \dfrac{0.05l^3}{EI}$,$A_2 = \dfrac{0.02l^3}{EI}$;图 2.8 中 $A = \dfrac{l^3}{24EI}$,$a = \dfrac{l}{8EI}$。

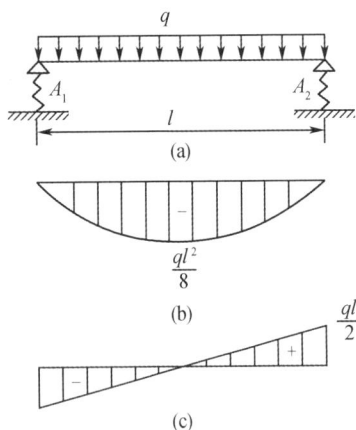

图 2.7

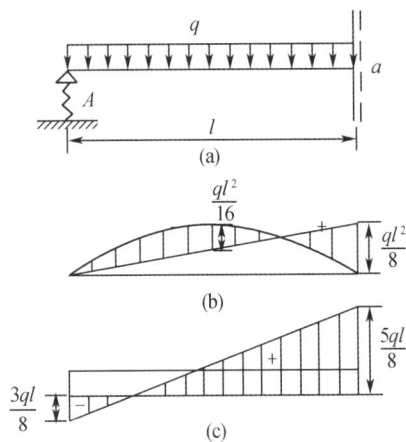

图 2.8

解:①求图 2.5 中梁的中点挠度与端点转角

梁固定端的弯矩

$$M_1 = \frac{Pa}{K_A}\left[\bar{A} + \frac{b}{6l}\left(1 + \frac{b}{l}\right)\right] \tag{1}$$

式中,$\bar{A} = \dfrac{AEI}{l^3} = \dfrac{l^3}{6EI} \cdot \dfrac{EI}{l^3} = \dfrac{1}{6}$;$K_A = \bar{a} + \bar{A} + \dfrac{1}{3} = 0 + \dfrac{1}{6} + \dfrac{1}{3} = \dfrac{1}{2}$。

将 $a = l, b = 0, \bar{A}, K_A$ 代入（1）式得

$$M_1 = 2Pl\left(\frac{1}{6}\right) = \frac{Pl}{3}, R_0 = \frac{Pl - M_1}{l} = P - \frac{P}{3} = \frac{2P}{3}$$

$$v_0 = AR_0 = \frac{l^3}{6EI} \cdot \frac{2P}{3} = \frac{Pl^3}{9EI}, v_{l/2} = \frac{v_0}{2} - \frac{M_1 l}{16EI} = \frac{5Pl^3}{144EI}$$

$$\theta_0 = -\frac{v_0}{l} - \frac{\bar{M}l}{6EI} = -\frac{Pl^2}{6EI}$$

梁的弯矩图及剪力图如图 2.5（b）、（c）所示。

②求图 2.7 中梁的中点挠度与端点转角

梁左端支反力

$$R_1 = \frac{ql}{2}$$

$$v_1 = A_1 R_1 = \frac{0.05l^3}{EI} \cdot \frac{ql}{2} = \frac{ql^4}{40EI}, v_2 = A_2 R_2 = \frac{l^3}{50EI} \cdot \frac{ql}{2} = \frac{ql^4}{100EI}$$

$$v_{l/2} = \frac{5ql^4}{384EI} + \frac{ql^4}{2EI}\left(\frac{1}{40} + \frac{1}{100}\right) = \frac{293ql^4}{9\,600EI}$$

$$\theta_1 = \frac{ql^3}{24EI} - \frac{v_1 - v_2}{l} = \frac{2ql^3}{75EI}, \theta_2 = -\frac{ql^3}{24EI} - \frac{v_1 - v_2}{l} = -\frac{17ql^3}{300EI}$$

梁的弯矩图及剪力图如图 2.7（b）、（c）所示。

③求图 2.8 中梁的中点挠度与端点转角

弹性固定端弯矩为

$$M = \frac{Ql}{24} \cdot \frac{1}{K_A}(12\bar{A} + 1) \qquad (2)$$

将 $\bar{a} = \frac{aEI}{l} = \frac{l}{8EI} \cdot \frac{EI}{l} = \frac{1}{8}, \bar{A} = \frac{AEI}{l^3} = \frac{l^3}{24EI} \cdot \frac{EI}{l^3} = \frac{1}{24}, K_A = \bar{a} + \bar{A} + \frac{1}{3} = \frac{1}{8} + \frac{1}{24} + \frac{1}{3} = \frac{1}{2}$ 代入（2）式得

$$M = \frac{Ql}{24} \cdot \frac{1}{K_A}(12\bar{A} + 1) = \frac{ql^2}{24} \cdot 2 \cdot \left(12 \cdot \frac{1}{24} + 1\right) = \frac{ql^2}{8}$$

$$R_0 = \frac{\frac{1}{2}ql^2 - M}{l} = \frac{3}{8}ql, v_0 = AR_0 = \frac{l^3}{24EI} \cdot \frac{3}{8}ql = \frac{1}{64} \cdot \frac{ql^4}{EI}$$

$$v_{l/2} = \frac{v_0}{2} + \frac{5ql^4}{384EI} - \frac{Ml^2}{16EI} = \left(\frac{1}{128} + \frac{5}{384} - \frac{1}{128}\right)\frac{ql^4}{EI} = \frac{5}{384}\frac{ql^4}{EI}$$

$$\theta_0 = \frac{1}{24} \cdot \frac{ql^3}{EI} - \frac{v_0}{l} - \frac{Ml}{6EI} = \left(\frac{1}{24} - \frac{1}{64} - \frac{1}{48}\right)\frac{ql^3}{EI} = \frac{ql^3}{192EI}$$

$$\theta_1 = -aM = -\frac{l}{8EI} \cdot \frac{ql^2}{8} = -\frac{ql^3}{64EI}$$

梁的弯矩图及剪力图如图 2.8（b）、（c）所示。

6. 用初参数法求图 2.9（a）中梁的挠曲线方程，画出弯矩图和剪力图。

解 初参数法表示的挠曲线方程为

$$v = v_0 + \theta_0 x + \frac{M_0 x^2}{2EI} + \frac{N_0 x^3}{6EI} - \left\|_{\frac{l}{2}} \frac{P\left(x - \frac{l}{2}\right)^3}{6EI} + \right\|_{\frac{l}{2}} \int_{l/2}^x \frac{q(x - \xi)^3}{6EI}\mathrm{d}\xi$$

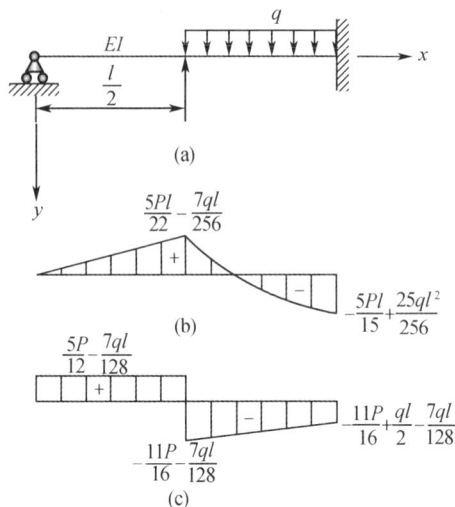

图 2.9

当 q 为常数时可得

$$\int_{l/2}^{x} \frac{q(x-\xi)^3}{6EI}d\xi = -\frac{q(x-\xi)^4}{24EI}\bigg|_{\frac{l}{2}}^{x} = \frac{q\left(x-\frac{l}{2}\right)^4}{24EI}$$

因为 $x=0$ 处的边界条件为 $v_0 = 0, M_0 = 0$, 故

$$v = \theta_0 x + \frac{N_0 x^3}{6EI} - \|_{l/2}\frac{P\left(x-\frac{l}{2}\right)^3}{6EI} + \|_{l/2}\frac{q\left(x-\frac{l}{2}\right)^3}{24EI}$$

再用 $x=l$ 处的边界条件 $v=0, v'=0$, 先求出

$$v' = \theta_0 + \frac{N_0 x^2}{2EI} - \|_{l/2}\frac{P\left(x-\frac{l}{2}\right)^2}{2EI} + \|_{l/2}\frac{q\left(x-\frac{l}{2}\right)^3}{6EI}$$

$$v'' = \frac{N_0 x}{EI} - \|_{l/2}\frac{P\left(x-\frac{l}{2}\right)}{EI} + \|_{l/2}\frac{q\left(x-\frac{l}{2}\right)^2}{2EI}$$

故有

$$\begin{cases} \theta_0 l + \frac{N_0 l^3}{6EI} - \frac{P\left(\frac{l}{2}\right)^3}{6EI} + \frac{q\left(\frac{l}{2}\right)^4}{24EI} = 0 \\ \\ \theta_0 + \frac{N_0 l^2}{2EI} - \frac{P\left(\frac{l}{2}\right)^2}{2EI} + \frac{q\left(\frac{l}{2}\right)^3}{6EI} = 0 \end{cases}$$

由此二式可解得

$$N_0 = \frac{5P}{16} - \frac{7ql}{128}, \theta_0 = -\frac{Pl^2}{32EI} + \frac{5ql^3}{768EI}$$

于是得梁的挠曲线方程式为

$$v = \left(-\frac{Pl^2}{32EI} + \frac{5ql^3}{768EI} \right)x + \left(\frac{5P}{16} - \frac{7ql}{128} \right)\frac{x^3}{6EI} - \Big\|_{l/2} \frac{P\left(x - \dfrac{l}{2}\right)^3}{6EI} + \Big\|_{l/2} \frac{q\left(x - \dfrac{l}{2}\right)^3}{24EI}$$

用叠加法画出的弯矩图和剪力图如图 2.9(c)、(d)所示。

7. 用初参数法求出图 2.10 的挠曲线方程式,已知 $a = \dfrac{l}{4EI}$, $A = \dfrac{l^3}{3EI}$,并讨论下列情况的解。①$a \to \infty$;②$a \to 0$;③$A \to \infty$;④$A \to 0$。

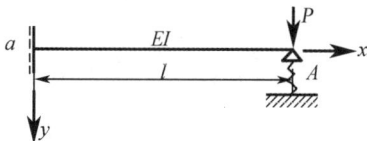

图 2.10

解　初参数法表示的挠曲线方程为

$$v = v_0 + \theta_0 x + \frac{M_0 x^2}{2EI} + \frac{N_0 x^3}{6EI} \tag{1}$$

$x = 0$ 处的边界条件为 $v_0 = 0$,$\theta_0 = aM_0 = \dfrac{M_0 l}{4EI}$,梁的挠曲线方程简化为

$$v = \frac{M_0 lx}{4EI} + \frac{M_0 x^2}{2EI} + \frac{N_0 x^3}{6EI} \tag{2}$$

$$v_l'' = \frac{M_0}{EI} + \frac{N_0 l}{EI}, \quad v_l''' = \frac{N_0}{EI} \tag{3}$$

右端弹性支座的位移 $v_l = AR$,此处 R 为弹性支座受到的力,其值为

$$R = N_l + P = EIv_l''' + P$$

故

$$v_l = AR = A(EIv_l''' + P) \tag{4}$$

$x = l$ 处的边界条件为 $v_l = A(EIv_l''' + P)$,$v_l'' = 0$,将(4)式代入(2)式可得

$$\begin{cases} \dfrac{M_0 l^2}{4EI} + \dfrac{M_0 l^2}{2EI} + \dfrac{N_0 l^3}{6EI} = \dfrac{l^3}{3EI}(N + P) \\ M_0 + N_0 l = 0 \end{cases}$$

解得

$$M_0 = \frac{4}{11}Pl, \quad N_0 = -\frac{4}{11}P$$

讨论:

①$a \to \infty$ 时,左端为自由支持在刚性支座上,故左端边界条件为 $v_0 = 0$,$M_0 = 0$。

挠曲线方程为

$$v = \theta_0 x + \frac{N_0 x^3}{6EI} \tag{5}$$

由右端边界条件(3)式代入(4)式得

$$\begin{cases} \theta_0 l + \dfrac{N_0 l^3}{6EI} = \dfrac{l^3}{3EI}(N_0 + P) \\ N_0 l = 0 \end{cases}$$

解得

$$\theta_0 = \frac{Pl^2}{3EI}, N_0 = 0$$

于是梁的挠曲线方程为 $v = \dfrac{Pl^2}{3EI}x$。

②$a \to 0$ 时左端为刚性固定端,故左端边界条件为 $v_0 = 0, \theta_0 = 0$。

挠曲线方程为

$$v = \frac{M_0 x^2}{2EI} + \frac{N_0 x^3}{6EI} \tag{6}$$

由右端边界条件(4)式代入(6)式得

$$\begin{cases} \dfrac{M_0 l^2}{2EI} + \dfrac{N_0 l^3}{6EI} = \dfrac{l^3}{3EI}(N_0 + P) \\ M_0 + N_0 l = 0 \end{cases}$$

解得

$$M_0 = \frac{Pl}{2}, N_0 = -\frac{P}{2}$$

于是梁的挠曲线方程为 $v = \dfrac{Pl}{4EI}x^2 - \dfrac{Px^3}{12EI}$。

③$A \to \infty$ 时左端为自由端,故左端边界条件为 $M_l = 0, N_l = -P$。即

$$EIv''_l = 0, EIv'''_l = -P \tag{7}$$

将(3)式代入(7)式得

$$\begin{cases} M_0 + N_0 l = 0 \\ N_0 = -P \end{cases}$$

解得

$$M_0 = Pl, N_0 = -P$$

④$A \to 0$ 时右端为自由支持在刚性支座上,于是梁的挠曲线方程为 $v = 0$。

8.试用初参数法求出图2.11(a)中的双跨梁的挠曲线方程式,$A = \dfrac{l^3}{3EI}$。

解 用初参数法求解该梁时,应先将双跨梁转化为图2.11(b)中单跨梁的形式,去掉中间支座,用向上的支反力 R 代替,相应的 $v_1 = 0$。

初参数法表示的挠曲线方程为

$$v = v_0 + \theta_0 x + \frac{M_0 x^2}{2EI} + \frac{N_0 x^3}{6EI} - \Big\|_l \frac{R_1 (x-l)^3}{6EI} \tag{1}$$

$x = 0$ 处的边界条件为 $\theta_0 = v_0 = 0$,梁的挠曲线方程简化为

$$v = \frac{M_0 x^2}{2EI} + \frac{N_0 x^3}{6EI} - \Big\|_l \frac{R_1 (x-l)^3}{6EI} \tag{2}$$

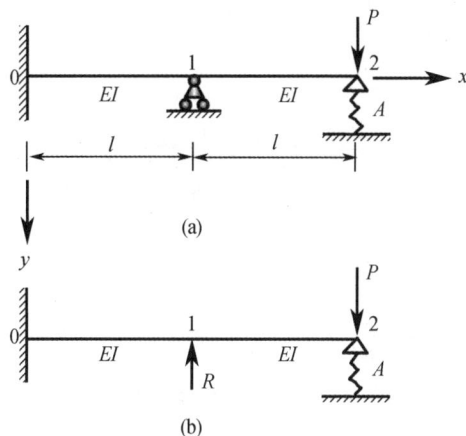

图 2.11

将跨中和右端的边界条件 $x = l, v_l = 0, x = 2l, v_{2l} = A(EIv'''_{2l} + P), EIv''_{2l} = 0$ 代入（2）式，则

$$\begin{cases} \dfrac{M_0}{2} + \dfrac{N_0 l}{6} = 0 \\ M_0 + 2N_0 l - Rl = 0 \\ 2M_0 + \dfrac{4}{3}N_0 l - \dfrac{Rl}{6} = \dfrac{l}{3}(N_0 - R + P) \end{cases}$$

解得

$$M_0 = -\frac{2Pl}{11}, N_0 = \frac{6P}{11}, R = \frac{10P}{11}$$

9. 用初参数法求图 2.12 中单跨梁的挠曲线方程式。

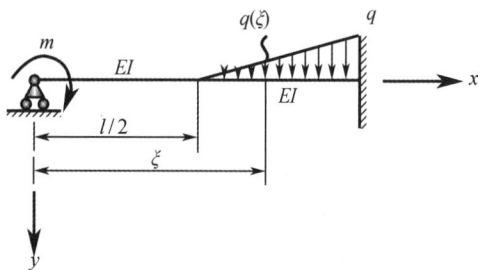

图 2.12

解　初参数法表示的挠曲线方程为

$$v = v_0 + \theta_0 x + \frac{M_0 x^2}{2EI} + \frac{N_0 x^3}{6EI} + \left\| \frac{l}{2} \int_{\frac{l}{2}}^{x} \frac{q(\xi)}{6EI}(x - \xi)^3 \mathrm{d}\xi \right. \tag{1}$$

$x = 0$ 处的边界条件为 $v_0 = 0, M_0 = -m$，梁的挠曲线方程简化为

$$v = \theta_0 x - \frac{m x^2}{2EI} + \frac{N_0 x^3}{6EI} + \left\| \frac{l}{2} \int_{\frac{l}{2}}^{x} \frac{q(\xi)}{6EI}(x - \xi)^3 \mathrm{d}\xi \right.$$

$$q(\xi) = \frac{2q}{l}(\xi - \frac{l}{2})$$

式中积分

$$\int_{\frac{l}{2}}^{x} q(\xi)(x-\xi)^3 \mathrm{d}\xi = \frac{2q}{l}\int_{\frac{l}{2}}^{x}(\xi - \frac{l}{2})(x-\xi)^3 \mathrm{d}\xi$$

$$= \frac{q}{4}(\frac{2x^5}{5l} - x^4 + x^3 l - \frac{x^2 l^2}{2} + \frac{x l^3}{8} - \frac{l^4}{80}) \tag{2}$$

将(2)式代入(1)式得

$$v = \theta_0 x - \frac{m x^2}{2EI} + \frac{N_0 x^3}{6EI} + \parallel_{\frac{l}{2}} \frac{q}{24EI}(\frac{2x^5}{5l} - x^4 + x^3 l - \frac{x^2 l^2}{2} + \frac{x l^3}{8} - \frac{l^4}{80}) \tag{3}$$

将 $x = l$ 处的边界条件 $v_l = v'_l = 0$ 代入(3)式得

$$\begin{cases} \theta_0 + \frac{N_0 l^2}{6EI} - \frac{ml}{2EI} + \frac{q l^3}{1\,920EI} = 0 \\ \theta_0 + \frac{N_0 l^2}{2EI} - \frac{ml}{EI} + \frac{q l^3}{192EI} = 0 \end{cases}$$

解得

$$\theta_0 = \frac{ml}{4EI} + \frac{7q l^3}{3\,840EI}, \quad N_0 = \frac{3m}{2l} - \frac{9ql}{640EI}$$

10. 用初参数法求解图 2.13 中单跨梁的挠曲线方程式,已知 $A = \frac{l^3}{8EI}$。

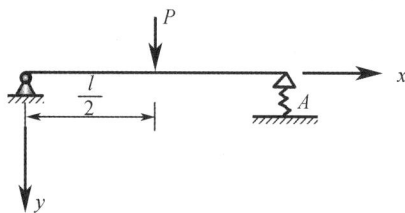

图 2.13

解 初参数法表示的挠曲线方程为

$$v = v_0 + \theta_0 x + \frac{M_0 x^2}{2EI} + \frac{N_0 x^3}{6EI} + \parallel_{\frac{l}{2}} \frac{P(x - \frac{l}{2})^3}{6EI} \tag{1}$$

$x = 0$ 处的边界条件为 $v_0 = 0, M_0 = 0$,梁的挠曲线方程简化为

$$v = \theta_0 x + \frac{N_0 x^3}{6EI} + \parallel_{\frac{l}{2}} \frac{P(x - \frac{l}{2})^3}{6EI} \tag{2}$$

$$v'' = \frac{N_0 x}{EI} + \parallel_{\frac{l}{2}} \frac{P(x - \frac{l}{2})}{EI}, \quad v''' = \frac{N_0}{EI} + \parallel_{\frac{l}{2}} \frac{P}{EI}$$

将 $x = l$ 处的边界条件 $v''_l = 0, v_l = AR = \frac{P l^3}{16EI}$ 代入(2)式得

$$\begin{cases} \theta_0 l + \dfrac{N_0 l^3}{6EI} + \dfrac{Pl^3}{48EI} = \dfrac{Pl^3}{16EI} \\[2mm] \dfrac{N_0 l}{EI} + \dfrac{Pl}{2EI} = 0 \end{cases}$$

解得

$$\begin{cases} \theta_0 = \dfrac{Pl^2}{8EI} \\[2mm] N_0 = -\dfrac{P}{2} \end{cases}$$

故所求梁的挠曲线方程式为

$$v = \dfrac{Pl^2 x}{8EI} - \dfrac{Px^3}{12EI} + \Big\|_{\frac{l}{2}}\dfrac{P\left(x - \dfrac{l}{2}\right)^3}{6EI}$$

11. 用初参数法求图 2.14 所示受均布载荷作用的单跨梁挠曲线方程,其中柔性系数为 $A = \dfrac{l^3}{48EI}$。

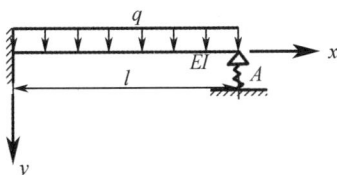

图 2.14

解　初参数法表示的挠曲线方程为

$$v = v_0 + \theta_0 x + \dfrac{M_0 x^2}{2EI} + \dfrac{N_0 x^3}{6EI} + \int_0^x \dfrac{q\left(x - \xi\right)^3}{6EI}\mathrm{d}\xi$$

$$= v_0 + \theta_0 x + \dfrac{M_0 x^2}{2EI} + \dfrac{N_0 x^3}{6EI} + \dfrac{qx^4}{24EI}$$

$x = 0$ 处的边界条件为 $v_0 = 0, \theta_0 = 0$,梁的挠曲线方程简化为

$$v = \dfrac{M_0 x^2}{2EI} + \dfrac{N_0 x^3}{6EI} + \dfrac{qx^4}{24EI} \tag{1}$$

将 $x = l$ 处的边界条件 $v''_l = 0, v_l = AR = \dfrac{l^3 v'''}{48}$ 代入(1)式得

$$\begin{cases} M_0 + N_0 l + \dfrac{ql^2}{2} = 0 \\[2mm] l^3\left(N_0 + ql\right) = 24M_0 l^2 + 8N_0 l^3 + 2ql^4 \end{cases}$$

解得

$$\begin{cases} M_0 = \dfrac{5}{34}ql^2 \\[2mm] N_0 = -\dfrac{11}{17}ql \end{cases}$$

故梁的挠曲线方程式为

$$v = \frac{5ql^2x^2}{68EI} - \frac{11qlx^3}{102EI} + \frac{qx^4}{24EI}$$

12. 利用弯曲要素表计算图 2.15(a)中梁的跨中挠度、转角、弯矩并画弯矩图。

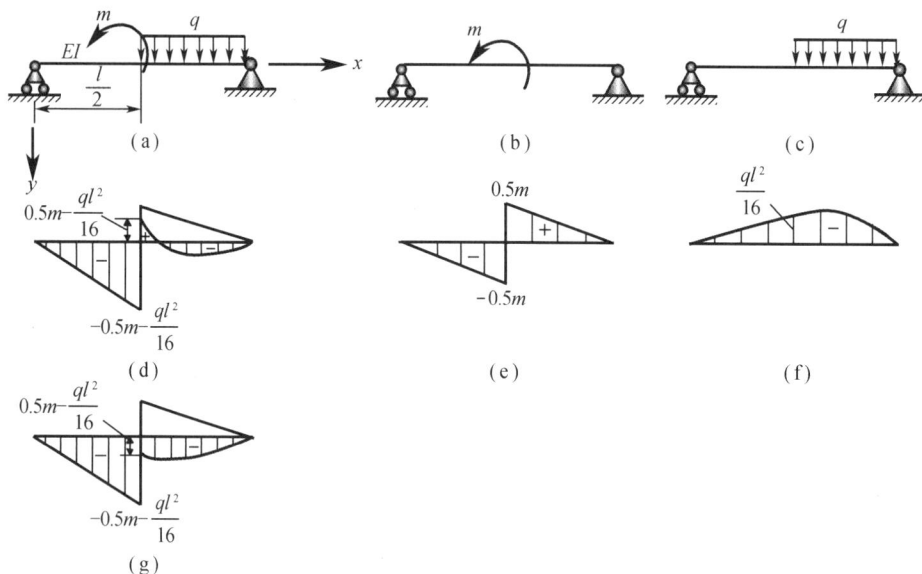

图 2.15

解 此梁受外弯矩 m 及均布载荷 q 的同时作用,现将它分为一个仅受外弯矩作用的梁及一个仅受 q 作用的梁叠加起来,如图 2.15(b)、(c)所示。由附录表 A - 2 中 NO.5 与 NO.7 中的结果,可得跨中挠度和转角为

$$v = v_m + v_q = \frac{l^2}{4} \cdot \frac{m}{3EI} \cdot \frac{1}{l}\left(\frac{l}{2} - \frac{l}{2}\right) + \frac{5ql^4}{768EI} = \frac{5ql^4}{768EI}$$

$$\theta = \theta_m + \theta_q = -\frac{ml}{12EI} + \frac{ql^3}{768EI}$$

在画梁的弯矩图时亦用叠加法,即分别画出 m 及 q 作用下的弯矩图,如图 2.15(e)、(f)所示,然后叠加起来(注意正负抵消)。用此法画出弯矩图,当 $\frac{m}{2} > \frac{ql^2}{16}$ 时,如图 2.15(d)所示;当 $\frac{m}{2} < \frac{ql^2}{16}$ 时,如图 2.15(g)所示。

13. 考虑剪切,计算两端自由支持在刚性支座上受均布荷重作用的梁的中点挠度。设梁长为 l,断面惯性矩为 I,有效抗剪面积为 A_s。

解 梁的总挠度 v 等于弯矩形成的挠度 v_1 和剪切挠度 v_2 之和,即

$$v = v_1 + v_2 = f(x) + \frac{ax^3}{6} + \frac{bx^2}{2} + cx + d - \frac{EI}{GA_s}[f''(x) + ax + b] + C_1$$

$$= f(x) - \frac{EI}{GA_s}f''(x) + \frac{ax^3}{6} + \frac{bx^2}{2} + \left(c - \frac{EI}{GA_s}a\right)x + d_1 \qquad (1)$$

式中,$f(x) = \frac{1}{EI}\int_0^x\int_0^x\int_0^x\int_0^x q\,\mathrm{d}x = \frac{qx^4}{24EI}$。

因 $x=0$ 处为刚性支座, 故有 $v=v_1''=0$, 得 $d_1=b=0$。当 $x=l$, 有 $v=v_1''=0$, 代入 (1) 式有

$$\begin{cases} \dfrac{ql^4}{24EI} - \dfrac{EI}{GA_s}\cdot\dfrac{ql^2}{2EI} + \dfrac{al^3}{6} + (a-\dfrac{EI}{GA_s}a)l = 0 \\[3mm] \dfrac{ql^2}{2EI} + al = 0 \end{cases}$$

解得

$$a = \frac{ql}{2EI}, c = \frac{ql^3}{24EI}$$

将求得的积分常数 a、b、c、d_1 代入 (1) 式, 得梁的挠曲线方程式为

$$v(x) = \frac{qx^4}{24EI} - \frac{qlx^3}{12EI} - \frac{qx^2}{2GA_s} + \left(\frac{qx^3}{24EI} + \frac{ql}{2GA_s}\right)x$$

所以梁中点挠度为

$$v\left(\frac{l}{2}\right) = \frac{5ql^4}{384EI} + \frac{ql^2}{8GA_s}$$

14. 考虑剪切影响, 试导出图 2.16 中梁的挠曲线方程式及两端的弯矩及剪力, 并将结果推广到梁左端与右端分别有位移 Δ_i、θ_i 及 Δ_j、θ_j 的情况。梁的长度为 l, 断面惯性矩为 I, 有效抗剪面积为 A_s。

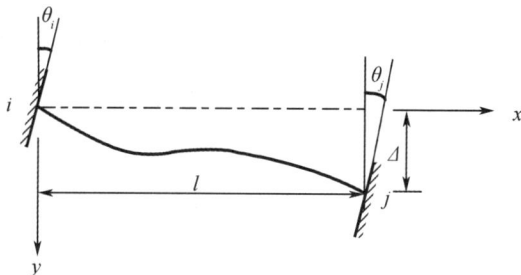

图 2.16

解　因本题中 $f(x)=0$, 故梁的总挠度

$$v = v_1 + v_2 = \frac{ax^3}{6} + \frac{bx^2}{2} + cx - \frac{EI}{GA_s}ax + d_1 \tag{1}$$

当 $x=0$ 时, 有 $v(0)=\Delta_i$ 及 $v_1'(0)=\theta_i$, 故由 (1) 式得 $d_1=\Delta_i$, $c=\theta_i$。当 $x=l$ 时, 有 $v(l)=\Delta_j$, $v_1'(l)=\theta_j$, 由 (1) 式得

$$\frac{al^3}{6} + \frac{bl^2}{2} + \theta_i l + \Delta_i - \frac{EI}{GA_s}al = \Delta_j \tag{2}$$

$$\frac{al^2}{2} + bl + \theta_i = \theta_j \tag{3}$$

将 (1) 式和 (2) 式联立求解, 并令 $\Delta = \Delta_j - \Delta_i$, $\eta = \dfrac{12EI}{GA_sl^2}$, 得

$$\begin{cases} a = \dfrac{6}{l^2(1+\eta)}\left(\theta_i + \theta_j - \dfrac{2\Delta}{l}\right) \\[4mm] b = \dfrac{\theta_i+\theta_j}{l} - \dfrac{3}{l}\dfrac{1}{(1+\eta)}\left(\theta_i + \theta_j - \dfrac{2\Delta}{l}\right) \end{cases}$$

左端弯矩和剪力

$$M(0) = EIv_1''(0) = EIb = \frac{6EI}{l(1+\eta)}\left[\frac{6\Delta}{l} + (\eta-2)\theta_j - (\eta-4)\theta_j\right]$$

$$= -\frac{EI}{l(1+\eta)}\left[\frac{6}{l}\Delta_i - \frac{6}{l}\Delta_j + (4+\eta)\theta_i + (2-\eta)\theta_j\right]$$

$$N(0) = EIv_1'''(0) = EIa = \frac{EI}{(1+\eta)l^2}\left[6\theta_i + 6\theta_j - \frac{12}{l}(\Delta_j - \Delta_i)\right]$$

$$M(l) = EIv_1''(l) = EI(b+al) = \frac{EI}{l(1+\eta)}\left[(4+\beta)\theta_j + (2-\beta)\theta_i - \frac{6}{l}(\Delta_j - \Delta_i)\right]$$

$$N(l) = N(0)$$

15. 试导出图 2.17 所示复杂弯曲悬臂梁的挠曲线方程。梁的长度为 l，断面惯性矩为 I。

图 2.17

解 列出梁在复杂弯曲（轴向力为压力）时的弯曲微分方程式

$$EIv^{IV} + T^* v'' = 0 \tag{1}$$

将（1）式改写为

$$v^{IV} + k^{*2} v'' = 0 \tag{2}$$

式中

$$k^* = \sqrt{\frac{T^*}{EI}} \text{ 或 } k^{*2} = \frac{T^*}{EI}$$

于是可将（2）式的解写作

$$v = Ae^{sx} \tag{3}$$

代入（2）式，得特征方程式为

$$s^4 + k^{*2} s^2 = 0$$

此特征方程式有四个根：$s_1 = s_2 = 0$，$s_3 = ik^*$，$s_4 = -ik^*$，将根代入（3）式，并考虑到有一对重根，所以得（2）式的解为

$$v = A_1 + A_2 k^* x + A_3 \sin k^* x + A_4 \cos k^* x \tag{4}$$

式中，A_1、A_2、A_3、A_4 为四个积分常数。

当 $x=0$ 时，$v=0$，$EIv'' = m$；当 $x=l$ 时，$v''=0$，$EIv''' = -Tv'$，分别代入（4）式得

$$\begin{cases} A_1 + A_4 = 0 \\ EIA_4 k^{*2} = -m \\ A_3 \sin k^* l + A_4 \cos k^* l = 0 \\ -k^{*3}(A_3 \cos k^* l - A_4 \sin k^* l) = -k^{*3}(A_2 + A_3 \cos k^* l - A_4 \sin k^* l) \end{cases}$$

解得

$$A_1 = -A_4, A_2 = 0, A_3 = \cot k^* l \frac{m}{EIk^{*2}}, A_4 = -\frac{m}{EIk^{*2}}$$

所以复杂弯曲悬臂梁的挠曲线方程

$$v = \frac{m}{EIk^{*2}} + \cot k^{*} l \frac{m}{EIk^{*2}} \sin k^{*} x - \frac{m}{EIk^{*2}} \cos k^{*} x$$

$$v'(0) = (A_2 k^{*} + A_3 k^{*} \cos k^{*} x - A_4 k^{*} \sin k^{*} x)\big|_{x=0} = A_3 k^{*} = \frac{m}{EIk^{*} \tan k^{*} l}$$

16. 利用弹性基础梁的弯曲要素表计算图 2.18 及图 2.19 中梁的端点弯矩及中点挠度，已知弹性基础梁刚度系数 $k = \dfrac{64EI}{l^4}$，图 2.19 中弹性固定端的柔性系数 $a = \dfrac{l}{12EI}$。l 为梁长，I 为断面惯性矩。

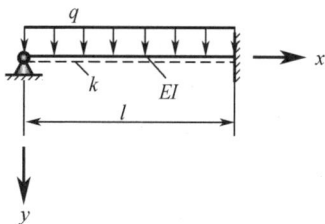

图 2.18

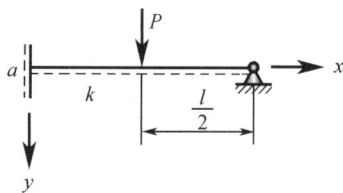

图 2.19

解　①$u = \dfrac{al}{2} = \dfrac{l}{2} \sqrt[4]{\dfrac{k}{4EI}} = \dfrac{l}{2} \sqrt[4]{\dfrac{64EI}{4EIl^4}} = 1$

查附录 C 可知，由于弹性支座的柔性系数 $A = 0$，得 $B = 0$。

在 $x = l$ 处，$v'(l) = 0$，则

$$-\frac{ql^3}{24EI}\psi_2(u) + \frac{M_l l}{3EI}\psi_0(u) = 0$$

式中

$$\psi_0(u) = 0.752, \psi_2(u) = 0.609$$

解得右端固定端的弯矩

$$M_l = \frac{ql^2}{8}\frac{\psi_2(u)}{\psi_0(u)} = 0.101ql^2$$

梁中点的挠度

$$v\left(\frac{l}{2}\right) = \frac{q}{k}\left[1 - \varphi_0(u)\right] + \frac{M_l}{2a^2 EI}\left[\frac{V_1(2u)V_3\left(\dfrac{al}{2}\right) - V_3(2u)V_1\left(\dfrac{al}{2}\right)}{V_1^2(2u) + V_3^2(2u)}\right]$$

$$= \frac{ql^4}{64EI}(1 - 0.448) + \frac{0.101ql^4}{8EI}\left[\frac{\dfrac{1.9115}{\sqrt{2}} \cdot \dfrac{0.6635}{\sqrt{2}} - \dfrac{4.9301}{\sqrt{2}} \cdot \dfrac{1.9335}{\sqrt{2}}}{\left(\dfrac{1.9115}{\sqrt{2}}\right)^2 - \left(\dfrac{4.9301}{\sqrt{2}}\right)^2}\right]$$

$$= 0.0041\frac{ql^4}{EI}$$

②
$$\theta(0) = \frac{Pl^2}{16EI}\chi_0(u) - \frac{M_0 l}{3EI}\psi_0(u) = aM_0$$

$$M_0 = \cfrac{\cfrac{ql^2}{16EI}\chi_0(u)}{a+\cfrac{l}{3EI}\psi_0(u)} \tag{1}$$

将 $u=1, a=\dfrac{l}{12EI}$ 代入(1)式得

$$M_0 = \cfrac{\cfrac{Pl}{16}\times 0.591}{\cfrac{1}{12}-\cfrac{0.72}{3}} = 0.111Pl$$

$$v\left(\frac{l}{2}\right) = \frac{Pl^3}{48EI}\psi_2(u) + \frac{M_0}{2a^2EI}\left[\frac{V_1(2u)V_3\left(\frac{al}{2}\right)-V_3(2u)V_1\left(\frac{al}{2}\right)}{V_1^2(2u)+V_3^2(2u)}\right]$$

$$= \frac{Pl^3}{EI}\left(\frac{0.609}{48}+\frac{0.111}{8}\cdot\frac{0.9115\cdot 0.6635-4.8301\cdot 1.9335}{1.9115^2+4.9301^2}\right)$$

$$= 0.0086\frac{Pl^3}{EI}$$

17. 用初参数法求图 2.20 中梁的挠曲线方程,已知 $a=\dfrac{l}{3EI}, A=\dfrac{l^2}{6EI}, q$ 为均布载荷。

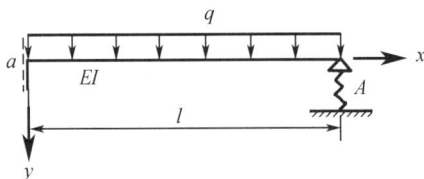

图 2.20

解 用初参数法表示的梁的挠曲线方程为

$$v = v_0 + \theta_0 x + \frac{M_0 x^2}{2EI} + \frac{N_0 x^3}{6EI} + \int_0^x\int_0^x\int_0^x\int_0^x\frac{q}{EI}\mathrm{d}x^4 \tag{1}$$

$x=0$ 处的边界条件为 $v_0=0, \theta_0=aM_0$,梁的挠曲线方程简化为

$$v = \frac{M_0 lx}{3EI}+\frac{M_0 x^2}{2EI}+\frac{N_0 x^3}{6EI}+\frac{qx^4}{24EI}$$

于是

$$v'' = \frac{M_0}{EI}+\frac{N_0 x}{EI}+\frac{qx^2}{2EI} \tag{2}$$

$$v''' = \frac{N_0}{EI}+\frac{qx}{EI} \tag{3}$$

将 $x=l$ 的边界条件 $v_l''=0, v_l=AEIv_l'''$ 代入(2)式和(3)式有

$$\begin{cases} M_0+N_0+\dfrac{ql^2}{2}=0 \\ \dfrac{M_0 l^2}{3}+\dfrac{M_0 l^2}{2}+\dfrac{N_0 l^3}{6}+\dfrac{ql^4}{24}=\dfrac{l^3}{6}(N_0+ql) \end{cases}$$

求解得

$$M_0 = \frac{3ql^2}{20}, N_0 = -\frac{13ql}{20}$$

于是梁的挠曲线方程为

$$v = \frac{ql^3 x}{20EI} + \frac{3ql^2 x^2}{40EI} - \frac{13qlx^3}{120EI} + \frac{qx^4}{24EI}$$

18. 图 2.21 所示单跨梁的初参数方程为 $v(x) = v_0 + \theta_0(x) + \frac{M_0 x^2}{2EI} + \frac{N_0 x^3}{6EI}$，写出两端支座的边界条件。

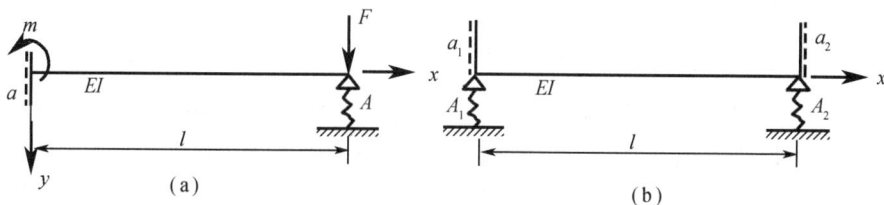

图 2.21

解 ①当 $x = 0$ 时，$v = 0$，$\theta = v' = a(EIv''' - m)$；

当 $x = l$ 时，$v = A(EIv''' + F)$，$v'' = 0$。

②当 $x = 0$ 时，$v = -A_1 EIv'''$，$\theta = v' = a_1 EIv''$；

当 $x = l$ 时，$a_2 EIv'' = -v'$，$A_2 EIv''' = v_0$。

第3章　杆件的扭转理论

3.1　内　容　精　要

(1)本章在材料力学直杆自由扭转基础上介绍了船体结构中开口及闭口薄壁杆件的自由扭转的计算方法,即在已知杆件尺度、材料及外扭矩的条件下求解杆的扭转切应力及单位长度的扭转角(扭率)。由于在自由扭转时扭率 φ' 与扭矩 M 之间的关系为 $\varphi' = M/GJ$,故求扭率的问题等价于求断面扭转惯性矩 J 的问题。

(2)开口薄壁杆件在自由扭转时,扭转切应力沿壁厚呈线性分布,即在壁厚中心线处为零,在断面周界上最大。

(3)闭口薄壁杆件自由扭转时切应力沿壁厚为均布,从而形成切应力流。对于单闭式断面,剪流由布雷特(Bredt)公式决定,扭率与切应力之间的关系由环流方程式决定。

(4)多闭式断面可视为若干个单闭式断面的组合,在计算剪流时,利用每一室剪流形成之矩之和等于断面总扭矩及各室扭率相同的条件即能求解。求解时应注意断面公共壁上剪流的符号及方向。

3.2　常用知识点

(1)圆断面杆的自由扭转

自由扭转:等断面杆件仅在两端受到扭矩作用,并不受其他任何约束,杆在扭转时可以自由变形。

约束扭转:杆在受到扭矩作用后,支座或其他约束的存在使它在扭转时不能自由变形。

圆断面最大切应力

$$\tau_{\max} = \frac{M_t r}{J}, J = \frac{\pi D^4}{32}$$

式中,M_t 为扭矩;r 为半径;J 为断面的极惯性矩。

(2)非圆截面的自由扭转

变形特征:各断面的翘曲都相同,杆件上平行于杆轴线的直线在变形后长度不变且仍为直线。

狭长矩形断面($h/t > 5$)扭率与切应力公式

$$\frac{d\varphi}{dx} = \varphi' = \frac{M_t}{GJ}$$

最大切应力位于断面长边周界中点,为

$$\tau_{\max} = \frac{M_t t}{J} = \frac{3M_t}{ht^2}$$

（3）开口薄壁杆件的自由扭转

刚周边假定：在小变形情况下可以假定杆件扭转后断面在其原来平面中的投影形状与与原断面形状相同。

断面可看作由狭长矩形断面组成，其扭转惯性矩

$$J = \frac{\alpha}{3} \sum_{i=1}^{n} h_i t_i^3$$

式中，h_i 与 t_i 分别为第 i 个狭长矩形断面的长度和短边的长度；α 与型钢断面形状有关：角钢 $\alpha = 1.0$，工字钢 $\alpha = 1.2$，槽钢 $\alpha = 1.12$，T 型钢 $\alpha = 1.15$。

任意曲线形状的开口薄壁断面可看作狭长矩形断面组合，其扭转惯性矩

$$J = \frac{1}{3} \int_0^{s_1} t^3 \mathrm{d}s$$

式中，s 为沿薄壁中心线的坐标；s_1 为薄壁断面的长度。

由上式可知：

①扭转惯性矩与壁厚的三次方成正比，即壁厚对扭转惯性矩的影响显著，开口薄壁杆件的壁厚越小，抗扭能力越差；反之，壁厚增加，抗扭能力大大增加。

②同一杆件扭转，在断面薄的地方，周界处的切应力小，在断面厚的地方，周界处的切应力大。

（4）闭口薄壁杆件的自由扭转

剪流

$$f = \tau t$$

式中，t 为常数。

杆件断面中剪流对断面任意点取矩等于扭矩，即

$$\oint fr\mathrm{d}s = f\oint r\mathrm{d}s = M_t$$

式中，r 为剪流到 O 点的垂直距离。

由于 $\oint r\mathrm{d}s = 2A$，A 为中心线所围的面积，可由布雷特公式得

$$f = \tau t = \frac{M_t}{2A}$$

扭率

$$\varphi' = \frac{1}{2AG} \oint \frac{M_t}{2At} \mathrm{d}s = \frac{M_t}{4A^2 G} \oint \frac{\mathrm{d}s}{t} = \frac{M_t}{GJ_0}$$

式中，$J_0 = \dfrac{4A^2}{\oint \dfrac{\mathrm{d}s}{t}}$，$J_0$ 为闭口薄壁断面的扭转惯性矩。

3.3　典型题解析

1. 计算图 3.1 所示薄壁断面的扭转惯性矩,图中尺寸单位为 mm。

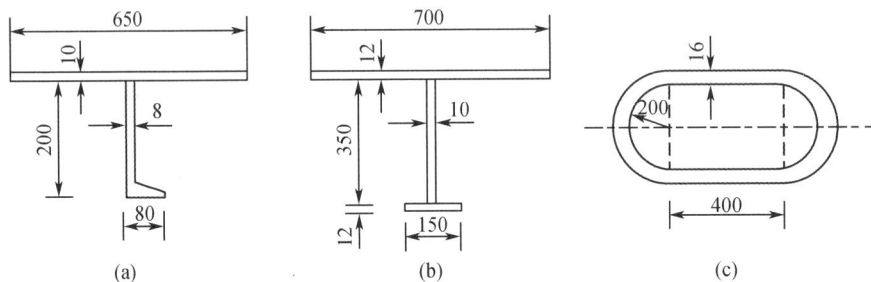

图 3.1

解　①图 3.1(a)中由狭长矩形组合断面的惯性矩公式得

$$J = \frac{1}{3}\sum_{i=1}^{n} h_i t_i^3 = \frac{1}{3}(65 \times 1^3 + 20 \times 0.8^3 + 8 \times 0.8^3) \approx 26.4 \text{ cm}^4$$

②同理,图 3.1(b)中

$$J = \frac{1}{3}\sum_{i=1}^{n} h_i t_i^3 = \frac{1}{3}(70 \times 1.2^3 + 35 \times 1^3 + 15 \times 1.2^3) \approx 60.6 \text{ cm}^4$$

③由闭口薄壁断面的扭转惯性矩计算公式得

$$J_0 = \frac{4A^2}{\oint \mathrm{d}s/t} = \frac{4 \times 20.8^2 \cdot \pi + 40 \times 41.6}{\frac{1}{1.6}(2 \times 40 + 41.6\pi)} \approx 2.78 \times 10^5 \text{ cm}^4$$

2. 设有两根同样长度的直杆,两端受扭作用矩发生自由扭转,一杆为闭口断面,另一杆为开口断面,如图 3.2(a)、(b)所示。已知 $a = 40$ cm,$t = 2$ cm,此两杆在相同的扭矩作用下扭转角相差多少倍?

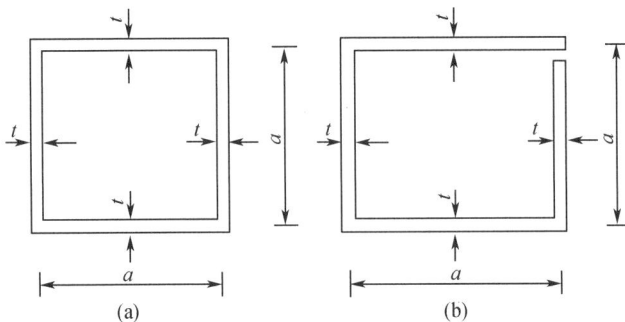

图 3.2

解　①闭口薄壁断面的扭转惯性矩表达式为

$$J_0 = \frac{4A^2}{\oint \dfrac{ds}{t}} = \frac{4a^4}{\dfrac{4a}{t}} = a^3 t$$

② 开口薄壁断面的扭转惯性矩表达式为

$$J = \frac{1}{3}\sum_{i=1}^{n} h_i t_i^3 = \frac{1}{3}\left[2(a+t)t^3 + 2(a-t)t^3\right] = \frac{4}{3}at^3$$

两杆在相同扭矩作用下的扭转角之比为

$$\frac{\varphi_1'}{\varphi_2'} = \frac{M_t/GJ}{M_t/GJ_0} = \frac{J_0}{J} = \frac{3}{4}\left(\frac{a}{t}\right)^2 = \frac{3}{4}\left(\frac{40}{2}\right)^2 = 300$$

3. 试计算图 3.3 所示三闭室薄壁断面的扭转惯性矩,假定壁厚 t 为常数。

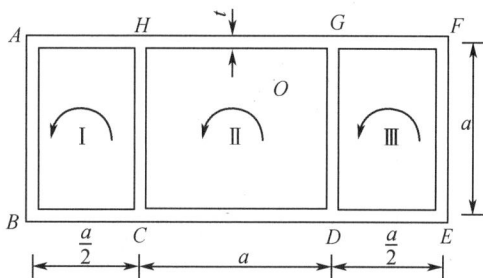

图 3.3

解　① 建立剪流对断面中任意点 O 的力矩等于扭矩的方程式

$$\int_{HABC} f_1 r ds + \int_{CH}(f_1 - f_2)r ds + \int_{GH} f_2 r ds + \int_{CD} f_2 r ds + \int_{DEFG} f_3 r ds + \int_{DG}(f_2 - f_3)r ds$$

$$= \oint_{HABCH} f_1 r ds + \oint_{GHCDH} f_2 r ds + \oint_{DEFGD} f_3 r ds = 2A_1 f_1 + 2A_2 f_2 + 2A_3 f_3 = M_t \qquad (1)$$

式中,A_1、A_2、A_3 分别是 Ⅰ 区、Ⅱ 区和 Ⅲ 区的面积,满足 $A_1 = \dfrac{1}{2}A_2 = A_3 = \dfrac{a^2}{2}$。

② 列出 Ⅰ 区、Ⅱ 区和 Ⅲ 区的扭率相同的方程式
对于 Ⅰ 区

$$\varphi_1' = \frac{1}{2GA_1}\left(\int_{HABC}\frac{f_1}{t}ds + \int_{CH}\frac{f_1 - f_2}{t}ds\right)$$

对于 Ⅱ 区

$$\varphi_2' = \frac{1}{2GA_2}\left(\int_{GH}\frac{f_2}{t}ds + \int_{CD}\frac{f_2}{t}ds + \int_{HC}\frac{f_2 - f_1}{t}ds + \int_{DG}\frac{f_2 - f_3}{t}ds\right)$$

对于 Ⅲ 区

$$\varphi_3' = \frac{1}{2GA_3}\left[\int_{DEFG}\frac{f_3}{t}ds + \int_{GD}\frac{f_3 - f_2}{t}ds\right]$$

令 $\varphi_1' = \varphi_2'$,$\varphi_2' = \varphi_3'$,代入得

$$\begin{cases} \dfrac{1}{2GA_1}\left(\int_{HABC}\dfrac{f_1}{t}ds + \int_{CH}\dfrac{f_1 - f_2}{t}ds\right) = \dfrac{1}{2GA_2}\left(\int_{GH}\dfrac{f_2}{t}ds + \int_{CD}\dfrac{f_2}{t}ds + \int_{HC}\dfrac{f_2 - f_1}{t}ds + \int_{DG}\dfrac{f_2 - f_3}{t}ds\right) \\ \dfrac{1}{2GA_2}\left(\int_{GH}\dfrac{f_2}{t}ds + \int_{CD}\dfrac{f_2}{t}ds + \int_{HC}\dfrac{f_2 - f_1}{t}ds + \int_{DG}\dfrac{f_2 - f_3}{t}ds\right) = \dfrac{1}{2GA_3}\left(\int_{DEFG}\dfrac{f_3}{t}ds + \int_{GD}\dfrac{f_3 - f_2}{t}ds\right) \end{cases}$$

化简得

$$\begin{cases} \dfrac{3f_1 - f_2}{A_1} = \dfrac{2f_2 + f_1 - f_3}{A_2} & (2) \\[3mm] \dfrac{2f_2 + f_1 - f_3}{A_2} = \dfrac{f_3 + f_2}{A_3} & (3) \end{cases}$$

将(1)~(3)方程联立求解得

$$\begin{cases} 2A_1(f_1 + 2f_2 + f_3) = M_t \\ 3f_1 - f_2 = 3f_3 - f_2 \\ 2(3f_1 - f_2) = -f_1 + 4f_2 - f_3 \end{cases}$$

解得

$$\begin{cases} f_1 = f_3 = \dfrac{3M_t}{14a^2} \\[3mm] f_2 = \dfrac{2M_t}{7a^2} \end{cases}$$

此时杆件的扭率

$$\varphi' = \varphi_1' = \frac{1}{2GA_1}\left(\frac{3a}{t}f_1 - \frac{a}{t}f_2\right) = \frac{a}{2G\frac{a^2}{2}t} \cdot \frac{5M_t}{14a^2} = \frac{5M_t}{14Ga^3t} = \frac{M_t}{GJ_0}$$

则得此三闭室薄壁断面的扭转惯性矩为

$$J_0 = \frac{14a^3t}{5}$$

4. 图 3.4 为一八棱薄壁管,两端受到一系列棱角处的力作用而发生扭转。试求出管扭转时的切应力及相对扭角。已知管长 $l = 100$ cm,断面最大宽度 $b = 30$ cm,壁厚 $t = 0.2$ cm,作用于棱角处的力 $P = 1$ kN。

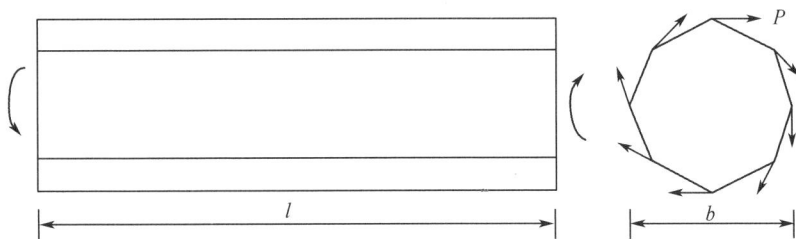

图 3.4

解 作用在薄壁管上的扭矩

$$M_t = 8 \times \left(\frac{Pb}{2}\right) = 4Pb = 4 \times 10^3 \times 30 = 12 \times 10^4 \text{ N} \cdot \text{cm}$$

断面中心线所围成的面积

$$A = 8 \times \frac{1}{2}\sin\frac{2\pi}{8} \cdot \left(\frac{b-t}{2}\right)^2 = (b-t)^2 \sin\frac{\pi}{4} = (30 - 0.2)^2 \times \frac{\sqrt{2}}{2} \approx 628 \text{ cm}^2$$

断面剪流

$$f = \frac{M_t}{2A} = \frac{12 \times 10^4}{2 \times 628} = 95.6 \text{ N/cm}$$

故切应力

$$\tau = \frac{f}{t} = \frac{95.6}{0.2} \text{ N/cm}^2 = 4.78 \text{ MPa}$$

闭口薄壁管自由扭转的扭率

$$\varphi' = \frac{1}{2AG} \oint \frac{f}{t} ds = \frac{1}{2 \times 628 \times 80 \times 10^5} \times \frac{95.6}{0.2} \times 8 \times (30 - 0.2) \sin\frac{\pi}{8} = 4.34 \times 10^{-6} \text{rad}$$

5. 图 3.5 所示为一简化的双体船断面,假设断面中板厚全为 t,试求此断面的抗扭惯性矩。

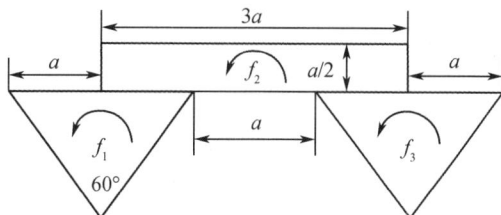

图 3.5

解　将此断面分为三个室,并设每个室的剪流为 f_1 , f_2 , f_3,它们的方向如图 3.5 所示。

先列出各室扭矩之和等于总扭矩 M_t 的方程式

$$2A_1 f_1 + 2A_2 f_2 + 2A_3 f_3 = M_t \tag{1}$$

式中,$A_1 = A_3 \approx 1.732a^2 , A_2 = 1.5a^2$。

再列出各室扭率的方程式

$$\begin{cases}
\varphi_1' = \dfrac{1}{2GA_1}\left(\dfrac{6af_1}{t} - \dfrac{af_2}{t}\right) = \dfrac{1}{2G} \cdot \dfrac{1}{1.732at}(6f_1 - f_2) & (2) \\[3mm]
\varphi_2' = \dfrac{1}{2GA_2}\left(\dfrac{7af_2}{t} - \dfrac{af_1}{t} - \dfrac{af_3}{t}\right) = \dfrac{1}{2G} \cdot \dfrac{1}{1.5at}(7f_2 - f_1 - f_3) & (3) \\[3mm]
\varphi_3' = \dfrac{1}{2GA_3}\left(\dfrac{6af_3}{t} - \dfrac{af_2}{t}\right) = \dfrac{1}{2G} \cdot \dfrac{1}{1.732at}(6f_3 - f_2) & (4)
\end{cases}$$

令 $\varphi_1' = \varphi_2' = \varphi_3'$,再与(1)式联立求解,得

$$f_1 = f_3 = 0.103\ 4\ \frac{M_t}{a^2} , f_2 = 0.094\ 6\ \frac{M_t}{a^2}$$

将 f_1 , f_2 代入(2)式,并令 $\varphi_1' = \dfrac{M_t}{(GJ)}$,得

$$\frac{1}{2G} \cdot \frac{1}{1.732at}(6f_1 - f_2) = 0.151\ 8\ \frac{M_t}{Ga^3 t} = \frac{M_t}{GJ}$$

故得断面抗扭惯性矩为

$$J = 6.588a^3 t$$

6. 设有两根同样长度的直杆,两端受扭矩作用发生自由扭转,一杆断面为闭口圆环,另一杆断面为开口圆环。如图 3.6 所示,已知环中心线半径为 R,环厚为 t,$R/t = 20$,两杆在相

同扭矩作用下的扭角之比为多少？

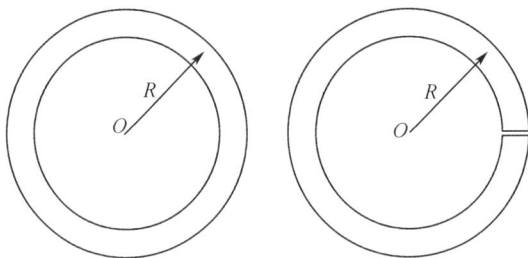

图 3.6

解 对于闭口圆环

$$J_1 = \frac{4A^2}{\oint \frac{\mathrm{d}s}{t}} = \frac{4(\pi R^2)^2}{\frac{2\pi R}{t}} = 2\pi R^3 t$$

对于开口圆环

$$J_2 = \frac{1}{3}\sum_{i=1}^{n} h_i t_i^3 = \frac{1}{3} \times 2\pi R t^3 = \frac{2\pi R t^3}{3}$$

则

$$\frac{\varphi_1'}{\varphi_2'} = \frac{M_t/GJ_1}{M_t/GJ_2} = \frac{J_2}{J_1} = \frac{2\pi R t^3/3}{2\pi R^3 t} = \frac{t^2}{3R^2} = \frac{1}{1\,200}$$

7. 当图 3.7 中工字型材剖面受到剪力 $N = 0.5$ kN 和扭矩 $M_t = 0.015$ kN·m 作用时,腹板上的最大切应力为多少？

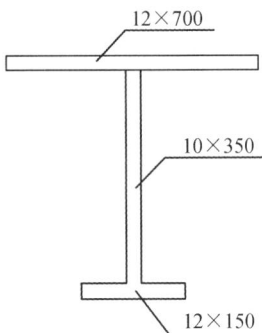

图 3.7

解 开口薄壁杆件断面的扭转惯性矩

$$J = \frac{1}{3}\sum_{i}^{n} h_i t_i^3 = \frac{1}{3}(70 \times 1.2^3 + 35 \times 1^3 + 15 \times 1.2^3) = 60.63 \text{ cm}^4$$

腹板上的最大切应力

$$\tau_{\max} = \frac{N}{A_w} + \frac{M_t t}{J} = \left(\frac{0.5}{1 \times 35} + \frac{0.015 \times 10^2 \times 1}{60.63}\right) = 0.039\,04 \text{ kN/cm}^2$$

第4章 力 法

4.1 内容精要

(1)本章主要叙述了如何应用力法来分析杆系结构的原理及其在船体结构中的应用。研究对象为船体结构中的连续梁、不可动节点、简单刚架及板架。此外还讨论了船体结构中弹性支座与弹性固定端的形成及其柔性系数的计算问题。

(2)本章所述的力法以单跨梁建立的弯曲要素表和叠加原理为基础,将复杂的杆系结构化为一根根在节点处相联系的单跨梁。

(3)对于在刚性支座上的连续梁及不可动节点简单刚架,用三弯矩方程式求解;对于在弹性支座上的连续梁,还需在每一个弹性支座处列补充方程式,即五弯矩方程式。

(4)在板架(交叉梁系)计算中,将主向梁与交叉构件在节点处分开代以节点力,再用主向梁与交叉构件相交节点挠度相等的条件求解。对于船体板架,一般认为外荷重全部由主向梁承受。

一根交叉构件与许多根同样主向梁组成的板架的解法是综合了力法与弹性支座概念而形成的计算方法。计算时交叉构件化为弹性基础梁,弹性基础梁的荷重及弹性基础刚度与主向梁上的荷重形式、边界条件有关。求解弹性基础梁,即可通过板架的节点挠度求出节点力。

(5)在连续梁与平面刚架结构中,如果所研究的受载杆有不受外载荷的杆或杆系与之相连,则总可以将不受载的杆及杆系化为受载杆的弹性固定端。方法如下:

①将受载杆与其相连的不受载杆或杆系在连接支座处分开,加上弯矩 M,此弯矩亦可令其为1。

②计算不受载杆在 M 作用断面处的转角 θ,此 θ 必然与 M 同方向,θ 与 M 的比值就是所需的受载杆弹性固定端的柔性系数。

在板架或一般的交叉梁系结构中,原则上不受载杆对受载杆的支持可化为弹性支座,只要对不受载杆能写出在与受载杆相交节点处节点力 R 与挠度 v 之间的正比关系。弹性支座的柔性系数 $A = v/R$,计算方法与步骤与上述弹性固定端的计算相同。

4.2 常用知识点

(1)力法:以结构中某些特殊点(支座、断面变化处,相交节点处)的节点力或力矩为基本未知量,以这些节点处的变形连续条件建立方程式,解出未知力。

(2)力法具体计算时以两端自由支持在刚性支座的单跨梁为研究对象。

（3）在校核肋骨强度时或者确定肋骨尺寸时应选取甲板上不承受荷重的情况作为计算状态。

（4）固定系数 κ：弹性固定端弯矩与假想为刚性固定时的断面弯矩之比。

（5）一根交叉构件板架的计算步骤：

①根据主向梁上的外力和节点位置、固定情况，计算影响系数 β 和 γ。

$$v(x) = v_q - v_R = \beta \frac{Q(x)l^3}{EI} - \gamma \frac{R_x l^3}{EI}$$

②计算弹性基础梁的荷重 $\bar{q}$ 和刚性系数 k。

$$\bar{q} = \frac{\beta Q(x)}{\gamma a}, k = \frac{EI}{\gamma a l^3}$$

式中，k 只由主向梁的固定情况决定；$\bar{q}$ 由主向梁的受力与固定情况决定。

③计算交叉构件（弹性基础梁）的弯曲要素。

④计算板架的节点反力 R_x。

$$R_x = \frac{\beta}{\gamma}Q(x) - \frac{Ei}{\gamma l^3}v(x) \text{ 或 } R_x = \bar{P} - Kv(x)$$

式中，$\bar{P} = \bar{q}a$；$K = ka$。

4.3 典型题解析

1. 计算图 4.1（a）中的三跨连续梁。已知梁断面惯性矩 $I_1 = 1\,980\ \mathrm{cm^4}$，$I_2 = 51\,480\ \mathrm{cm^4}$。

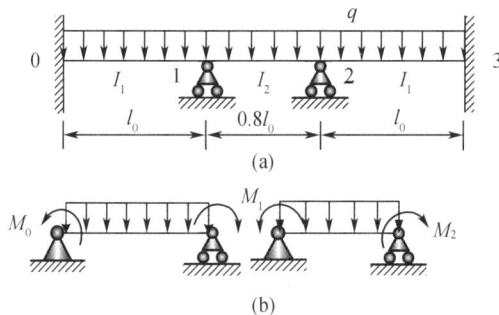

图 4.1

解 本题的连续梁是左右对称的，所以 $M_0 = M_3$，$M_1 = M_2$，因此未知弯矩只有两个。令 $I_1 = I_0$，$I_2 = 26I_0$，其基本结构见图 4.1（b），在节点 0 与 1 处分别列出转角连续方程式

$$\begin{cases} -\dfrac{M_0 l_0}{3EI_0} - \dfrac{M_1 l_0}{6EI_0} - \dfrac{q l_0^3}{24EI_0} = 0 \\[2mm] \dfrac{M_0 l_0}{6EI_0} + \dfrac{M_1 l_0}{3EI_0} - \dfrac{q l_0^3}{24EI_0} = -\dfrac{M_1(0.8 l_0)}{3E(26 I_0)} - \dfrac{M_2(0.8 l_0)}{6E(26 I_0)} + \dfrac{q(0.8 l_0)^3}{24E(26 I_0)} \end{cases}$$

整理后得如下方程式：

$$\begin{cases} M_0 + \dfrac{M_1}{2} = 0.125ql_0^2 \\ M_0 + 2.09M_1 = 0.2549ql_0^2 \end{cases}$$

解得

$$M_0 = 0.0842ql^2, M_1 = 0.0817ql^2$$

2. 图 4.2(a)为船体半平衡舵舵杆的计算简图,A、B、C 为轴承。试计算出轴承 A、B 所受的力,计算时可设 $Q_1 = Q_2 = Q$,$l_1 = l_2 = l_3 = l$,$I_1 = I_2 = I_3 = I$。

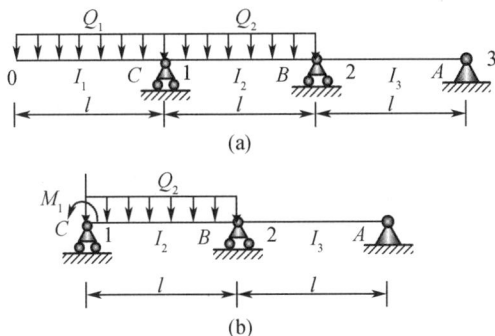

(a)

(b)

图 4.2

解 将第一跨均布载荷向支座 C 简化,得到集中力 P 和集中弯矩 M_1,如图 4.2(b)所示,有

$$M_1 = \frac{Q_1 l_1}{2}, P = Q_1$$

列出节点 2 的连续方程式:

$$\frac{(Q_1 l_1/2)l_2}{6EI_2} + \frac{M_2 l_2}{3EI_2} - \frac{Q_2 l_2}{24EI_2} = -\frac{M_2 l_3}{3EI_3}$$

解得

$$M_2 = \frac{\dfrac{Q_1 l_1}{8}\left(\dfrac{Q_2 l_2}{Q_1 l_1} - 2\right)}{1 + \dfrac{I_2 l_3}{I_3 l_2}}$$

因为 $Q_1 = Q_2 = Q$,$l_1 = l_2 = l_3 = l$,$I_1 = I_2 = I_3 = I$,上式结果简化为

$$M_2 = -\frac{Ql}{16}$$

由平衡条件可得

$$\begin{cases} R_A = -\dfrac{M_2}{l} = \dfrac{Q}{16} \\ R_B = \left(\dfrac{Q}{2} + \dfrac{M_2 - M_1}{l_2}\right) + \dfrac{M_2}{l} = -\dfrac{Q}{8} \end{cases}$$

3. 在槽型舱壁的局部强度计算中,可在槽型舱壁中取出如图 4.3(a)所示的曲折连续梁。试计算此连续梁支座断面中的弯矩值。

解 折曲多跨梁在长度 a 和 b 之间周期性变化,取其中一段折曲双跨梁,见图 4.3(b)。

由于结构对称,载荷对称,可知 $M_1 = M_2 = M_3 = M$。

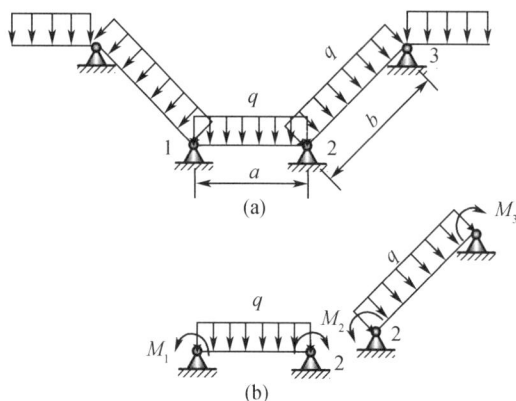

图 **4.3**

对节点 2 列出转角连续方程

$$\frac{Ma}{3EI} + \frac{Ma}{6EI} - \frac{qa^3}{24EI} = -\frac{Ma}{3EI} - \frac{Ma}{6EI} + \frac{qb^3}{24EI}$$

解得

$$M = \frac{q}{12}\left(\frac{a^3 + b^3}{a + b}\right) = \frac{q}{12}(a^2 - ab + b^2) = \frac{qb^2}{12}\left(1 - \frac{a}{b} + \frac{a^2}{b^2}\right)$$

4. 用力法解图 4.4 中的简单刚架,画出弯矩图。已知图 4.4 中 $l_{12} = 2l_{23} = l$,$I_{12} = 4I$,$I_{23} = I$。

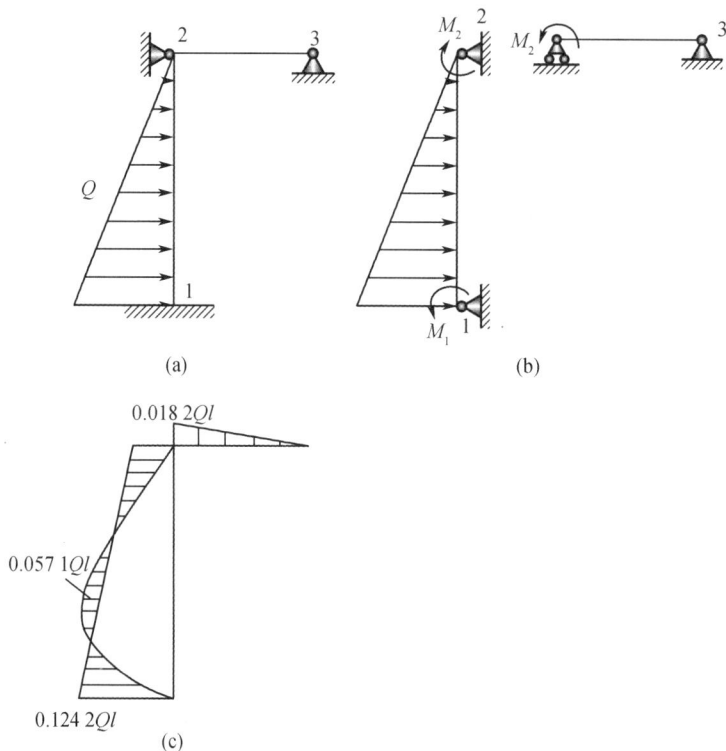

0.018 2Ql

0.057 1Ql

0.124 2Ql

图 **4.4**

解　求基本未知量 M_1、M_2，为此取图 4.4(b)所示基本结构,建立节点 1 和 2 处的转角连续方程式:

$$\begin{cases} \dfrac{M_1 l}{6E(4I)} + \dfrac{M_2 l}{3E(4I)} - \dfrac{7Ql^2}{180EI} = -\dfrac{M_2(l/2)}{3E(I)} & (\theta_{21} = \theta_{23}) \\[3mm] -\dfrac{M_2 l}{6E(4I)} - \dfrac{M_1 l}{3E(4I)} + \dfrac{2Ql^2}{45E(4I_0)} = 0 & (\theta_{12} = 0) \end{cases}$$

解得

$$M_1 = 0.124Ql, \quad M_2 = 0.018\,2Ql$$

简单刚架弯矩图见图 4.4(c)。

5.试将图 4.4(a)中刚架的杆 1 - 2 化为具有弹性固定端的单跨梁,计算出弹性固定端的柔性系数,并利用弹性固定端单跨梁的弯曲要素表解之。

解　无载杆 2 - 3 相当于杆 1 - 2 的弹性固定端,如图 4.5所示,则

$$\theta_2 = \frac{l}{2} \cdot \frac{M_2}{3EI}$$

故

$$\alpha_2 = \frac{\theta_2}{M_2} = \frac{l_0}{6EI_0}$$

查附录表 A - 6 中 NO.5 中的结果,可得杆 1 - 2 的弯矩为

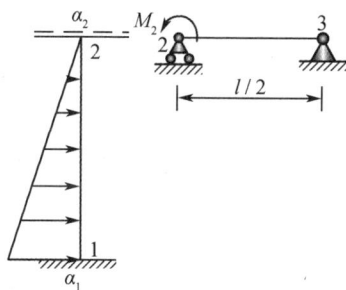

图 4.5

$$\bar{\alpha}_1 = \frac{\alpha_1 E(4I)}{l} = 0, \quad \bar{\alpha}_2 = \frac{\alpha_2 E(4I)}{l} = \frac{2}{3}$$

$$K = \left(\bar{\alpha}_1 + \frac{1}{3}\right)\left(\bar{\alpha}_2 + \frac{1}{3}\right) = \left(0 + \frac{1}{3}\right)\left(\frac{2}{3} + \frac{1}{3}\right) - \frac{1}{36} = \frac{11}{36}$$

$$\begin{cases} M_1 = \dfrac{2Ql}{45} \cdot \dfrac{1}{K}\left(\bar{\alpha}_2 + \dfrac{3}{16}\right) = \dfrac{2Ql}{45} \times \dfrac{36}{11}\left(\dfrac{2}{3} + \dfrac{3}{16}\right) = 0.124\,2Ql \\[3mm] M_2 = \dfrac{7Ql}{180} \cdot \dfrac{1}{K}\left(\bar{\alpha}_1 + \dfrac{1}{7}\right) = \dfrac{7Ql}{180} \times \dfrac{36}{11} \times \dfrac{1}{7} = 0.018\,1Ql \end{cases}$$

6.将图 4.6(a)中的杆系简化为具有弹性固定端的单跨梁 4.6(b),计算弹性固定端的刚性系数 K,并证明此刚性系数为杆 1 - 2 及杆 2 - 4 单独作用时的刚性系数之和。已知各杆长度及断面惯性矩为 l 及 I。

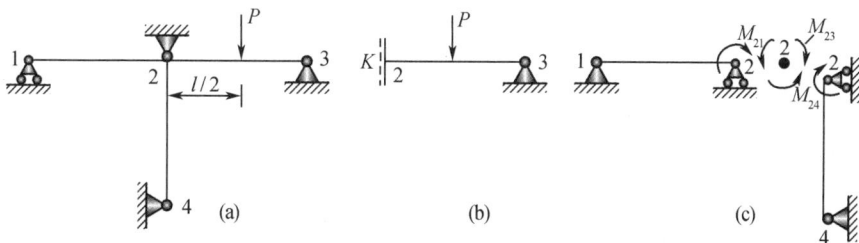

图 4.6

解　杆系中的各杆在刚性节点 2 处的转角相等,

$$\theta_2 = \frac{M_{21} l}{3EI} = \frac{M_{24} l}{3EI}$$

可得

$$M_{21} = M_{24} = M$$

对节点 2 列出平衡方程：

$$M_{21} + M_{24} - M_{23} = 0$$

解得

$$M_{23} = 2M$$

由 $\theta_2 = \dfrac{Ml}{3EI}$，可知杆 $2-3$ 左端弹性固定端的柔性系数为

$$\alpha = \frac{\theta_2}{M_{23}} = \frac{Ml}{3EI} \cdot \frac{1}{2M} = \frac{l}{6EI}$$

解得弹性固定端的刚性系数为

$$K = \frac{1}{\alpha} = \frac{6EI}{l}$$

杆 $1-2$ 单独作用时的柔性系数和刚性系数分别为

$$\alpha_1 = \frac{\theta_2}{M_{23}} = \frac{Ml}{3EI} \frac{1}{M} = \frac{l}{3EI}, \quad K_1 = \frac{1}{\alpha_1} = \frac{3EI}{l}$$

同理，杆 $2-4$ 单独作用时的刚性系数为

$$K_2 = \frac{1}{\alpha_2} = \frac{3EI}{l}$$

故 $K = \dfrac{6EI}{l} = K_1 + K_2$ 得证。

7. 将图 4.7(a) 中的梁 $3-4$ 化为梁 $0-1-2$ 的中间弹性支座后进行求解，画出梁 $0-1-2$ 的弯矩图。已知梁的断面惯性矩均为 I，且 $l_{31} = l_{14} = l$。

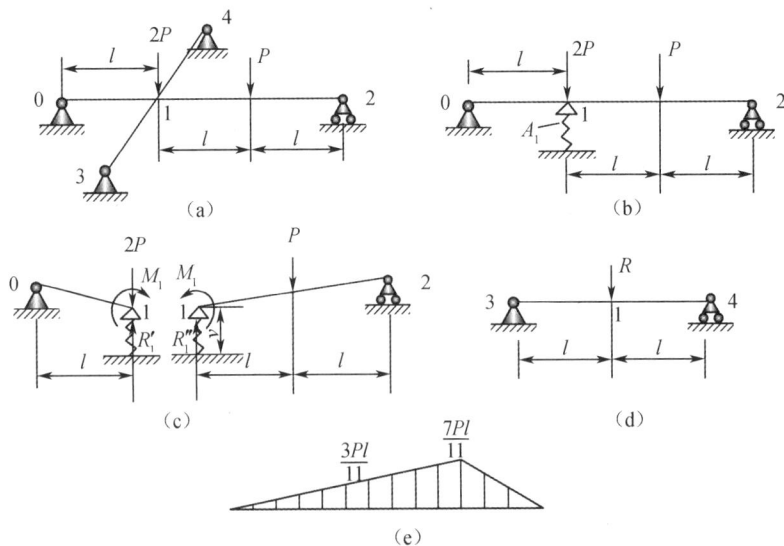

图 4.7

解 图4.7(a)中的简单板架,可认为梁0-1-2承受全部外载荷,梁3-4无荷重,那么梁3-4对梁0-1-2的作用相当于一个弹性支座,柔性系数记为A_1,如图4.7(b)所示。为求梁3-4作为弹性支座的柔性系数,考虑梁3-4在节点1处受集中力R作用,如图4.7(d)所示,计算节点1处的挠度为

$$v_1 = \frac{R(2l)^3}{48EI}$$

从而得

$$A_1 = \frac{v_1}{R} = \frac{(2l)^3}{48EI} = \frac{l^3}{6EI}$$

为求节点1处的弯矩M_1,如图4.7(c)所示,列出节点1的转角连续方程为

$$\theta_{10} = \theta_{12}, \frac{M_1 l}{3EI} + \frac{v_1}{l} = -\frac{M_1(2l)}{3EI} - \frac{v_1}{2l} + \frac{P(2l)^2}{16EI}$$

式中,$v_1 = A_1 R_1 = A_1(R_1' + R_1'') = \frac{l^3}{6EI}\left(\frac{5P}{2} + \frac{3M_1}{2l}\right)$,将其代入上式,解得

$$M_1 = -\frac{3}{11}Pl, v_1 = \frac{23Pl^3}{36EI}$$

求出梁0-1-2的节点弯矩以后,查弯曲要素表不难画出梁0-1-2的弯矩图,如图4.7(d)所示。

8.将将图4.8(a)中的杆系简化为具有弹性固定端的单跨梁,如图4.8(b)所示,求出弹性固定端及弹性支座的柔性系数。已知各杆的长度均为l,断面惯性矩均为I,$A_6 = \frac{l^3}{6EI}$。

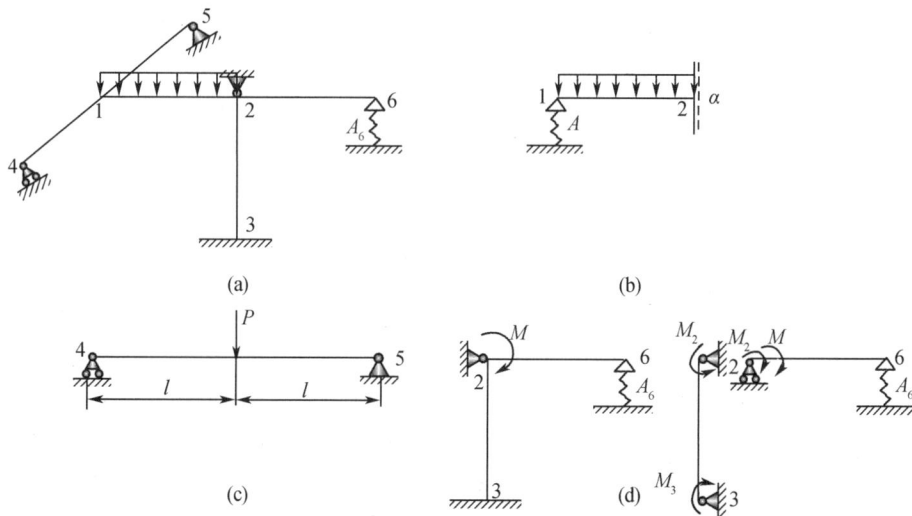

图4.8

解 在此杆系结构中,杆4-1-5与杆1-2正交且不受外载荷,所以可化作弹性支座。杆2-3、杆2-6与杆1-2在同一平面内,且不受外载荷作用,可化为弹性固定端。

为求杆4-1-5作为弹性支座的柔性系数,考虑杆4-1-5在节点1处受集中力P作用,计算节点1处的挠度为

$$v_1 = \frac{P(2l)^3}{48EI} = \frac{Pl^3}{6EI} = AP$$

解得

$$A = \frac{l^3}{6EI}$$

为求杆 2-6 和杆 2-3 作为弹性固定端的柔性系数，考虑图 4.8(d) 中刚架在节点 2 受集中弯矩 M，计算节点 2 的转角。

将节点 3 处的刚性固定端的转动约束去除，并在节点 2 处切开，用未知弯矩 M_3 和 M_2 代替。作用于节点 2 的外力矩 M 加于杆 2-6 上，得到如图 4.8(d) 所示的两根单跨梁。

变形连续条件为节点 2 转角连续和节点 3 转角为零，列如下方程：

$$\frac{(M_2+m)l}{3EI} + \frac{v_6}{l} = -\frac{M_2 l}{3EI} - \frac{M_3 l}{6EI} \tag{1}$$

$$\frac{M_3 l}{3EI} + \frac{M_2 l}{6EI} = 0 \tag{2}$$

列出在节点 6 处弹性支座的补充方程：

$$v_6 = A_6 R = \frac{M_2 + M}{l} \tag{3}$$

将 (3) 式代入 (1) 式，经整理后，(1) 与 (2) 两式变为

$$\begin{cases} 5M_2 + M_3 = -3M \\ M_2 + 2M_3 = 0 \end{cases}$$

解得

$$M_2 = -\frac{2}{3}M, \quad M_3 = \frac{1}{3}M$$

计算节点 2 转角，考虑杆 2-3，可得

$$\theta_2 = -\frac{M_2 l}{3EI} - \frac{M_3 l}{6EI} = \left(\frac{2}{9} - \frac{1}{18}\right)\frac{Ml}{EI} = \frac{Ml}{6EI}$$

所以

$$\alpha = \frac{l}{6EI}$$

9. 已知各杆 E、I、l 均相同，试写出用力法求解图 4.9(a) 所示刚架所需的方程式（无须求解）。

解 本题刚架结构为三次静不定结构，所以有三个未知弯矩，分别是 M_{10}、M_{12}、M_{21}。现将杆 1-2 刚性固定的转动约束去掉，并在节点 1 处切开，如图 4.9(b) 所示，再加上未知弯矩 M_{10}、M_{12}、M_{21}。

列出转角 1 和 2 的连续方程式

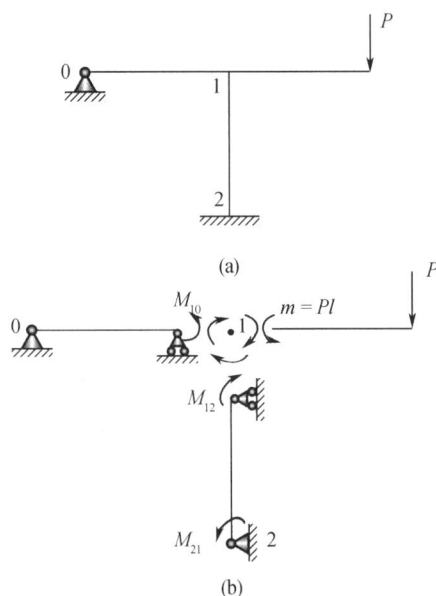

图 4.9

$$\begin{cases} \theta_{10} = \theta_{12}, \dfrac{M_{10}l}{3EI} = -\dfrac{M_{12}l}{3EI} - \dfrac{M_{21}l}{6EI} \\ \theta_{21} = 0, \dfrac{M_{12}l}{6EI} + \dfrac{M_{21}l}{3EI} = 0 \end{cases}$$

列出节点 1 处的平衡方程式为

$$M_{12} + m - M_{10} = 0$$

10. 图 4.10(a)为一空间结构,梁 0 - 3 受到两个中间刚架的支持。已知刚架中杆件的断面惯性矩为 $7I$,梁 0 - 3 的断面惯性矩为 I,梁 $l_{01} = l_{12} = l_{23} = l$。试在将梁 0 - 3 化为具有中间弹性支座的连续梁后,求出梁在 1 点和 2 点的挠度。

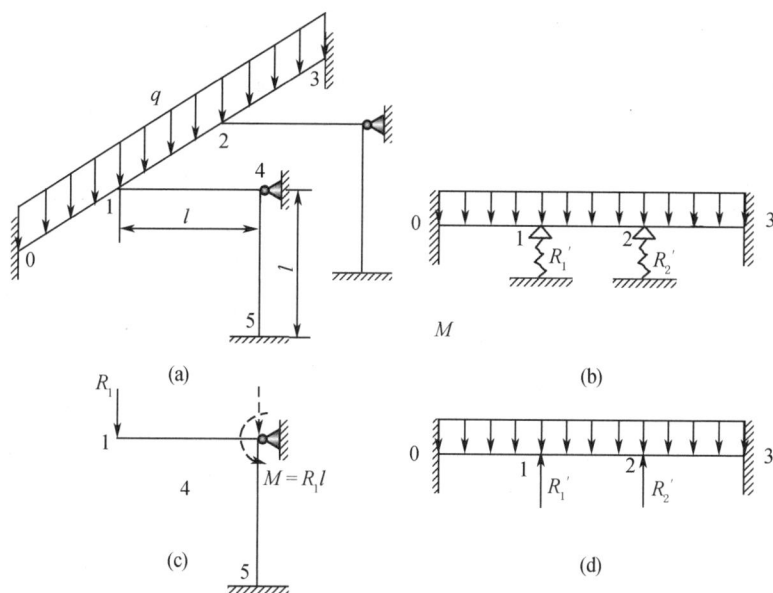

图 4.10

解　在此空间结构中,中间刚架与梁 0 - 3 正交且不受外载荷作用,所以可化作弹性支座,如图 4.10(b)所示。

由于空间结构几何对称、载荷对称,中间刚架作为梁 0 - 3 弹性支座,其柔性系数、挠度和支反力均相同,故考虑其中一个刚架即可(取其中刚架 1 - 4 - 5 分析)。

为求刚架 1 - 4 - 5 作为弹性支座的柔性系数,考虑其在节点 1 处受集中力 R_1 作用,计算节点 1 处的挠度 v_1,如图 4.10(c)所示。

将集中力 R_1 平移到节点 4,附加一个力矩 $M = R_1 l$,如图 4.10(c)所示。节点 1 处的挠度 v_1 由杆 1 - 4 弯曲变形以后的挠度和杆 4 - 5 弯曲变形以后的挠度(这时杆 1 - 4 看作刚性杆)叠加而成,写出如下表达式:

$$v_1 = \dfrac{R_1 l^3}{3E(7I)} + \theta_4 l = \dfrac{R_1 l^3}{3E(7I)} + \dfrac{(R_1 l)l}{28EI}l = \dfrac{R_1 l^3}{12EI}$$

弹性支座的柔性系数为

$$A_1 = \dfrac{v_1}{R_1} = \dfrac{l^3}{12EI}$$

如图 4.10(d)所示,梁 0 – 3 在节点 1 处的挠度为

$$v_1 = v_1^q + v_1^{R_1} + v_1^{R_2} = \frac{(3ql)(3l)^3}{24EI} \cdot \frac{1}{9}(1 - \frac{2}{3} + \frac{1}{9}) - \frac{R_1(3l)^3}{6EI} \cdot \frac{1}{27} = \frac{ql^4}{6EI} - \frac{R_1 l^3}{6EI}$$

由弹性支座的性质,将 $v_1 = A_1 R_1$ 代入上式得

$$\frac{ql^4}{6EI} - \frac{R_1 l^3}{6EI} = \frac{R_1 l^3}{12EI}$$

解得

$$R_1 = \frac{2ql}{3}$$

故

$$v_1 = A_1 R_1 = \frac{l^3}{12EI} \cdot \frac{2ql}{3} = \frac{ql^4}{18EI}$$

11. 将图 4.11(a)中的双跨梁用力法求解,画出梁 1 – 2 的剪力图和梁 2 – 3 的弯矩图。已知 $P = \frac{ql}{2}, A = \frac{l^3}{2EI}$。

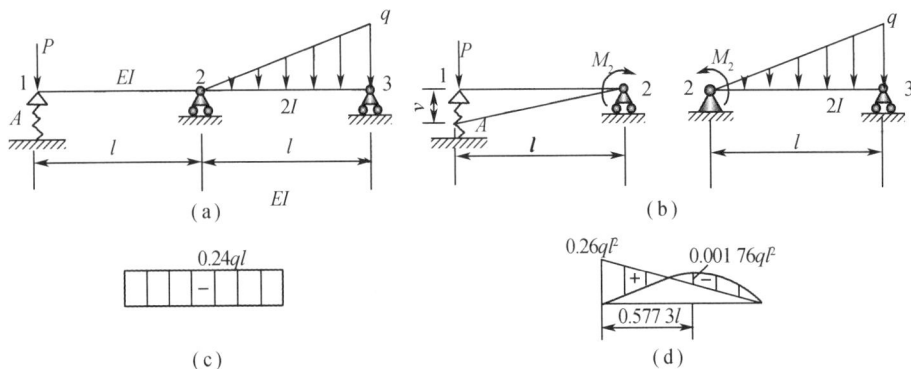

图 4.11

解 取基本结构,如图 4.11(b)所示,列节点 2 的转角连续方程为

$$\theta_{21} = \theta_{23}, \frac{M_2}{3EI} - \frac{v_1}{l} = -\frac{M_2 l}{3E(2I)} + \frac{7}{180} \frac{Ql^2}{E(2I)} \tag{1}$$

$$v_1 = AR_1 = \frac{l^3}{2EI}(P - \frac{M_2}{l}) \tag{2}$$

将(1)式和(2)式联立求解,得

$$M_2 = 0.26ql^2, v_2 = 0.12\frac{ql^4}{EI}$$

对杆 1 – 2 列平衡方程求支座 1 的反力:

$$(R_1 - P)l + M_2 = 0$$

得

$$R_1 = P - \frac{M_2}{l} = \frac{ql}{2} - 0.26ql = 0.24ql$$

梁 1 – 2 的剪力图如图 4.11(c)所示,梁 2 – 3 的弯矩图如图 4.11(d)所示。

12. 用力法求解图 4.12(a)中的简单刚架,设各杆的长度均为 l_0,断面惯性距均为 I,并

40

已知 $P = 0.8q_0l_0, m = \dfrac{q_0l_0^2}{15}, A = \dfrac{l_0^3}{6EI}$。

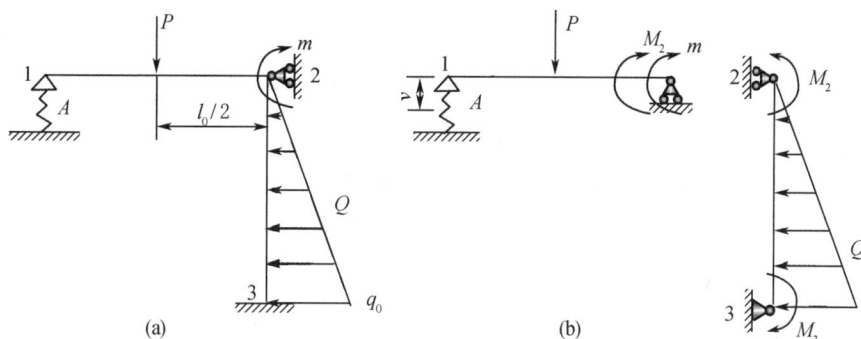

图 4.12

解 本题的刚架为二次超静定结构,现将节点 2 处切开,并将节点 3 处刚性固定约束去除,加上未知弯矩 M_2 与 M_3,如图 4.12(b)所示。

由 2 处转角连续与 3 处转角为零,这两个条件给出(m 作用在节点 2 上):

$$-\frac{Pl_0^2}{16EI} + \frac{(m+M_2)l_0}{3EI} - \frac{v}{l_0} = -\frac{M_2l_0}{3EI} - \frac{M_3l_0}{6EI} + \frac{7Ql_0^2}{180EI} \qquad (1)$$

$$-\frac{2}{45}\frac{Ql_0^2}{EI} + \frac{M_2l_0}{6EI} + \frac{M_3l_0}{3EI} = 0 \qquad (2)$$

再列节点 1 处弹性支座的补充方程式:

$$v = AR = A\left(\frac{P}{2} - \frac{M_2+m}{l_0}\right) \qquad (3)$$

将(3)式代入(1)式,经整理后,(1)和(2)两式变为

$$\left(4 + \frac{6EI}{l_0^3}A\right)M_2 + M_3 = \frac{7}{30}Ql_0 + \left(\frac{3}{8} + \frac{3EI}{l_0^2}A\right)Pl_0 - \left(2 + \frac{6EI}{l_0^2}A\right)m \qquad (4)$$

$$M_2 + 2M_3 = \frac{4}{15}Ql_0 \qquad (5)$$

已知 $Q = \dfrac{1}{2}q_0l_0, P = 0.8q_0l_0, m = \dfrac{1}{5}q_0l_0^2, A = \dfrac{l_0^3}{6EI}$ 代入(4)和(5)两式后,得

$$\begin{cases} 5M_2 + M_3 = \dfrac{37}{60}q_0l_0^2 \\ M_2 + 2M_3 = \dfrac{2}{15}q_0l_0^2 \end{cases}$$

解得

$$M_2 = \frac{11}{90}q_0l_0^2, \quad M_3 = \frac{1}{180}q_0l_0^2$$

13. 图 4.13(a)中右端的垂直位移为 Δ,图 4.13(b)中转角为 θ,求解静不定结构。

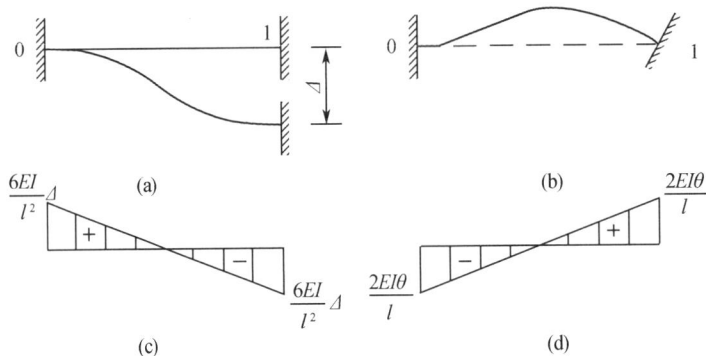

图 4.13

解 ①由转角连续条件列出方程式

$$\begin{cases} \theta_{01}=0, & -\dfrac{M_0 l}{3EI}-\dfrac{M_1 l}{6EI}+\dfrac{\Delta}{l}=0 \\[2mm] \theta_{10}=\theta_{12}, & \dfrac{M_1 l}{3EI}+\dfrac{M_0 l}{6EI}+\dfrac{\Delta}{l}=0 \end{cases}$$

解得

$$M_0=-\frac{6EI}{l^2}\Delta,\quad M_1=-\frac{6EI}{l^2}\Delta$$

弯矩图参见图 4.13(c)。

②由转角连续条件列出方程式

$$\begin{cases} \theta_{01}=0, & -\dfrac{M_0 l}{3EI}-\dfrac{M_1 l}{6EI}=0 \\[2mm] \theta_{10}=\theta_{12}, & \dfrac{M_1 l}{3EI}+\dfrac{M_0 l}{6EI}=\theta \end{cases}$$

解得

$$M_0=-\frac{2EI}{l}\theta,\quad M_1=\frac{4EI}{l}\theta$$

弯矩图参见图 4.13(d)。

14. 图 4.14(a)中连续梁,已知:$P=78.4\ \text{kN}$,$q=58.8\ \text{kN/m}$,$M=392\ \text{kN}\cdot\text{m}$,$l_{12}=l_{23}=l=10\ \text{m}$,$I_{12}=I_{23}=I$,$\alpha=\dfrac{2l}{7EI}$。试求解其静不定结构。

解 本题的双跨梁为三次超静定结构,现将节点 2 处切开,并将节点 3 处弹性固定端约束去除,加上未知弯矩 M_1、M_2、M_3,如图 4.14(b)所示。

由转角连续条件列出方程式

$$\begin{cases} \theta_{12}=0, & -\dfrac{M_1 l}{3EI}-\dfrac{M_2 l}{6EI}+\dfrac{Pl^2}{16EI}=0 \\[3mm] \theta_{21}=\theta_{23}, & \dfrac{M_1 l}{6EI}+\dfrac{M_1 l}{3EI}-\dfrac{Pl^2}{16EI}=-\dfrac{M_2 l}{3EI}+\dfrac{ql^3}{24EI}-\dfrac{Ml}{6EI}-\dfrac{M_3 l}{6EI} \\[3mm] \theta_{23}=-\alpha M_3, & \dfrac{M_2 l}{6EI}-\dfrac{ql^3}{24EI}+\dfrac{Ml}{3EI}+\dfrac{M_3 l}{3EI}=-\dfrac{2M_3 l}{7EI} \end{cases}$$

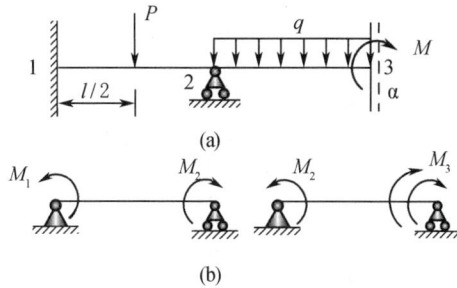

图 4.14

解得 $M_1 = -14 \text{ kN} \cdot \text{m}, M_2 = 322 \text{ kN} \cdot \text{m}, M_3 = 98 \text{ kN} \cdot \text{m}$。

15. 已知 $A = \dfrac{l^3}{6EI}$，各杆的长度均为 l，将图 4.15(a) 中结构化为单跨梁，求 M_1。

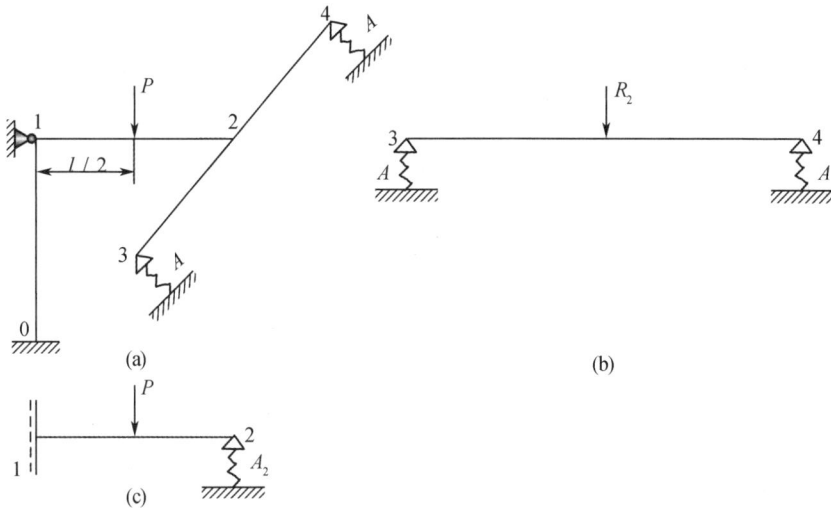

图 4.15

解 在此杆系结构中，杆 3－2－4 与杆 1－2 正交且不受外载荷作用，所以可化作弹性支座，如图 4.15(b) 所示。杆 0－1 与杆 1－2 在同一平面内，且不受外载荷，可化为弹性固定端，如图 4.15(c) 所示。

为求杆 3－2－4 作为弹性支座的柔性系数，考虑杆 1－2 在节点 2 处受集中力 P 作用，计算节点 2 处的挠度为

$$v_2 = \frac{R_2 (2l)^3}{48EI} + A \cdot \frac{R_2}{2} = \left(\frac{8}{48EI} + \frac{1}{12EI} \right) l^3 R_2 = \frac{R_2 l^3}{4EI}$$

节点 2 处弹性支座的柔性系数为

$$A_2 = \frac{v_2}{R_2} = \frac{l^3}{4EI}$$

对 0－1 杆

$$\theta_1 = \frac{M_1}{4EI} \Rightarrow \alpha = \frac{l}{4EI}$$

利用弯曲要素表可知 $\overline{\alpha} = \frac{\alpha_1 EI}{l} = \frac{1}{4}$，$\overline{A} = \frac{A_2 EI}{l^3} = \frac{1}{4}$，$K_A = \overline{\alpha_1} + \overline{A_2} + \frac{1}{3} = \frac{5}{6}$，代入上式解得

$$M_1 = \frac{9Pl}{40}$$

16.将图 4.16 中结构化简为单跨梁，求出 α_1、A_2。已知：$l_{01} = l_{12} = l_{13} = l_{56} = l$，$l_{24} = l_{25} = l/2$，$I_{01} = I_{12} = I_{24} = I_{25} = I_{56} = I$，$I_{13} = 2I$。

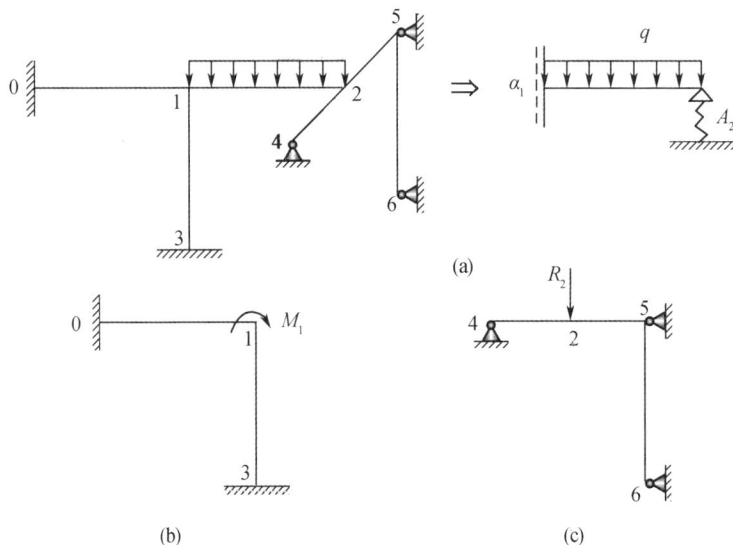

图 4.16

解 ①将杆 1-2 与刚架 0-1-3 在 1 处切开，加上未知弯矩 M_1，如图 4.16(b)所示。
列出节点 1 处的变形连续条件 - $\theta_1 = \theta_{10} = \theta_{13}$，

$$\frac{M_{10}l}{4EI} = \frac{M_{13}l}{4E(2I)} \tag{1}$$

节点 1 处力的平衡方程式为

$$M_1 - M_{10} - M_{13} = 0 \tag{2}$$

将(1)式和(2)式联立求解，得

$$M_{10} = \frac{M_1}{3}$$

由弹性固定端的性质，得

$$\theta_1 = \alpha_1 M_1 = \frac{M_{10}l}{4EI} = \frac{M_1 l}{12EI}$$

故

$$\alpha_1 = \frac{l}{12EI}$$

②将杆 1-2 与刚架 4-2-5-6 在 2 处切开，加上集中力 R_2，如图 4.16(d)所示。由节

点 5 处的转角连续条件 $-\theta_{54} = \theta_{56}$，可得

$$\begin{cases} \dfrac{M_{54}l}{3EI} - \dfrac{R_2 l^2}{16EI} = -\dfrac{M_{56}l}{3EI} \\ M_{54} = M_{56} \end{cases}$$

解得

$$M_{54} = \frac{3R_2 l}{32}$$

由

$$v_2 = \frac{R_2 l^3}{48EI} - \frac{M_{54}l^2}{16EI} = \frac{23R_2 l^3}{1\,536EI}$$

可知

$$A_2 = \frac{v_2}{R_2} = \frac{23l^3}{1\,536EI}$$

17. 图 4.17 中结构，各杆相同，将其转化为单跨梁，$\alpha_1 = \dfrac{l}{3EI}$，求 A_2、α_1、κ_1。

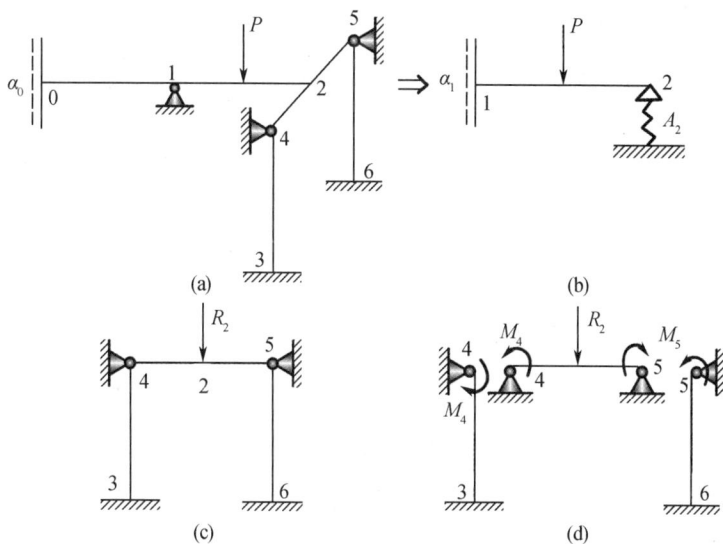

图 4.17

解 ①将杆 1-2 与刚架 3-4-5-6 在 2 处切开，加上未知集中力 R_2，如图 4.16(c)所示。

如图 4.16(d)所示，由转角连续条件 $\theta_{43} = \theta_{45}$ 得

$$\begin{cases} \dfrac{M_4 l}{4EI} = -\dfrac{M_4 l}{3EI} - \dfrac{M_5 l}{6EI} + \dfrac{R_2 l^2}{16EI} \\ M_4 = M_5 \end{cases}$$

解得

$$M_4 = M_5 = \frac{R_2 l}{12}$$

由

$$v_2 = \frac{R_2 l^3}{48EI} - \frac{M_4 l^2}{16EI} - \frac{M_5 l^2}{16EI} = \frac{R_2 l^3}{96EI}$$

可知

$$A_2 = \frac{v_2}{R_2} = \frac{l^3}{96EI}$$

②由支座 0 处弹性固定端边界条件得

$$\theta_{01} = \alpha_0 M_{01} = \frac{M_{01} l}{3EI} = -\frac{M_{01} l}{3EI} + \frac{M_1 l}{6EI}$$

化简得

$$M_{01} = \frac{M_1}{4}$$

列出杆 0−1 在支座 1 处转角方程：

$$\theta_1 = \frac{M_1 l}{3EI} - \frac{M_{01} l}{6EI} = \frac{7M_1 l}{24EI}$$

可知杆 0−1 作为杆 1−2 弹性固定端的柔性系数

$$\alpha_1 = \frac{\theta_1}{M_1} = \frac{7l}{24EI}$$

③查附录 A−5 可知，如图 4.17(b)所示

$$\overline{\alpha}_1 = \frac{\alpha_1 EI}{l} = \frac{7}{24}, \overline{A}_2 = \frac{A_2 EI}{l^3} = \frac{1}{96}, K_A = \overline{\alpha}_1 + \overline{A}_2 + \frac{1}{3} = \frac{61}{96}$$

$$M_{1弹} = \frac{Pl}{2} \frac{1}{K_A} \left(\overline{A}_2 + \frac{1}{8} \right) = \frac{13}{122} Pl$$

支座 1 刚性固定时，即 $\alpha_1 = 0$，则

$$\overline{\alpha}_1 = \frac{\alpha_1 EI}{l} = 0, \overline{A}_2 = \frac{1}{96}, K_A = \overline{\alpha}_1 + \overline{A}_2 + \frac{1}{3} = \frac{33}{96}$$

可得

$$M_{1刚} = \frac{Pl}{2} \frac{1}{K_A} \left(\overline{A}_2 + \frac{1}{8} \right) = \frac{13}{66} Pl$$

于是

$$\kappa_1 = \frac{M_{1弹}}{M_{1刚}} = \frac{66}{122} = 0.541$$

18. 设有如图 4.18 所示板架，分别求出主向梁在不同边界条件及载荷作用时，交叉构件−弹性基础梁的计算图形。计算出弹性基础梁的弹性基础刚性系数及外载荷大小。

①主向梁两端刚性固定，板架上受均布荷重 q。

②主向梁两端自由支持，板架上载荷沿主向梁为梯形分布，沿交叉构件为均布。

③主向梁两端自由支持，板架在 $x = 4a$ 及 $x = 8a$ 的主向梁中点受到集中力 P。

④主向梁两端自由支持，板架在 $x = 4a$ 及 $x = 8a$ 的主向梁上受到两个集中力 P。

⑤主向梁两端自由支持，受三角形分布的荷重，并在 $x = 6a$ 的主向梁上还受集中力 P 的作用。

⑥主向梁两端自由支持，另一端刚性固定，在自由支持端受到集中力矩 m 作用。

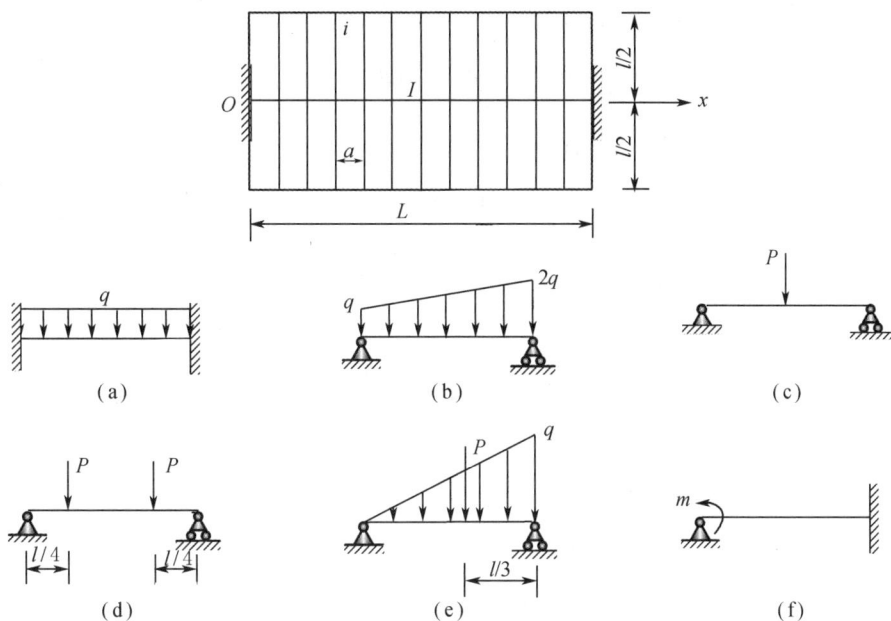

图 4.18

解 ①主向梁上所受到的总荷重为

$$Q = aql$$

查两端自由支持,受均布荷重作用的弯曲要素表,可得主向梁在节点(跨中)的挠度为

$$v_q = \frac{1}{384} \cdot \frac{Ql^3}{EI}$$

故得

$$\beta = \frac{1}{384}$$

同理可得主向梁在节点受节点反力 R 时的挠度为

$$v_R = \frac{1}{192} \cdot \frac{Rl^3}{EI}$$

故得

$$\gamma = \frac{1}{192}$$

于是交叉构件作为弹性基础梁的荷重及弹性基础的刚性系数分别为

$$\bar{q} = \frac{\beta}{\gamma} \frac{Q}{a} = \frac{1}{384} \times 192 \frac{aql}{a} = \frac{ql}{2}$$

$$k = \frac{EI}{\gamma al^3} = \frac{192EI}{al^3}$$

交叉构件 - 弹性基础梁的计算图形如图 4.19 所示。

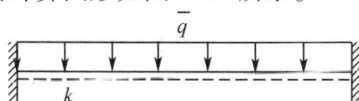

图 4.19

②主向梁上所受到的总荷重为

$$Q = Q_1 + Q_2 = aql + \frac{1}{2}aql = \frac{3}{2}aql$$

式中

$$Q_1 = \frac{2}{3}Q, \quad Q_2 = \frac{1}{3}Q$$

查两端自由支持,受梯形荷重作用的弯曲要素表,可得主向梁在节点(跨中)的挠度为

$$v_q = \frac{5Q_1 l^3}{384EI} + \frac{Q_2 l^3}{180EI}\left[\frac{7}{l}\left(\frac{l}{2}\right) - \frac{10}{l^3}\left(\frac{l}{2}\right)^3 + \frac{3}{l^5}\left(\frac{l}{2}\right)^5\right]$$

$$= \frac{5Q_1 l^3}{384EI} + \frac{5Q_2 l^3}{384EI} = \frac{5Ql^3}{384EI}\left(\frac{2}{3} + \frac{2}{3}\right)$$

$$= \frac{5Ql^3}{384EI}$$

故得

$$\beta = \frac{5}{384}$$

同理可得主向梁在节点受节点反力 R 时的挠度为

$$v_R = \frac{Rl^3}{48EI}$$

故得

$$\gamma = \frac{1}{48}$$

于是交叉构件作为弹性基础梁的荷重及弹性基础的刚性系数分别为

$$\bar{q} = \frac{\beta}{\gamma} \cdot \frac{Q}{a} = \frac{5}{384} \times 48 \frac{3aql}{2a} = \frac{15ql}{16}$$

$$k = \frac{EI}{\gamma al^3} = \frac{48EI}{al^3}$$

交叉构件 – 弹性基础梁的计算图形同图 4.18(a)。

③$x = 4a$ 及 $x = 8a$ 主向梁上所受到的总荷重为

$$Q = P$$

查两端自由支持,受集中力作用的弯曲要素表,可得主向梁在节点(跨中)的挠度

$$v_P = \frac{1}{48}\frac{Ql^3}{EI}$$

故得

$$\beta = \frac{1}{48}$$

同理可得主向梁在节点受节点反力 R 时的挠度为

$$v_R = \frac{Rl^3}{48EI}$$

故得

$$\gamma = \frac{1}{48}$$

于是交叉构件作为弹性基础梁的荷重及弹性基础的刚性系数分别为

$$\overline{P} = P$$

$$k = \frac{EI}{\gamma al^3} = \frac{48EI}{al^3}$$

交叉构件 – 弹性基础梁的计算图形,如图 4.20 所示。

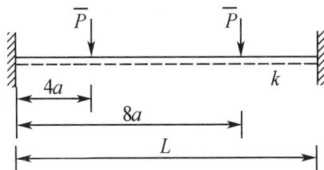

图 4.20

④查两端自由支持,受两个集中力作用的弯曲要素表,可得 $x = 4a$ 及 $x = 8a$ 主向梁在节点(跨中)的挠度为

$$v(x) = \frac{Pl^2}{6EI}\left(\frac{l}{4}\right)\left(\frac{3}{4} - \frac{1}{4^2}\right) - \frac{R_x l^3}{48EI}$$

由上式可得

$$R_x = \frac{11P}{8} - \frac{48Ei}{l^3}v(x)$$

故作用在交叉构件 $x = 4a$ 及 $x = 8a$ 处的集中力和弹性基础的刚性系数分别为

$$\overline{P} = \frac{11P}{8}, k = \frac{48EI}{al^3}$$

交叉构件 – 弹性基础梁的计算图形同图 4.18(c)。

⑤由主向梁上均布载荷得到的总荷重为

$$Q = \frac{aql}{2}$$

主向梁在节点(跨中)的挠度为(先不考虑集中力 P 的作用)

$$v_1(x) = \frac{l^3 Q(x)}{180Ei}\left(\frac{7}{2} - \frac{10}{2^3} + 3\frac{1}{2^5}\right) - \frac{R_x l^3}{48EI}$$

化简得

$$v_1(x) = \frac{5Q(x)l^3}{384EI} - \frac{R_x l^3}{48EI}$$

故得

$$\beta = \frac{5}{384}, \gamma = \frac{1}{48}$$

于是交叉构件作为弹性基础梁的刚性系数为

$$k = \frac{EI}{\gamma al^3} = \frac{48EI}{al^3}$$

$x = 6a$ 的主向梁受到集中力 P 转化为作用在交叉构件上的集中力 $\overline{P}$ 为

$$\frac{\overline{P}l^3}{48EI} = \frac{Pl^3}{6EI}\left[\frac{1}{3} \times \frac{1}{2}\left(1 - \frac{1}{3^2} - \frac{1}{2^2}\right)\right]$$

化简得

$$\frac{\overline{P}l^3}{48EI} = \frac{Pl^3}{6EI} \cdot \frac{1}{6} \times \frac{23}{36}$$

解得

$$\overline{P} = \frac{23}{27}P$$

交叉构件 – 弹性基础梁的计算图形如图 4.21 所示。

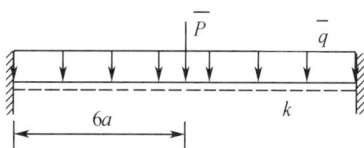

图 4.21

⑥由力法可解出主向梁固端弯矩为 $-\dfrac{m}{2}$。

主向梁受到集中力矩 m 转化为作用在交叉构件上的集中力 $\overline{P}$ 为

$$v\left(\frac{l}{2}\right) = \frac{7\overline{P}l^3}{768Ei} = -\frac{l^2}{6Ei}\frac{1}{2}\left(1 - \frac{1}{2}\right)\left[m\left(2 - \frac{1}{2}\right) - \frac{m}{2}\left(1 + \frac{1}{2}\right)\right]$$

化简得

$$v\left(\frac{l}{2}\right) = \frac{7\overline{P}}{768} = -\frac{1}{6l} \cdot \frac{1}{2} \cdot \frac{1}{2}\left(\frac{3}{2}m - \frac{1}{2} \cdot \frac{3}{2}m\right)$$

解得

$$\overline{P} = -\frac{24m}{7l}$$

两端刚性固定单跨梁作为交叉构件的弹性基础的刚性系数为

$$k = \frac{EI}{\gamma al^3} = \frac{768EI}{7al^3}$$

交叉构件 – 弹性基础梁的计算图形如图 4.22 所示。

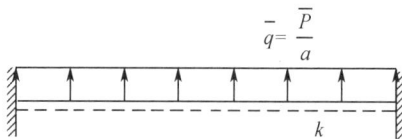

图 4.22

第5章 位 移 法

5.1 内 容 精 要

(1)本章叙述用位移法分析杆系结构的原理及位移法在船体结构中的应用。

(2)位移法解杆系问题时是将各组成杆件视为两端刚性固定的单跨梁,然后强迫可以发生位移的支座或节点断面产生协调一致的变形,并要满足支座或节点处力的平衡条件。本章是第7章矩阵法的基础。

(3)用位移法求解不可动节点复杂刚架是角变形法,在进行计算时要注意:

①位移法中的杆端弯矩为固端弯矩与杆端发生转角的弯矩之和,即

$$M_{ij} = \overline{M}_{ij} + M'_{ij}$$

②固端弯矩可查两端刚性固定的单跨梁的弯曲要素表得到,但注意表中弯矩的符号规定与位移法不同。

③在建立支座或节点的弯矩平衡方程式时,如果该节点上有外加弯矩,则在平衡方程中应予计入。

④如果支座或节点有弹性固定端(柔性系数为 α),则在该处建立弯矩平衡方程式时,还应计及弹性固定端的弯矩。

(4)用位移法解可动节点简单刚架及板架时,先分析结构中有几个节点或支座将发生转角及线位移(挠度),并把它们作为未知量;然后对每一个发生转角的节点或支座处列弯矩平衡方程式,对每一个发生线位移的节点或支座处列剪力平衡方程式,未知数的数目与方程式的数目相同。

在计算时,杆端弯矩为固定端弯矩与杆端发生转角及线位移时的弯矩之和: $M_{ij} = \overline{M}_{ij} + M'_{ij}$。杆端剪力为固端剪力与杆端发生转角及线位移时的剪力之和: $N_{ij} = \overline{N}_{ij} + N'_{ij}$。

在建立节点或支座的弯矩及剪力平衡方程式时,亦须计入该处的外加弯矩与集中力。如果节点或支座有弹性支座(柔性系数 A)及弹性固定端(柔性系数 α),则在建立剪力及弯矩平衡方程式时,亦应分别计入弹性支座的剪力及弹性固定端的弯矩。

5.2 常 用 知 识 点

(1)位移法主要研究对象:船体结构中的不可动节点复杂刚架、可动节点简单刚架、简单板架。

(2)位移法:以杆系节点处的位移为基本未知数,再根据杆件节点断面弯矩平衡条件建立方程式,最后解出位移。

（3）位移法符号法则：转角 θ、弯矩 M（顺时针为正），挠度 v、剪力 N 根据杆件的局部坐标来定，与 $\bar{y}$ 轴正向一致为正。

（4）杆件 $i-j$ 因两端同时发生挠度和转角时的杆端弯矩与剪力公式

$$\begin{cases} M'_{ij} = \dfrac{4EI_{ij}}{l_{ij}}\theta_i + \dfrac{6EI_{ij}}{l_{ij}^2}v_i + \dfrac{2EI_{ij}}{l_{ij}}\theta_j - \dfrac{6EI_{ij}}{l_{ij}^2}v_j \\[3mm] M'_{ji} = \dfrac{2EI_{ij}}{l_{ij}}\theta_i + \dfrac{6EI_{ij}}{l_{ij}^2}v_i + \dfrac{4EI_{ij}}{l_{ij}}\theta_j - \dfrac{6EI_{ij}}{l_{ij}^2}v_j \end{cases}$$

$$\begin{cases} N'_{ij} = \dfrac{6EI_{ij}}{l_{ij}^2}\theta_i + \dfrac{12EI_{ij}}{l_{ij}^3}v_i + \dfrac{6EI_{ij}}{l_{ij}^2}\theta_j - \dfrac{12EI_{ij}}{l_{ij}^3}v_j \\[3mm] N'_{ji} = -\dfrac{6EI_{ij}}{l_{ij}^2}\theta_i - \dfrac{12EI_{ij}}{l_{ij}^3}v_i - \dfrac{6EI_{ij}}{l_{ij}^2}\theta_j + \dfrac{12EI_{ij}}{l_{ij}^3}v_j \end{cases}$$

（5）位移法的计算步骤

①分析结构的节点，确定未知数的个数。

②设想在可能有位移发生的节点处全加上约束（固化），结构中各杆均为两端刚性固定的单跨梁，计算梁在外力作用下的杆端（固端）弯矩。

③假想将加固的各节点强迫位移，计算出各杆因位移而发生的杆端弯矩。

④各节点建立弯矩平衡方程式。杆端如果是自由支持，列 $M_{ef}=0$ 方程式，如果是弹性固定弯矩，该处平衡方程式为 $M_{ef} = -\dfrac{1}{\alpha}\theta_e$。

⑤解弯矩平衡方程组，求得未知位移。

⑥将未知位移代入杆端总弯矩公式，求弯曲要素（弯矩及剪力）。

5.3 典型题解析

1. 试用位移法求解图 5.1 中的单跨梁。已知左端弹性固定端的柔性系数为 $\alpha = \dfrac{l}{3EI}$，$P = \dfrac{2ql}{3}$，画出此梁的弯矩图。

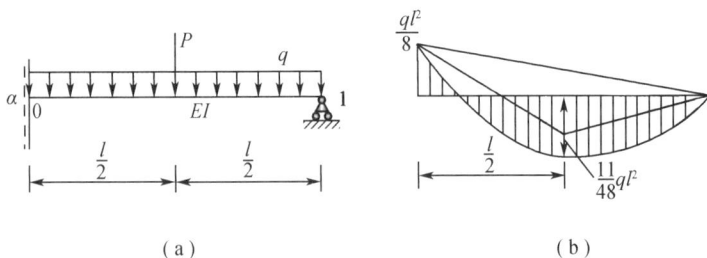

图 5.1

解 ①确定未知数。此单跨梁节点 0,1 可发生转角，所以未知数为 θ_0、θ_1，需在节点 0,1 处列弯矩平衡方程式。

②列出节点平衡方程式

节点 0 处

$$M_{01} = \overline{M}_{01} + M'_{01} = -\frac{\theta_0}{\alpha} = -\frac{3EI}{l}\theta_0 \tag{1}$$

节点 1 处

$$M_{10} = \overline{M}_{10} + M'_{10} = 0 \tag{2}$$

式中, $\overline{M}_{01} = -\overline{M}_{10} = -\frac{Ql}{12} = \frac{pl}{8} = -\frac{ql^2}{6}$, $M'_{01} = \frac{4EI}{l}\theta_0 + \frac{2EI}{l}\theta_1$; $M'_{10} = \frac{2EI}{l}\theta_0 + \frac{4EI}{l}\theta_1$。

将上式代入(1)(2)式中,并整理后得

$$\begin{cases} 7\theta_0 + 2\theta_1 = \dfrac{ql^3}{6EI} \\ 2\theta_0 + 4\theta_1 = -\dfrac{ql^3}{6EI} \end{cases}$$

③解方程式,求出未知转角

$$\theta_0 = \frac{ql^3}{24EI}, \theta_1 = -\frac{ql^3}{16EI}$$

④计算杆端的弯矩

$$M_{01} = -\frac{3EI}{l}\theta_0 = -\frac{3EI}{l} \cdot \frac{ql^3}{24EI} = -\frac{ql^2}{8}, M_{10} = 0$$

⑤画杆 0 - 1 的弯矩图,如图 5.1(b)所示。

2. 用位移法解图 5.2 的简单刚架。

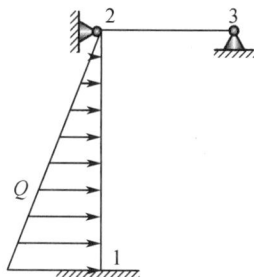

图 5.2

解　①确定未知数。此结构为不可动节点刚架,有 3 个节点,其中节点 1 为刚性固定,节点 2,3 可发生转角,所以未知数为 θ_2、θ_3,需在节点 2,3 处列弯矩平衡方程式。

②列出节点平衡方程式

节点 2 处

$$\overline{M}_{21} + M'_{21} + \overline{M}_{23} + M'_{23} = 0 \tag{1}$$

节点 3 处

$$\overline{M}_{32} + M'_{32} = 0 \tag{2}$$

式中, $\overline{M}_{12} = -\frac{Ql}{10}$; $\overline{M}_{21} = \frac{Ql}{16}$; $\overline{M}_{23} = \overline{M}_{32} = 0$; $M'_{12} = \frac{2E(4I)}{l}\theta_2$; $M'_{21} = \frac{4E(4I)}{l}\theta_2$; $M'_{23} = \frac{4EI}{0.5l}\theta_2 + \frac{2EI}{0.5l}\theta_3$;

$M'_{32} = \frac{4EI}{0.5l}\theta_3 + \frac{2EI}{0.5l}\theta_2$。

将上式代入(1)(2)式中,并整理后得

$$\begin{cases} 6\theta_2 + \theta_3 = -\dfrac{Ql^2}{64EI} \\ 2\theta_3 + \theta_2 = 0 \end{cases}$$

③解方程式,求出未知转角

$$\theta_2 = -\frac{Ql^3}{352EI}, \theta_3 = \frac{Ql^3}{704EI}$$

④计算杆端的弯矩

$$M_{21} = \overline{M}_{21} + M'_{21} = \frac{Ql}{16} + \frac{4E(4I)}{l}\theta_2 = 0.018\,2Ql$$

$$M_{12} = \overline{M}_{12} + M'_{12} = -\frac{Ql}{10} + \frac{2E(4I)}{l}\theta_2 = -0.124Ql$$

3.用位移法计算图 5.3 中的肋骨刚架,画出弯矩图。已知 $l_{12} = 2l_0, l_{23} = l_0, l_{34} = 4l_0$,$I_{12} = I_{56} = 4I_0, I_{23} = I_{45} = I_0, I_{23} = I_{25} = I_0$。

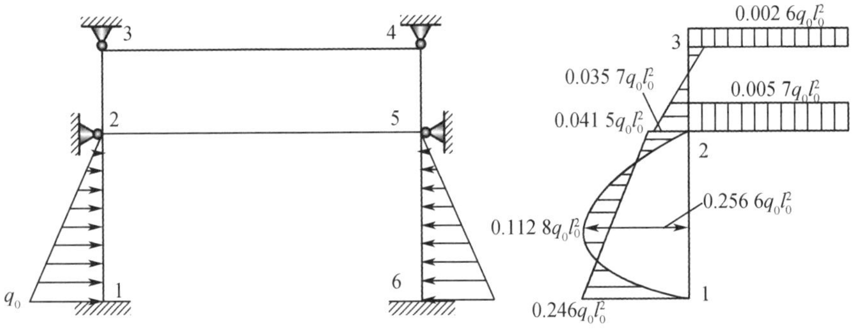

(a)　　　　　　　　　　　(b)

图 5.3

解 ①确定未知数。此结构为不可动节点刚架,有 6 个节点,其中节点 1,6 为刚性固定,节点 2,3,4,5 可发生转角,所以未知数为 4 个:θ_2、θ_3、θ_4、θ_5。由于结构、载荷对称,$\theta_2 = -\theta_5$,$\theta_3 = -\theta_4$,未知数减少一半,为 θ_2, θ_3,需在节点 2,3 处列弯矩平衡方程。

②列出节点平衡方程式

节点 2 处

$$\overline{M}_{21} + M'_{21} + \overline{M}_{23} + M'_{23} + \overline{M}_{25} + M'_{25} = 0 \tag{1}$$

节点 3 处

$$\overline{M}_{32} + M'_{32} + \overline{M}_{34} + M'_{34} = 0 \tag{2}$$

其中

$$\overline{M}_{12} = -\frac{Q(2l_0)}{10} = -\frac{q_0(2l_0)}{2}\frac{(2l_0)}{10} = -\frac{q_0 l_0^2}{5}, \overline{M}_{21} = \frac{Q(2l_0)}{15} = \frac{2q_0 l_0^2}{15}$$

$$\overline{M}_{23} = \overline{M}_{32} = \overline{M}_{25} = \overline{M}_{34} = 0, M'_{12} = \frac{2E(4I)}{2l_0}\theta_2, M'_{21} = \frac{4E(4I_0)}{2l_0}\theta_2$$

$$M'_{23} = \frac{4EI_0}{l_0}\theta_2 + \frac{2EI_0}{l_0}\theta_3, M'_{25} = \frac{4EI_0}{4l_0}\theta_2 + \frac{2EI_0}{4l_0}\theta_5 = \frac{EI_0}{2l_0}\theta_2(\theta_2 = -\theta_5)$$

$$M'_{32} = \frac{2EI_0}{l_0}\theta_2 + \frac{4EI_0}{l_0}\theta_3, M'_{34} = \frac{4EI_0}{4l_0}\theta_3 + \frac{2EI_0}{4l_0}\theta_4 = \frac{EI_0}{2l_0}\theta_3(\theta_3 = -\theta_4)$$

将上式代入(1)(2)式中,并整理后得

$$\begin{cases} \dfrac{2EI_0}{l_0}\theta_2 + \dfrac{4EI_0}{l_0}\theta_3 + \dfrac{EI_0}{2l_0} = 0 \\ \dfrac{8EI_0}{l_0}\theta_2 + \dfrac{EI_0}{2l_0}\theta_2 + \dfrac{4EI_0}{l_0}\theta_2 + \dfrac{2EI_0}{l_0}\theta_3 = -\dfrac{2q_0l_0^2}{15} \end{cases}$$

③解方程式,求出未知转角

$$\theta_2 = -\frac{12q_0l_0^3}{1\,045EI_0}, \theta_3 = \frac{16q_0l_0^3}{3\,135EI_0}$$

④计算杆端的弯矩

$$M_{12} = \overline{M}_{12} + M'_{12} = -\frac{q_0l_0^2}{5} + \frac{2E(4I)}{2l_0}\theta_2 = -\frac{q_0l_0^2}{5} + \frac{2E(4I)}{2l_0}\left(-\frac{12q_0l_0^3}{1\,045EI_0}\right) = -0.246q_0l_0^2$$

同理

$$M_{21} = \overline{M}_{21} + M'_{21} = \frac{2q_0l_0^2}{15} + \frac{4E(4I)}{l}\left(-\frac{12q_0l_0^3}{1\,045EI_0}\right) = 0.041\,5q_0l_0^2$$

$$M_{25} = \overline{M}_{25} + M'_{25} = \frac{EI_0}{2l_0}\left(-\frac{12q_0l_0^3}{1\,045EI_0}\right) = -0.005\,7q_0l_0^2$$

$$M_{23} = \overline{M}_{23} + M'_{23} = \frac{4EI_0}{l_0}\left(-\frac{12q_0l_0^3}{1\,045EI_0}\right) + \frac{2EI_0}{l_0}\left(\frac{16q_0l_0^3}{3\,135EI_0}\right) = -0.035\,7q_0l_0^2$$

$$M_{32} = \overline{M}_{32} + M'_{32} = \frac{2EI_0}{l_0}\left(-\frac{12q_0l_0^3}{1\,045EI_0}\right) + \frac{4EI_0}{l_0}\left(\frac{16q_0l_0^3}{3\,135EI_0}\right) = -0.002\,6q_0l_0^2$$

在刚架对称的一侧节点弯矩满足

$$M_{65} = -M_{12}, M_{56} = -M_{21}, M_{52} = -M_{25}$$

$$M_{54} = -M_{23}, M_{45} = -M_{32}, M_{43} = -M_{34} = M_{32}$$

⑤画肋骨刚架的弯矩图,如图 5.3(b)所示。

4.用位移法解图 5.4(a)中的刚架,设各杆的长度和断面惯性矩均为 l、I。画出弯矩图。

解　①确定未知数。此结构为不可动节点刚架,有 6 个节点,其中节点 4,5,6 为刚性固定,节点 1,2,3 可发生转角,所以未知数为 θ_1、θ_2、θ_3,需在节点 1,2,3 处列弯矩平衡方程式。

②列出节点平衡方程式

节点 1 处

$$\overline{M}_{14} + M'_{14} + \overline{M}_{12} + M'_{12} = 0 \tag{1}$$

节点 2 处

$$\overline{M}_{21} + M'_{21} + \overline{M}_{23} + M'_{23} + \overline{M}_{25} + M'_{25} = 0 \tag{2}$$

节点 3 处

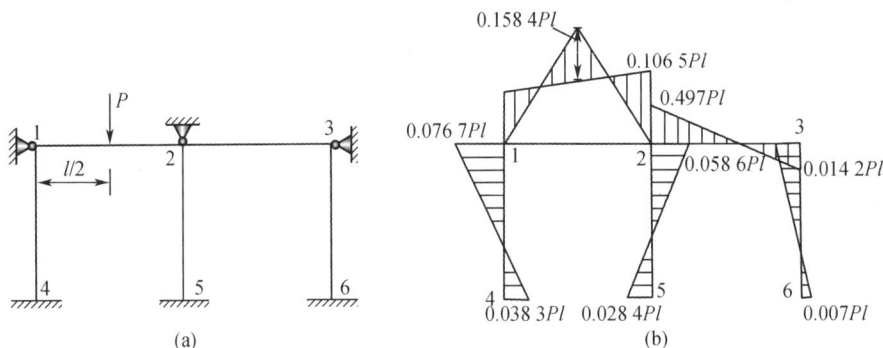

图 5.4

$$\overline{M}_{23} + M'_{23} + \overline{M}_{36} + M'_{36} = 0 \tag{3}$$

其中

$$\overline{M}_{14} = \overline{M}_{41} = \overline{M}_{23} = \overline{M}_{25} = \overline{M}_{32} = \overline{M}_{36} = \overline{M}_{52} = 0, \overline{M}_{12} = -\frac{Pl}{8}, \overline{M}_{21} = \frac{Pl}{8}$$

$$M'_{12} = \frac{4EI\theta_1}{l} + \frac{2EI\theta_2}{l}, M'_{14} = \frac{4EI\theta_1}{l}, M'_{41} = \frac{2EI\theta_1}{l}, M'_{21} = \frac{4EI\theta_2}{l} + \frac{2EI\theta_1}{l}$$

$$M'_{52} = \frac{2EI}{l}\left(-\frac{5Pl^2}{352EI}\right) = -\frac{5}{352}Pl = -0.028\,4Pl, M'_{23} = \frac{4EI\theta_2}{l} + \frac{2EI\theta_3}{l}$$

$$M'_{32} = \frac{4EI\theta_3}{l} + \frac{2EI\theta_2}{l}, M'_{36} = \frac{4EI\theta_3}{l}, M'_{25} = \frac{4EI\theta_2}{l}$$

将上式代入(1)(2)(3)式中,并整理后得

$$\begin{cases} 8\theta_1 + 2\theta_2 = \dfrac{Pl^2}{8EI} \\ 2\theta_1 + 12\theta_2 + 2\theta_3 = -\dfrac{Pl^2}{8EI} \\ \theta_2 + \theta_3 = 0 \end{cases}$$

③解方程式,求出未知转角

$$\theta_1 = \frac{27Pl^2}{1\,408EI}, \theta_2 = -\frac{5Pl^2}{352EI}, \theta_3 = \frac{5Pl^2}{1\,408EI}$$

④计算杆端的弯矩

$$M_{12} = \overline{M}_{12} + M'_{12} = -\frac{Pl}{8} + \frac{4EI}{l}\left(\frac{27Pl^2}{1\,408EI}\right) + \frac{2EI}{l}\left(-\frac{5Pl^2}{352EI}\right) = -\frac{27Pl}{352} = -0.076\,7Pl$$

$$M_{14} = -M_{12} = 0.076\,7Pl$$

同理

$$M_{41} = \overline{M}_{41} + M'_{41} = \frac{2EI}{l}\left(\frac{27Pl^2}{1\,408EI}\right) = \frac{27}{704}Pl = 0.038\,3Pl$$

$$M_{23} = \overline{M}_{23} + M'_{23} = \frac{4EI}{l}\left(-\frac{5Pl^2}{352EI}\right) + \frac{2EI}{l}\left(\frac{5Pl^2}{1\,408EI}\right) = -\frac{35}{704}Pl = -0.049\,7Pl$$

$$M_{25} = \overline{M}_{25} + M'_{25} = \frac{4EI}{l}\left(-\frac{5Pl^2}{352EI}\right) = -\frac{5}{88}Pl = -0.056\,8Pl$$

$$M_{36} = \overline{M}_{36} + M'_{36} = \frac{4EI}{l}\left(\frac{5Pl^2}{1\,408EI}\right) = \frac{5}{352}Pl = 0.014\,2Pl$$

$$M_{25} = \overline{M}_{25} + M'_{25} = \frac{4EI}{l}\left(-\frac{5Pl^2}{352EI}\right) = -\frac{5}{88}Pl = -0.056\,8Pl$$

$$M_{21} = -M_{25} - M_{23} = (0.056\,8 + 0.049\,7)Pl = 0.106\,5Pl$$

$$M_{63} = -M_{63} = -0.014\,2Pl$$

$$M_{52} = \overline{M}_{52} + M'_{52} = \frac{2EI}{l}\left(-\frac{5Pl^2}{352EI}\right) = -\frac{5}{176}Pl = -0.028\,4Pl$$

⑤画刚架的弯矩图,如图 5.4(b)所示。

5. 图 5.5 中的刚架,代表上甲板为纵骨架式,下甲板与舷侧为横骨架式的船,不在上甲板强横梁平面内的肋骨刚架计算图形,用位移法求解,画出弯矩图。已知:$l_{12} = 3$ m $= l_0$,$l_{23} = 6.6$ m $= 2.2l_0$,$l_{24} = 9$ m $= 3l_0$,$I_0 = 0.3 \times 10^4$ cm^4,$I_{12} = 0.6 \times 10^4$ cm$^4 = 2I_0$,$I_{23} = 0.9 \times 10^4$ cm$^4 = 3I_0$,$I_{24} = 2.4 \times 10^4$ cm$^4 = 8I_0$,$q_2 = q_0$,$q_4 = 4q_0$,计算时取 $Q_0 = \frac{1}{2}q_2l_{12}$。

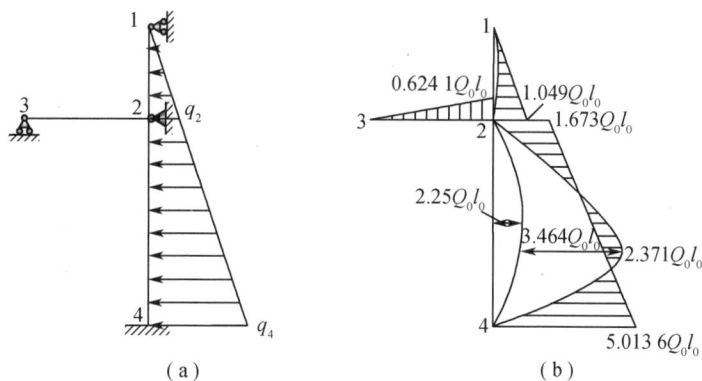

图 5.5

解　①确定未知数。此结构为不可动节点刚架,有 4 个节点,其中节点 4 为刚性固定,节点 1,2,3 可发生转角,所以未知数为 θ_1、θ_2、θ_3,需在节点 1,2,3 处列弯矩平衡方程式。

②列出节点平衡方程式

节点 1 处

$$\overline{M}_{12} + M'_{12} = 0 \tag{1}$$

节点 2 处

$$\overline{M}_{21} + M'_{21} + \overline{M}_{23} + M'_{23} + \overline{M}_{24} + M'_{24} = 0 \tag{2}$$

节点 3 处

$$\overline{M}_{32} + M'_{32} = 0 \tag{3}$$

式中,$\overline{M}_{23} = \overline{M}_{32} = 0$;$\overline{M}_{12} = -\frac{Q_0 l_{12}}{15} = -\frac{q_0 l_0^2}{30}$;$\overline{M}_{21} = \frac{Q_0 l_{12}}{10} = \frac{q_0 l_0^2}{20}$。

计算 $\overline{M}_{24}$ 与 $\overline{M}_{42}$ 时,把梁 2－4 上的梯形荷重分为矩形荷重和三角形荷重,然后叠加。

$$\overline{M}_{24} = -\frac{1}{30}(q_4 - q_2)l_{24}^2 - \frac{1}{12}q_2 l_{24}^2 = -\frac{1}{30}(3q_0)(3l_0)^2 - \frac{1}{12}q_0(3l_0)^2 = -\frac{33}{20}q_0 l_0^2$$

$$\overline{M}_{42} = \frac{1}{20}(q_4 - q_2)l_{24}^2 + \frac{1}{12}q_2 l_{24}^2 = \frac{1}{20}(3q_0)(3l_0)^2 + \frac{1}{12}q_0(3l_0)^2 = \frac{21}{10}q_0 l_0^2$$

$$M'_{12} = \frac{4E(2I_0)}{l_0}\theta_1 + \frac{2E(2I_0)}{l_0}\theta_2, M'_{21} = \frac{4E(2I_0)}{l_0}\theta_2 + \frac{2E(2I_0)}{l_0}\theta_1$$

$$M'_{24} = \frac{4E(8I_0)\theta_2}{3l_0}, M'_{23} = \frac{4E(3I_0)}{2.2l_0}\theta_2 + \frac{2E(3I_0)}{2.2l_0}\theta_3$$

$$M'_{32} = \frac{4E(3I_0)\theta_3}{2.2l_0} + \frac{2E(3I_0)\theta_2}{2.2l_0}, M'_{42} = \frac{2E(8I_0)}{3l_0}\theta_2$$

将上式代入(1)(2)(3)式中,并整理后得

$$\begin{cases} \dfrac{8EI_0}{l_0}\theta_1 + \dfrac{4EI_0}{l_0}\theta_2 = \dfrac{q_0 l_0^2}{30} \\ \dfrac{4EI_0}{l_0}\theta_1 + \dfrac{796EI_0}{33l_0}\theta_2 + \dfrac{30EI_0}{11l_0}\theta_3 = \dfrac{8}{5}q_0 l_0^2 \\ \dfrac{30EI_0}{11l_0}\theta_2 + \dfrac{60EI_0}{11l_0}\theta_3 = 0 \end{cases}$$

③解方程式,求出未知转角

$$\theta_1 = -0.033\,97\,\frac{q_0 l_0^3}{EI_0}, \theta_2 = 0.076\,28\,\frac{q_0 l_0^3}{EI_0}, \theta_3 = -0.038\,14\,\frac{q_0 l_0^3}{EI_0}$$

④计算杆端的弯矩

$$M_{21} = \overline{M}_{21} + M'_{21} = \frac{1}{20}q_0 l_0^2 + \frac{8EI_0}{l_0}\left(0.076\,28\,\frac{q_0 l_0^3}{EI_0}\right) + \frac{4EI_0}{l_0}\left(-0.033\,97\,\frac{q_0 l_0^3}{EI_0}\right)$$

$$= 0.524\,4q_0 l_0^2 = 1.048\,7Q_0 l_0 M_{23} = \overline{M}_{23} + M'_{23}$$

$$= \frac{12EI_0}{2.2l_0}\left(0.076\,28\,\frac{q_0 l_0^3}{EI_0}\right) + \frac{6EI_0}{2.2l_0}\left(-0.038\,14\,\frac{q_0 l_0^3}{EI_0}\right) = 0.312\,1q_0 l_0^3$$

$$= 0.624\,1Q_0 l_0 M_{24} = \overline{M}_{24} + M'_{24} = -\frac{33}{20}q_0 l_0^2 + \frac{32EI_0}{3l_0}\left(0.076\,28\,\frac{q_0 l_0^3}{EI_0}\right)$$

$$= -0.836\,3q_0 l_0^2 = -1.672\,7Q_0 l_0$$

$$M_{42} = \overline{M}_{42} + M'_{42} = \frac{21}{10}q_0 l_0^2 + \frac{16EI_0}{3l_0}\left(0.076\,28\,\frac{q_0 l_0^3}{EI_0}\right) = 2.506\,8q_0 l_0^2 = 5.013\,6Q_0 l_0$$

⑤画刚架的弯矩图,如图 5.5(b)所示。

6. 如图 5.6 所示平面刚架,各杆的长度及断面惯性矩均为 l 及 I,已知 $m = \dfrac{ql^2}{2}$,弹性支座的柔性系数 $A = \dfrac{l^3}{12EI}$,试用位移法解之,并求出杆 2-4 两端的弯矩及剪力。

①确定未知数。此结构为可动节点刚架,有 4 个节点,其中节点 1,3 为刚性固定,节点 2 可发生转角,节点 2 即可发生转角亦可发生移动,所以未知数为 θ_2、θ_4、v_4,需在节点 2 列弯矩平衡方程式及在节点 4 列的弯矩和剪力平衡方程式。

②列出节点弯矩和剪力的平衡方程式

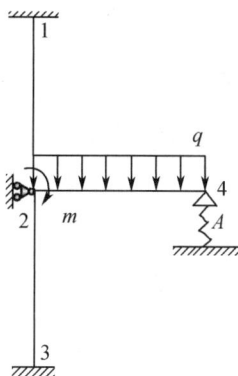

图 5.6

节点 2 处

$$\overline{M}_{21} + M'_{21} + \overline{M}_{23} + M'_{23} + \overline{M}_{24} + M'_{24} - m = 0 \qquad (1)$$

节点 4 处

$$\overline{M}_{42} + M'_{42} = 0 \qquad (2)$$

$$v_4 = -AN_{42} \qquad (3)$$

式中,$\overline{M}_{12} = \overline{M}_{21} = \overline{M}_{23} = \overline{M}_{32} = 0$;$\overline{M}_{24} = -\overline{M}_{42} = -\dfrac{ql^2}{12}$。

将以上各式代入(1)(2)(3)式中,得

$$\frac{4EI}{l}\theta_2 + \frac{4EI}{l}\theta_2 - \frac{ql^2}{12} + \frac{4EI}{l}\theta_2 + \frac{2EI}{l}\theta_4 - \frac{6EI}{l^2}v_4 = m$$

$$\frac{ql^2}{12} + \frac{2EI}{l}\theta_2 + \frac{4EI}{l}\theta_4 - \frac{6EI}{l^2}v_4 = 0$$

$$v_4 = -\left(\frac{l^3}{12EI}\right)\left(-\frac{ql}{2} - \frac{6EI}{l^2}\theta_2 - \frac{6EI}{l^2}\theta_4 + \frac{12EI}{l^3}v_4\right)$$

经整理后得

$$\begin{cases} 12\theta_2 + 2\theta_4 - \dfrac{6v}{l} = \dfrac{7ql^3}{12EI} \\[2mm] 2\theta_2 + 4\theta_4 - \dfrac{6v}{l} = -\dfrac{ql^3}{12EI} \\[2mm] 6\theta_2 + 6\theta_4 - \dfrac{24v}{l} = -\dfrac{ql^3}{2EI} \end{cases}$$

③解方程式,求出未知转角

$$\theta_2 = \frac{7}{104}\frac{ql^3}{EI},\ \theta_4 = \frac{1}{312}\frac{ql^3}{EI},\ v_4 = \frac{ql^4}{26EI}$$

④计算杆 2 - 4 端的弯矩和剪力

$$M_{24} = \frac{4EI}{l}\theta_2 + \frac{2EI}{l}\theta_4 - \frac{6EI}{l^2}v_4 = \frac{4EI}{l}\left(\frac{7ql^3}{104EI}\right) + \frac{2EI}{l}\left(\frac{ql^3}{312EI}\right) - \frac{6EI}{l^2}\left(\frac{ql^4}{26EI}\right) = -\frac{ql^2}{26}$$

$$N_{42} = -\frac{v_4}{A} = -\frac{ql^4}{26EI} \cdot \frac{12EI}{l^3} = -\frac{6}{13}ql$$

同理

$$M_{42} = 0, N_{24} = -\frac{7ql}{13}$$

8. 试用位移法求解图 5.7(a) 中的复杂刚架, 画出受载杆 2 − 3 及杆 3 − 5 的弯矩图。已知各杆长度均为 l, 断面惯性矩均为 $I, P = 4ql$。

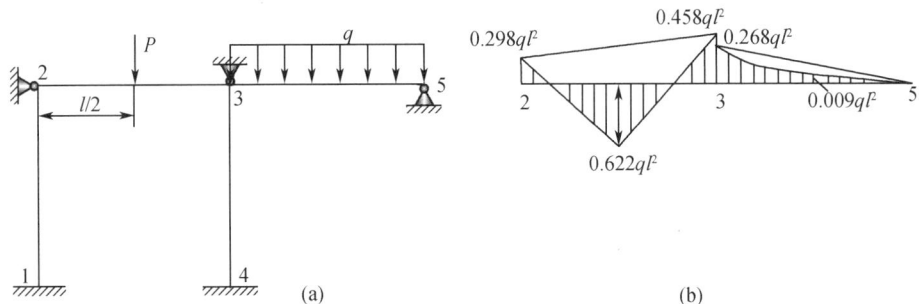

图 5.7

解 ①确定未知数。此结构为不可动节点刚架, 有 5 个节点, 其中 1, 4 为刚性固定, 故只有节点 2, 3, 5 可发生转角, 所以未知数为 θ_2、θ_3、θ_5, 需在节点 2, 3, 5 处列弯矩平衡方程式。

②列出节点弯矩平衡方程式

节点 2 处

$$\overline{M}_{21} + M'_{21} + \overline{M}_{23} + M'_{23} = 0 \tag{1}$$

节点 3 处

$$\overline{M}_{32} + M'_{32} + \overline{M}_{34} + M'_{34} + \overline{M}_{35} + M'_{35} = 0 \tag{2}$$

节点 5 处

$$\overline{M}_{55} + M'_{53} = 0 \tag{3}$$

其中

$$\overline{M}_{21} = \overline{M}_{34} = 0, \overline{M}_{23} = -\frac{Pl}{8}, \overline{M}_{32} = \frac{Pl}{8}, \overline{M}_{35} = -\frac{ql^2}{12}, \overline{M}_{53} = \frac{ql^2}{12}$$

$$M'_{21} = \frac{4EI}{l}\theta_2, M'_{23} = \frac{4EI}{l}\theta_2 + \frac{2EI}{l}\theta_3, M'_{32} = \frac{2EI}{l}\theta_2 + \frac{4EI}{l}\theta_3, M'_{34} = \frac{4EI}{l}\theta_3$$

$$M'_{35} = \frac{4EI}{l}\theta_3 + \frac{2EI}{l}\theta_5, M'_{35} = \frac{4EI}{l}\theta_3 + \frac{2EI}{l}\theta_5, M'_{53} = \frac{2EI}{l}\theta_3 + \frac{4EI}{l}\theta_5$$

将上式代入 (1)(2)(3) 式中, 并整理后得

$$\begin{cases} \dfrac{8EI}{l}\theta_2 + \dfrac{2EI}{l}\theta_3 = \dfrac{1}{8}Pl = \dfrac{1}{2}ql^2 \\[2mm] \dfrac{2EI}{l}\theta_2 + \dfrac{12EI}{l}\theta_3 + \dfrac{2EI}{l}\theta_5 = \dfrac{ql^2}{12} - \dfrac{1}{8}Pl = -\dfrac{5}{12}ql^2 \\[2mm] \dfrac{2EI}{l}\theta_3 + \dfrac{4EI}{l}\theta_5 = -\dfrac{1}{12}ql^2 \end{cases}$$

③解方程式, 求出未知转角

$$\theta_2 = \frac{25ql^3}{336EI}, \theta_3 = -\frac{ql^3}{21EI}, \theta_5 = \frac{ql^3}{336EI}$$

④计算各杆的杆端弯矩

$$M_{12} = M'_{12} = \frac{25}{168}ql^2, M_{21} = M'_{21} = \frac{25}{84}ql^2$$

$$M_{23} = \overline{M}_{23} + M'_{23} = -\frac{25}{84}ql^2, M_{32} = \overline{M}_{32} + M'_{32} = \frac{11}{24}ql^2$$

$$M_{34} = M'_{34} = -\frac{4}{21}ql^2, M_{43} = M'_{34} = -\frac{2}{21}ql^2$$

$$M_{35} = \overline{M}_{35} + M'_{35} = -\frac{45}{168}ql^2, M_{35} = \overline{M}_{53} + M'_{53} = 0$$

画杆 2 - 3 及杆 3 - 5 的弯矩图,如图 5.7(b)所示。

8.图 5.8 所示的双跨梁,如用位移法求解有几个未知数?列出求解这些未知数所需的方程式,并求解。已知:$P = \dfrac{ql}{2}, m = ql^2, A = \dfrac{l^3}{2EI}$,用位移法求解。

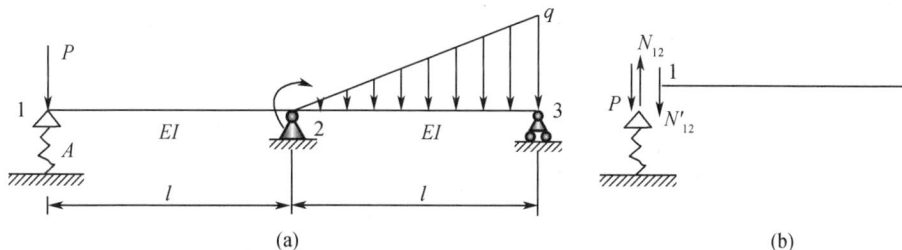

图 5.8

解　①确定未知数。此结构为可动节点连续梁,有 3 个节点,其中节点 2,3 可发生转角,节点 1 既有转角又有挠度,所以未知数有 4 个,分别是 θ_1、θ_2、θ_3、v_1,需在节点 1,2,3 处列弯矩和剪力平衡方程式,杆端 1 断面处的内力如图 5.8(b)所示,计算时把集中力 P 考虑作用在节点 1 上。

②列出节点平衡方程式

节点 1 处

$$\overline{M}_{12} + M'_{12} = 0 \tag{1}$$
$$R_1 + N_{12} - P = 0 \tag{2}$$

节点 2 处

$$\overline{M}_{21} + M'_{21} + \overline{M}_{23} + M'_{23} - m = 0 \tag{3}$$

节点 3 处

$$\overline{M}_{32} + M'_{32} = 0 \tag{4}$$

其中

$$\overline{M}_{21} = 0, \overline{M}_{23} = -\frac{ql^2}{30}, \overline{M}_{32} = \frac{ql^2}{20}, M'_{12} = \frac{4EI}{l}\theta_1 + \frac{2EI}{l}\theta_2 + \frac{6EI}{l^2}v_1$$

$$M'_{21} = \frac{2EI}{l}\theta_1 + \frac{4EI}{l}\theta_2 + \frac{6EI}{l^2}v_1, M'_{23} = \frac{4EI}{l}\theta_2 + \frac{2EI}{l}\theta_3, M'_{32} = \frac{2EI}{l}\theta_2 + \frac{4EI}{l}\theta_3$$

将以上各式代入(1)(2)(3)(4)式中,并整理后得

$$\begin{cases} 6\theta_1 + 6\theta_2 + \dfrac{14v_1}{l} = \dfrac{ql^3}{2EI} \\[2mm] 2\theta_1 + \theta_2 + \dfrac{v_1}{l} = 0 \\[2mm] 2\theta_1 + 8\theta_2 + \theta_3 + \dfrac{6v_1}{l} = \dfrac{31ql^3}{30EI} \\[2mm] \theta_2 + 2\theta_3 = -\dfrac{ql^3}{40EI} \end{cases}$$

③解方程式,求出未知转角和挠度

$$\theta_1 = -\frac{7ql^3}{90EI},\theta_2 = \frac{13ql^3}{72EI},\theta_3 = -\frac{37ql^3}{360EI},\theta_4 = -\frac{ql^3}{120EI},v_1 = -\frac{ql^4}{120EI}$$

④计算杆端弯矩

$$M_{21} = M'_{21} = \frac{2EI}{l}\theta_1 + \frac{4EI}{l}\theta_2 + \frac{6EI}{l^2}v_1$$

$$= \frac{2EI}{l}\left(-\frac{7ql^3}{90EI}\right) + \frac{4EI}{l}\left(\frac{13ql^3}{72EI}\right) + \frac{6EI}{l^2}\left(-\frac{ql^4}{120EI}\right) = \frac{31ql^2}{60EI}$$

$$M_{23} = \overline{M}_{23} + M'_{23} = -\frac{ql^2}{30} + \frac{4EI}{l}\theta_2 + \frac{2EI}{l}\theta_3$$

$$= -\frac{ql^2}{30} + \frac{4EI}{l}\left(\frac{13ql^3}{72EI}\right) + \frac{2EI}{l}\left(-\frac{37ql^3}{360EI}\right) = \frac{29ql^2}{60}$$

9.用位移法解图5.9中的交叉梁系,两杆的长度均为t,断面惯性矩均为I;弹性支座的柔性系数$A = \dfrac{l^3}{6EI}$。求出节点2的挠度及转角,计算时杆件的扭转刚度忽略不计。

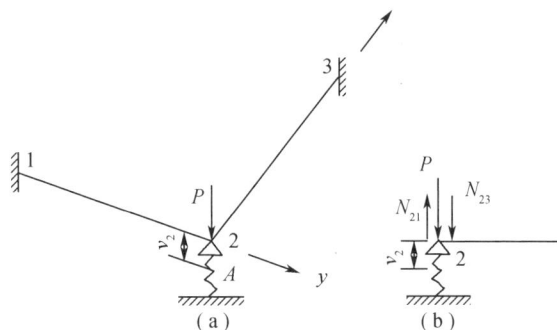

图5.9

解 建立如图5.9所示的坐标,可知此结构在外力P作用下节点2将发生挠度v_2及绕x、y轴的转角θ_{x_2}、θ_{y_2}。今取v_2、θ_{x_2}、θ_{y_2}为未知数,建立三个力的平衡方程式。

计算时把集中力P考虑作用在节点2上,并不计杆件的扭转,于是有节点2的两个弯矩平衡方程式

$$M_{2x} = 0, M_{2y} = 0 \tag{5}$$

及节点2的剪力平衡方程式

$$v_2 = A\left[P - (N_{21} + N_{23})\right] \tag{6}$$

以上式中

$$M_{2x} = \frac{4EI}{l}\theta_{x2} - \frac{6EI}{l^2}v_2, M_{2y} = -\frac{4EI}{l}\theta_{y2} + \frac{6EI}{l^2}v_2$$

$$N_{21} = -\frac{6EI}{l^2}\theta_{x2} + \frac{12EI}{l^3}v_2, N_{23} = -\frac{6EI}{l^2}\theta_{y2} + \frac{12EI}{l^3}v_2$$

代入(5)式中,得

$$\theta_{x2} = \frac{3v_2}{2l}, \theta_{y2} = \frac{3v_2}{2l}$$

再代入(6)式中,得

$$v_2 = \frac{Pl^3}{6EI} - (-\theta_{x2}l + 2v_2 - \theta_{y2} + 2v_2)$$

解方程式,求出未知转角和挠度

$$v_2 = \frac{Pl^3}{12EI}, \theta_{x2} = \frac{Pl^3}{8EI}, \theta_{y2} = \frac{Pl^2}{8EI}$$

计算各杆的杆端弯矩

$$M_{2x} = 0, M_{2y} = 0, N_{21} = N_{23} = \frac{P}{4}$$

10. 如图 5.10 所示,已知:$l_{01} = l_{12}$,$P = ql$。分别用力法和位移法求解,并画出弯矩图。

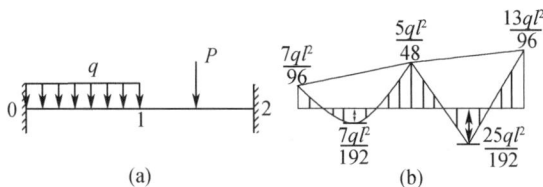

图 5.10

解　本题可看作在 1 位置处增加一个柔性系数无穷大的弹性支座,变成双跨梁,未知量为 θ_1。列出弯矩平衡方程为

$$\overline{M}_{10} + M'_{10} + \overline{M}_{12} + M'_{12} = 0 \tag{1}$$

式中,$\overline{M}_{10} = \frac{ql^2}{12}$;$M'_{10} = \frac{4EI\theta_1}{l}$;$\overline{M}_{12} = -\frac{Pl}{8}$;$M'_{12} = \frac{4EI\theta_1}{l}$。将它们代入(1)式,得

$$\frac{ql^2}{12} - \frac{Pl}{8} + \frac{8EI\theta_1}{l} = 0$$

解方程式,求出未知转角

$$\theta_1 = \frac{ql^3}{192EI}$$

计算杆端弯矩

$$M_{10} = \overline{M}_{10} + M'_{10} = \frac{ql^2}{12} + \frac{4EI}{l} \cdot \frac{ql^3}{192EI} = \frac{5ql^2}{48}$$

同理

$$M_{01} = -\frac{7ql^2}{96}, M_{21} = \frac{13ql^3}{96}$$

11. 用位移法求解图 5.11 中的可移动节点刚架。

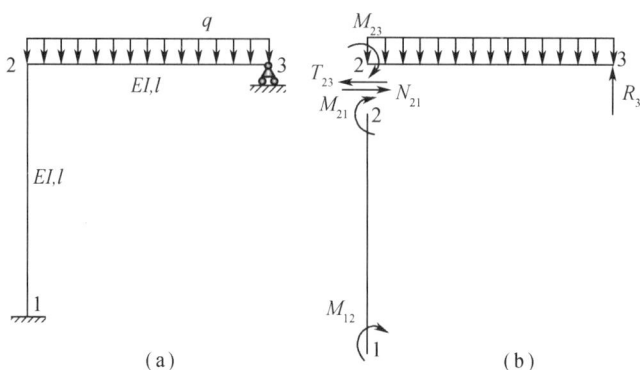

图 5.11

解 这是一个可动节点的简单刚架,刚架在外荷重作用下将发生变形而产生水平位移。因此刚架节点 2,3 除了有转角 θ_2、θ_3 以外还有水平位移。若认为刚架的杆件只有弯曲不可压缩,且变形很小,则节点 2,3 水平位移为 $v_2 = v_3 = v$。这样一共有 3 个未知位移:θ_2、θ_3、v。

列出力的平衡方程式:

节点 2 处

$$N_{21} = T_{23} = 0 \tag{1}$$
$$M_{23} + M_{21} = 0 \tag{2}$$

节点 3 处

$$M_{32} = 0 \tag{3}$$

其中

$$\overline{M}_{21} = 0, \overline{M}_{23} = -\frac{ql^2}{12}, \overline{M}_{32} = \frac{ql^2}{12}, \overline{N}_{12} = 0, M'_{21} = \frac{4EI}{l}\theta_2 - \frac{6EI}{l^2}v$$

$$M'_{23} = \frac{4EI}{l}\theta_2 + \frac{2EI}{l}\theta_3, M'_{32} = \frac{2EI}{l}\theta_2 + \frac{4EI}{l}\theta_3, N'_{12} = -\frac{6EI}{l^2}\theta_2 + \frac{12EIv}{l^3}$$

将以上各式代入(1)(2)(3)式中,整理后得

$$\begin{cases} -\dfrac{6EI\theta_2}{l^2} + \dfrac{12EIv}{l^3} = 0 \\[2mm] -\dfrac{ql^2}{12} + \dfrac{8EI\theta_2}{l} + \dfrac{2EI\theta_3}{l} - \dfrac{6EIv}{l^2} = 0 \\[2mm] \dfrac{ql^2}{12} + \dfrac{2EI\theta_2}{l} + \dfrac{4EI\theta_3}{l} = 0 \end{cases}$$

解方程式,求出未知转角和挠度

$$\theta_2 = \frac{ql^3}{32EI}, \theta_3 = -\frac{7ql^3}{192EI}, v = \frac{ql^4}{64EI}$$

计算杆端弯矩

$$M_{12} = -\frac{1}{32}ql^2, M_{21} = \frac{1}{32}ql^2, M_{23} = -\frac{1}{32}ql$$

12. 将图 5.12 中的杆 3 - 4 化为梁 0 - 1 - 2 的中间弹性支座后,列出求解梁 0 - 1 - 2 的位移法方程式组。已知 $l_{01} = l_{13} = l_{14} = l_{15} = l, l_{12} = 2l$,断面惯性矩均为 I。

解　①确定未知数:此结构为交叉梁系,梁 0 - 1 - 2 有 3 个节点,其中节点 0,2 发生转角,节点 1 既发生转角,又产生挠度,所以未知数为 4 个:θ_0、θ_2、θ_1、v_1。需在节点 0,1,2 处列出力的平衡方程式。

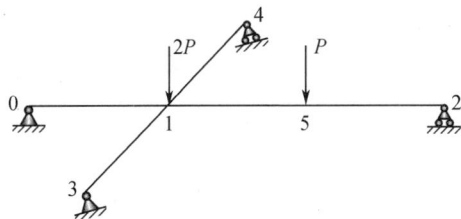

②列出节点平衡方程式

节点 0 处

$$\overline{M}_{01} + M'_{01} = 0 \qquad (1)$$

节点 1 处

$$\overline{M}_{10} + M'_{10} + \overline{M}_{12} + M'_{12} = 0 \qquad (2)$$

$$N_{10} + N_{12} + R_1 - 2P = 0 \qquad (3)$$

节点 2 处

$$\overline{M}_{21} + M'_{21} = 0 \qquad (4)$$

其中

$$\overline{M}_{01} = \overline{M}_{10} = \overline{N}_{10} = 0, \overline{M}_{12} = -\frac{P(2l)}{8}, \overline{M}_{21} = \frac{P(2l)}{8}, \overline{N}_{12} = -\frac{P}{2}$$

$$M'_{12} = \frac{4EI}{2l}\theta_1 + \frac{2EI}{2l}\theta_2 + \frac{6EIv_1}{(2l)^2}, M'_{21} = \frac{2EI}{2l}\theta_1 + \frac{4EI}{2l}\theta_2 + \frac{6EIv_1}{(2l)^2}$$

$$N'_{10} = -\frac{6EI}{l^2}\theta_0 - \frac{6EI}{l^2}\theta_1 + \frac{12EIv_1}{l^3}, N'_{12} = \frac{6EI_1}{(2l)^2}\theta_1 + \frac{6EI}{(2l)^2}\theta_2 + \frac{12EI}{(2l)^3}v_1$$

将以上各式代入(1)(2)(3)(4)式中,整理后得

$$\begin{cases} 2\theta_0 + \theta_1 - \dfrac{3}{l}v_1 = 0 \\[2mm] 4\theta_0 + 12\theta_1 + 2\theta_2 - \dfrac{9v_1}{l} = \dfrac{Pl^2}{2EI} \\[2mm] 2\theta_1 + 4\theta_2 + \dfrac{3v_1}{l} = -\dfrac{Pl^2}{2EI} \\[2mm] 12\theta_0 + 9\theta_1 - 3\theta_2 - \dfrac{39v_1}{l} = -\dfrac{5Pl^2}{EI} \end{cases}$$

第6章 能 量 法

6.1 内 容 精 要

（1）能量法是利用结构在外载荷作用下的功和应变能的概念解决计算问题的方法，它在结构分析中应用广泛，因此掌握能量法的基本原理和解题方法十分重要。

在具体分析时，能量法常用来处理解析法不能适用的复杂结构问题。本章主要解决的结构对象是复杂结构形式及复杂荷重作用下的梁及曲杆、圆环等。此外能量法还可以分析非线性结构问题。

（2）虚功原理是能量法的基本原理，包括虚位移原理和虚力原理。虚位移原理等价于结构的平衡条件，因此基于虚位移原理的方法是位移法；虚力原理等价于结构的变形协调条件，因此基于虚力原理的方法是力法。

要理解与上述原理有关的量：外力功、应变能、余功、余能、总位能、总余位能、力函数等的意义及在不同应用中的表达形式，还要注意线性体系与非线性体系的差别。

（3）李兹法求解梁的弯曲问题是本章的重点，可用来求解任意结构形式的梁，包括：变断面梁，有弹性支座、弹性固定端或有弹性基础的，在任意载荷作用下的挠曲线。其计算步骤如下：

①建立梁的坐标系；

②将梁的挠曲线写成级数形式：$v(x) = \sum_i a_i \varphi_i(x)$，式中 $\varphi_i(x)$ 是满足梁端位移边界条件的基函数，是选定的，a_i 为待定系数；

③计算梁的应变能 V，此应变能必须表达为 $v(x)$ 的函数；

④计算梁的力函数，它等于梁上外力与对应的位移的乘积之和，对于所取 $v(x)$，计算时要注意外力的方向是否与位移一致；

⑤计算结构的总位能 $\Pi = V - U$，并将 Π 对 a_i 求偏导，得出 n 个联立方程式：$\frac{\partial \Pi}{\partial a_i} = \frac{\partial(V-U)}{\partial a_i} = 0, i = 1,2,3,\cdots,n$，解之可得 a_i，代入 $v(x)$ 的式中得梁的挠曲线，并可进一步求出梁的弯矩、剪力等弯曲要素。

（4）最小功原理是最小余能定理在线性体系中的应用，常用来计算曲杆、圆环等静不定结构的多余约束力，其计算步骤如下：

①选定结构的多余约束力 $X_i(i=1,2,3,\cdots)$；

②计算结构的应变能 V，此应变能必须表达为力（外力及多余约束力）的函数；

③建立方程式：$\frac{\partial V^*}{\partial X_i} = 0 (i = 1,2,3,\cdots)$，即可求得 X_i，并进一步可得结构的弯矩与剪力。

6.2 常用知识点

（1）基本概念

弹性体：静加外力作用下，外力的功转变为体系的应变能或变形能，当外力卸去时体系完全恢复原状。

线性弹性体：外力与变形是线性关系。

非线性弹性体：外力与变形非线性关系（几何非线性和材料的非线性）。

外力功：$dW = Pd\Delta$，$W = \int_0^{\Delta_1} Pd\Delta$，$P$ 为某一中间瞬时力，Δ 为相应的变形。

应变能：$dV = Pd\Delta$，$V = W = \int_0^{\Delta_1} Pd\Delta$。

单位体积应变能（应变能密度）：$V_0 = \int \{\sigma\}^T \{d\varepsilon\}$。

余功：$W^* = \int_0^{P_1} \Delta dP$。

余能：$V^* = W^* = \int_0^{P_1} \Delta dP$。

单位体积应变能：$V_0 = \int \{\varepsilon\}^T \{d\sigma\}$，$\{\varepsilon\}$、$\{\sigma\}$ 分别为弹性体的应变分量和应力分量。

力函数：$U = \sum_{i=0}^n P_i\Delta_i$，式中 Δ_i 为对应于结构上广义力 P_i 的广义位移。

总位能：$\Pi = V - U$。

总余位能：$\Pi^* = V^* - \sum_{i=0}^n R_i\Delta_i$，$R_i$ 为结构的支反力，Δ_i 为相应支反力处的位移。

（2）杆件的应变能

①拉压 $V = \frac{1}{2}\int_0^l \frac{T^2}{EA}dx = \frac{1}{2}\int_0^l EAu'^2 dx$，式中 u 为伸长量，u' 为应变；对于等断面、等轴力的杆件，则有 $V = \frac{T^2 l}{2EA} = \frac{EAu^2}{2l}$。

②扭转 $V = \frac{1}{2}\int_0^l \frac{M_t^2}{GJ}dx = \frac{1}{2}\int_0^l GJ\varphi'^2 dx$。

③弯曲 $V = \frac{1}{2}\int_0^l \frac{M^2}{EI}dx = \frac{1}{2}\int_0^l EIv''^2 dx$。

④剪切应变能 $V = \frac{1}{2}\int_0^l \frac{N^2}{GA_s}dx = \frac{1}{2}\int_0^l GA_s v'^2_2 dx$，式中 v_2 为剪切挠度，A_s 为有效抗剪。

⑤面积。矩形 $A_s = \frac{5}{6}A$，圆 $A_s = \frac{9}{10}A$，薄壁工字断面 $A_s \approx A_w$（A_w 为腹板面积）。

⑥弹性支座 V_1、弹性固定端 V_2 和弹性基础梁 V_3 分别为

$$V_1 = \frac{1}{2}Rv = \frac{1}{2}AR^2 = \frac{1}{2A}v^2, V_2 = \frac{1}{2}M\theta = \frac{1}{2}\alpha M^2 = \frac{1}{2\alpha}\theta^2$$

$$V_3 = \frac{1}{2}\int_a^b kv^2 dx$$

（3）基本原理

$$
\text{虚功原理}
\begin{cases}
\text{虚位移原理}
\begin{cases}
\text{位能驻值原理}
\begin{cases}
\text{李兹法}\\
\text{伽辽金法}
\end{cases}\\
\text{应变能原理}\\
\text{单位位移法}
\end{cases}\\[2ex]
\text{虚力原理}
\begin{cases}
\text{余位能驻值原理}\\
\text{应力能原理}
\begin{cases}
\text{最小功原理}\\
\text{卡氏第二定理}
\end{cases}\\
\text{单位载荷法}
\end{cases}
\end{cases}
$$

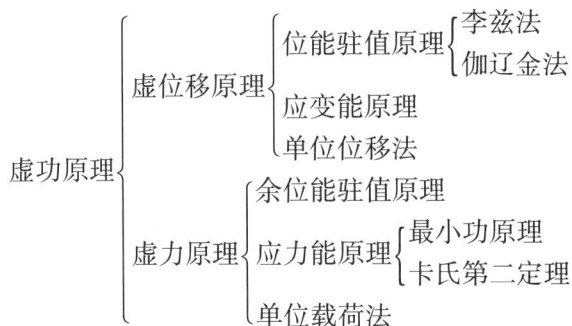

①虚位移原理（结构处于平衡状态的充要条件）

外力虚功 $\delta W = P_1\delta\Delta_1 + P_2\delta\Delta_2 + \cdots = \sum_i P_i\delta\Delta_i$ ，式中结构的外力为 P_i ，不变；相应的虚位移为 $\delta\Delta_i$ ，该虚位移是假想的、可能发生、无穷小、满足位移边界条件、不破坏结构连续性的位移。

虚应变能 $\delta V = \int_\Omega \{\sigma\}^{\mathrm{T}}\{\delta\varepsilon\}\mathrm{d}\Omega$ ，式中结构的应力为 $\{\sigma\}$ ，发生虚位移时的虚应变为 $\{\delta\varepsilon\}$ ，Ω 为结构的体积。

虚位移原理的表达式：$\delta W = \delta V$ 或 $\sum_i P_i\delta\Delta_i = \int_\Omega \{\sigma\}^{\mathrm{T}}\{\delta\varepsilon\}\mathrm{d}\Omega$ 。

②虚力原理（虚力产生的变形是协调的）

虚余功 $\delta W^* = \Delta_1\delta P_1 + \Delta_2\delta P_2 + \cdots = \sum_i \Delta_i\delta P_i$ ，式中结构上外力的虚变化为 δP_i ，相应的位移为 Δ_i ，不变。

虚余能 $\delta V^* = \int_\Omega \{\varepsilon\}^{\mathrm{T}}\{\delta\sigma\}\mathrm{d}\Omega$ 。

虚力原理的表达式：$\delta W^* = \delta V^*$ 或 $\sum_i \Delta_i\delta P_i = \int_\Omega \{\varepsilon\}^{\mathrm{T}}\{\delta\sigma\}\mathrm{d}\Omega$ 。

③位能驻值原理（最小位能原理）

对于弹性体的稳定平衡来说，总位能是极小值 $-\delta\Pi = \delta(V-U) = 0$ 。

④应变能原理（卡氏第一定理）

$$
\frac{\partial V}{\partial \Delta_i} = P_i\,(i = 1,2,3,\cdots)
$$

⑤单位位移法

由虚力原理表达式，若结构仅在 i 处发生一单位虚位移 $\delta\Delta_i = 1$ ，则

$$
P_i \times 1 = \int_\Omega \{\sigma\}^{\mathrm{T}}\{\varepsilon^0\}\mathrm{d}\Omega
$$

式中 $\{\varepsilon^0\}$ 是单位虚位移引起的虚应变。

⑥余位能驻值原理

$$
\delta\Pi^* = \delta\left(V^* - \sum_{i=0}^n R_i\Delta_i\right) = 0
$$

⑦应力能原理（卡氏第二定理）

$\dfrac{\partial V^*}{\partial P_i} = \Delta_i$ ，对于线性体系 $V^* = V$ 。

⑧最小余能(功)原理

$$\frac{\partial V^*}{\partial X_i} = 0 \, (i = 1,2,3,\cdots)$$

式中,X_i 为内(外)约束力;对于线性体系 $V^* = V$。

6.3　典型题解析

1. 图 6.1 中的桁架结构,$l_{12} = l_{13} = l$,杆的断面面积为 A,设材料的应力应变关系为 $\sigma = \beta\sqrt{\varepsilon}$,试求此结构的应变能及余能。

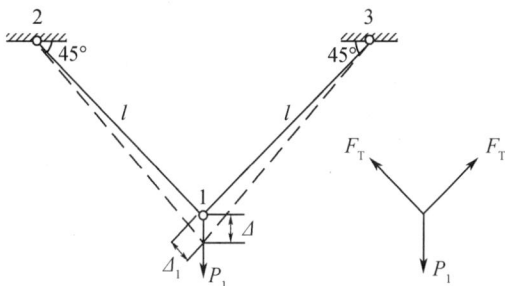

图 6.1

解　由结构对称、载荷对称可知杆 $1-2$ 和杆 $1-3$ 的轴向力均为

$$F_T = \frac{\sqrt{2}}{2}P_1$$

对杆 $1-2$

$$\sigma = \frac{F_T}{A} = \frac{\sqrt{2}P_1}{2A}, \varepsilon = \frac{\Delta_1}{l} = \frac{\sqrt{2}\Delta}{2l}$$

杆 $1-2$ 单位体积的应变能

$$V_0 = \int_0^{\varepsilon_1}\sigma\mathrm{d}\varepsilon = \int_0^{\varepsilon_1}\beta\varepsilon^{1/2}\mathrm{d}\varepsilon = \frac{2}{3}\beta\varepsilon^{3/2}$$

结构的应变能

$$V = 2AlV_0 = \frac{4A\beta\Delta^{3/2}}{3\sqrt[4]{8}\sqrt{l}}$$

式中,Δ 为对应节点 1 的垂向位移。

杆 $1-2$ 单位体积的余能

$$V_0^* = \int_0^{\sigma_1}\varepsilon\mathrm{d}\sigma = \int_0^{\varepsilon_1}\frac{\sigma^2}{\beta^2}\mathrm{d}\sigma = \frac{\sigma_1^3}{3\beta^2}$$

结构的余能

$$V^* = 2AlV_0^* = \frac{\sqrt{2}lP_1^3}{6A^2\beta^2}$$

2. 用虚功原理导出图 6.2 中单跨梁两端的转角。

解 由平衡条件得节点 i 的支反力

图 6.2

$$R_i = -\frac{M_i + M_j}{l}$$

坐标原点取在左端点,列出弯矩方程

$$M(x) = \frac{x(M_i + M_j) - M_i l}{l}$$

故当两端力矩 M_i、M_j 有虚变化 δM_i、δM_j 时,有

$$\delta M(x) = \frac{x(\delta M_i + \delta M_j) - \delta M_i l}{l}$$

外力虚余功

$$\delta W^* = \theta_i \delta M_i + \theta_j \delta M_j$$

结构的虚余能

$$\delta V^* = \int_0^l \frac{M}{EI}\delta M \mathrm{d}x = \frac{1}{EI}\int_0^l \left[\frac{x(M_i + M_j) - M_i l}{l}\right]\left[\frac{x(\delta M_i + \delta M_j) - \delta M_i l}{l}\right]\mathrm{d}x$$

$$= \left(\frac{M_i l}{3EI} - \frac{M_j l}{6EI}\right)\delta M_i + \left(\frac{M_j l}{3EI} - \frac{M_i l}{6EI}\right)\delta M_j$$

由结构的虚力原理 $\delta W^* = \delta V^*$,得

$$\theta_i \delta M_i + \theta_j \delta M_j = \left(\frac{M_i l}{3EI} - \frac{M_j l}{6EI}\right)\delta M_i + \left(\frac{M_j l}{3EI} - \frac{M_i l}{6EI}\right)\delta M_j$$

整理得

$$\left[\theta_i - \left(\frac{M_i l}{3EI} - \frac{M_j l}{6EI}\right)\right]\delta M_i + \left[\theta_j - \left(\frac{M_j l}{3EI} - \frac{M_i l}{6EI}\right)\right]\delta M_j = 0$$

δM_i、δM_j 是任意的,此式要成立需满足中括号中的每一项为零,即

$$\begin{cases} \theta_i - \dfrac{M_i l}{3EI} - \dfrac{M_j l}{6EI} = 0 \\ \theta_j - \dfrac{M_j l}{3EI} - \dfrac{M_i l}{6EI} = 0 \end{cases}$$

解得

$$\theta_i = \frac{M_i l}{3EI} - \frac{M_j l}{6EI}, \theta_j = \frac{M_j l}{3EI} - \frac{M_i l}{6EI}$$

3. 设有一两端有轴力的直杆,杆长为 l,断面积为 A,如图 6.3 所示,试用单位位移法求出两端轴力与位移间的关系为 $\begin{Bmatrix} T_i \\ T_j \end{Bmatrix} = \dfrac{EA}{l}\begin{bmatrix} 1 & -1 \\ -1 & 1 \end{bmatrix}\begin{Bmatrix} u_i \\ u_j \end{Bmatrix}$

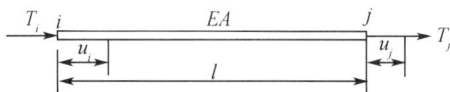

图 6.3

解 方法 1:利用应变能原理(卡氏第一定理)。
拉压杆应变能计算公式

$$V = \frac{EAu^2}{2l} \qquad (1)$$

总位移 $u^2 = (u_j - u_i)^2$ 代入(1)式,得

$$V = \frac{EAu^2}{2l} = \frac{EA}{2l}(u_j - u_i)^2$$

由卡氏第一定理得

$$\begin{cases} T_i = \dfrac{\partial V}{\partial u_i} = \dfrac{EA}{l}(u_i - u_j) \\ T_j = \dfrac{\partial V}{\partial u_j} = \dfrac{EA}{l}(u_j - u_i) \end{cases}$$

将上述结果写成矩阵形式,得

$$\begin{Bmatrix} T_i \\ T_j \end{Bmatrix} = \frac{EA}{l} \begin{bmatrix} 1 & -1 \\ -1 & 1 \end{bmatrix} \begin{Bmatrix} u_i \\ u_j \end{Bmatrix}$$

方法 2:利用单位位移法。

设在力 T_i、T_j 作用下,两端产生的真实位移为 u_i、u_j;真实应变为 $\varepsilon = \dfrac{u_j - u_i}{l}$;真实应力为 $\sigma = E\varepsilon = \dfrac{E(u_j - u_i)}{l}$。由单位载荷法,仅在 j 处发生一单位虚位移 $\delta\Delta_j = 1$(i 不动),则虚应变为 $\varepsilon^0 = \dfrac{\delta\Delta_j}{l} = \dfrac{1}{l}$。

由单位位移法列出方程式:

$$T_j \cdot 1 = \int_\Omega \sigma \cdot \varepsilon^0 \cdot \mathrm{d}\Omega = \int_\Omega \frac{E(u_j - u_i)}{l} \cdot \frac{1}{l}\mathrm{d}\Omega = Al \cdot \frac{E(u_j - u_i)}{l} \cdot \frac{1}{l} = \frac{EA(u_j - u_i)}{l}$$

仅在 i 处发生一单位虚位移 $\delta\Delta_i = 1$(j 不动),则虚应变为 $\varepsilon^0 = -\dfrac{\delta\Delta_i}{l} = -\dfrac{1}{l}$。

由单位位移法列出方程式:

$$T_i \cdot 1 = \int_\Omega \sigma \cdot \varepsilon^0 \cdot \mathrm{d}\Omega = \int_\Omega \frac{E(u_j - u_i)}{l}\left(-\frac{1}{l}\right)\mathrm{d}\Omega = \frac{EA(u_j - u_i)}{l}$$

将上述结果结合在一起,写成矩阵形式,得

$$\begin{Bmatrix} T_i \\ T_j \end{Bmatrix} = \frac{EA}{l} \begin{bmatrix} 1 & -1 \\ -1 & 1 \end{bmatrix} \begin{Bmatrix} u_i \\ u_j \end{Bmatrix}$$

4. 求图 6.4 中结构的应变能,只考虑弯曲变形。

解　杆 0 - 1 的弯矩方程:$M_1(x) = Px$(坐标原点取在节点 1 上);杆 1 - 2 的弯矩方程:$M_2(x) = Pl$(坐标原点取在节点 2 上)。

结构应变能为

$$V = \frac{1}{2}\int_0^l \frac{M_1^2}{EI}\mathrm{d}x + \frac{1}{2}\int_0^l \frac{M_2^2}{EI}\mathrm{d}x = \frac{1}{2EI}\left[\int_0^l (xP)^2\mathrm{d}x + \int_0^l (Pl)^2\mathrm{d}x\right]$$

$$= \frac{1}{2EI}\left(\frac{P^2x^3}{3}\Big|_0^l + (Pl)^2 x\Big|_0^l\right)$$

$$= \frac{2P^2l^3}{3EI}$$

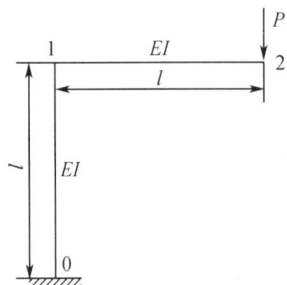

图 6.4

5. 用应变能原理求梁在端点发生位移 v_i、θ_i 及 v_j、θ_j 时梁端的弯矩与剪力,位移和弯矩、剪力的方向如图 6.5 所示。

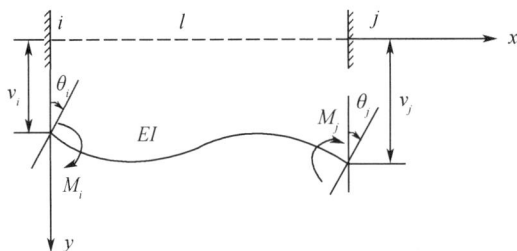

图 6.5

解　梁的挠曲线方程式记为

$$v(x) = a_1 + a_2 x + a_3 x^2 + a_4 x^3$$

由梁端位移边界条件确定未知常数 a_1、a_2、a_3、a_4,即

$$\begin{cases} v(0) = v_i \\ v'(0) = \theta_i = a_2 \\ v(l) = a_1 + a_2 l + a_3 l^2 + a_4 l^3 = v_j \\ v'(l) = a_2 + 2a_3 l + 3a_4 l^2 = \theta_j \end{cases}$$

解得

$$\begin{cases} a_1 = v_i \\ a_2 = \theta_i \\ a_3 = \dfrac{3}{l^2}(-v_i + v_j) - \dfrac{1}{l}(2\theta_i + \theta_j) \\ a_4 = \dfrac{2}{l^3}(v_i - v_j) + \dfrac{1}{l^2}(\theta_i + \theta_j) \end{cases}$$

所以

$$v(x) = v_i + \theta_i x + \left[\frac{3}{l^2}(-v_i + v_j) - \frac{1}{l}(2\theta_i + \theta_j) \right] x^2 + \left[\frac{2}{l^3}(v_i - v_j) + \frac{1}{l^2}(\theta_i + \theta_j) \right] x^3$$

梁的应变能为

$$V = \frac{1}{2}EI\int_0^l v''\mathrm{d}x \tag{1}$$

将 $v''(x) = 2a_3 + 6a_4 x$ 代入(1)式得

$$V = \frac{1}{2}EI\int_0^l (2a_3 + 6a_4 x)^2 \mathrm{d}x = 2EI(a_3^2 l + 3a_3 a_4 l^2 + 3a_4^2 l^3)$$

利用应变能原理

$$N_i = \frac{\partial V}{\partial v_i} = \frac{\partial V}{\partial a_3}\frac{\partial a_3}{\partial v_i} + \frac{\partial V}{\partial a_4}\frac{\partial a_4}{\partial v_i} \tag{2}$$

现有

$$\frac{\partial V}{\partial a_3} = 2EI(2a_3 l + 3a_4 l^2) = 2EI(\theta_j - \theta_i), \frac{\partial a_3}{\partial v_i} = -\frac{3}{l^2}$$

$$\frac{\partial V}{\partial a_4} = 2EI(3a_3 l^2 + 6a_4 l^3) = 2EI[3(v_i - v_j) + 3\theta_i l], \frac{\partial a_4}{\partial v_i} = \frac{2}{l^3}$$

将上式代入(2)式后,得

$$N_i = \frac{12EI}{l^3}v_i + \frac{6EI}{l^2}\theta_i - \frac{12EI}{l^3}v_j + \frac{6EI}{l^2}\theta_j$$

同理

$$N_j = \frac{\partial V}{\partial v_j} = \frac{\partial V}{\partial a_3}\frac{\partial a_3}{\partial v_j} + \frac{\partial V}{\partial a_4}\frac{\partial a_4}{\partial v_j}$$

$$M_i = \frac{\partial V}{\partial \theta_i} = \frac{\partial V}{\partial a_3}\frac{\partial a_3}{\partial \theta_i} + \frac{\partial V}{\partial a_4}\frac{\partial a_4}{\partial \theta_i}$$

$$M_j = \frac{\partial V}{\partial \theta_j} = \frac{\partial V}{\partial a_3}\frac{\partial a_3}{\partial \theta_j} + \frac{\partial V}{\partial a_4}\frac{\partial a_4}{\partial \theta_j}$$

经计算后,得梁端位移和力之间的矩阵关系为

$$\begin{Bmatrix} N_i \\ M_i \\ N_j \\ M_j \end{Bmatrix} = \frac{EI}{l}\begin{bmatrix} \dfrac{12}{l^2} & \dfrac{6}{l} & \dfrac{12}{l^2} & \dfrac{6}{l} \\ \dfrac{6}{l} & 4 & -\dfrac{6}{l} & 2 \\ -\dfrac{12}{l^2} & -\dfrac{6}{l} & \dfrac{12}{l^2} & -\dfrac{6}{l} \\ \dfrac{6}{l} & 2 & -\dfrac{6}{l} & 4 \end{bmatrix}\begin{Bmatrix} v_i \\ \theta_i \\ v_j \\ \theta_j \end{Bmatrix}$$

6.用李兹法计算图6.6中的梁挠曲线方程式。

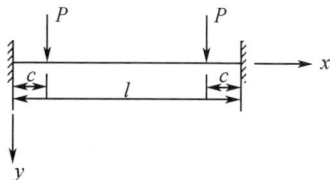

图 6.6

解 取基函数：$v(x) = a_1\left(1 - \cos\dfrac{2\pi x}{l}\right)$，满足边界条件。

计算应变能 V

$$V = \frac{EI}{2}\int_0^l v''^2 \mathrm{d}x = \frac{a_1^2 \cdot EI}{2} \cdot \left(\frac{2\pi}{l}\right)^4 \int_0^l \cos^2\frac{2\pi x}{l}\mathrm{d}x = \frac{4\pi^4 \cdot a_1^2 \cdot EI}{l^3}$$

计算力函数 U

$$U = P \cdot v(c) + P \cdot v(l-c) = 2P \cdot v(c) = 2Pa_1 \cdot \left(1 - \cos\frac{2\pi c}{l}\right)$$

计算力总位能 $\varPi$

$$\varPi = V - U = \frac{4\pi^4 \cdot a_1^2 \cdot EI}{l^3} - 2Pa_1 \cdot \left(1 - \cos\frac{2\pi c}{l}\right)$$

将 a_1 作为变量，对 $\varPi$ 求极值，得

$$\frac{\partial \varPi}{\partial a_1} = \frac{8\pi^4 \cdot EI}{l^3} \cdot a_1 - 2P_1 \cdot \left(1 - \cos\frac{2\pi c}{l}\right) = 0$$

从而解得

$$a_1 = \frac{P_1 \cdot l^3 \cdot \left(1 - \cos\dfrac{2\pi c}{l}\right)}{4\pi^4 \cdot EI}$$

将 a_1 代入 $v(x)$ 求解，得

$$v(x) = \frac{P_1 \cdot l^3 \cdot \left(1 - \cos\dfrac{2\pi c}{l}\right)}{4\pi^4 \cdot EI}\left(1 - \cos\frac{2\pi x}{l}\right)$$

7. 用李兹法计算图 6.7 中的梁挠曲线方程式。

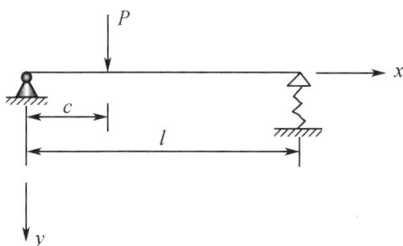

图 6.7

解 取基函数：$v(x) = a_1\sin\dfrac{\pi x}{l} + a_2 x$，满足边界条件。

计算应变能 V，此梁的应变能包括两部分，一是梁本身的弯曲应变能 V_1，二是弹性支座的应变能 V_2，故有

$$V = V_1 + V_2 = \frac{EI}{2}\int_0^l v''^2 \mathrm{d}x + \frac{v^2(l)}{2A} = \frac{a_1^2 \cdot EI}{2} \cdot \left(\frac{\pi}{l}\right)^4 \int_0^l \sin^2\frac{\pi x}{l}\mathrm{d}x + \frac{v^2(l)}{2A}$$

$$= \frac{a_1^2 \cdot EI\pi^4}{4l^3} + \frac{a_2^2 l^2}{2A}$$

计算力函数 U

$$U = P \cdot v(c) = P \cdot \left(a_1 \sin \frac{\pi c}{l} + a_2 c \right)$$

计算力总位能 Π

$$\Pi = V - U = \frac{a_1^2 \cdot EI\pi^4}{4l^3} + \frac{a_2^2 l^2}{2A} - P \cdot \left(a_1 \sin \frac{\pi c}{l} + a_2 c \right)$$

将 a_1、a_2 作为变量,对 Π 求极值,得

$$\begin{cases} \dfrac{\partial \Pi}{\partial a_1} = 0 \quad \dfrac{EI\pi^4}{2l^3} a_1 - P \sin \dfrac{\pi c}{l} = 0 \\[4mm] \dfrac{\partial \Pi}{\partial a_2} = 0 \quad \dfrac{a_2 l^2}{A} - Pc = 0 \end{cases}$$

由此解得

$$a_1 = \frac{2l^3 P}{EI\pi^4} \sin \frac{\pi c}{l}, a_2 = \frac{PAc}{l^2}$$

故梁的挠曲线方程式为

$$v(x) = \frac{2l^3 P}{EI\pi^4} \sin \frac{\pi c}{l} \sin \frac{\pi x}{l} + \frac{PAc}{l^2} x$$

8. 用李兹法计算图 6.8 中的梁挠曲线方程式。

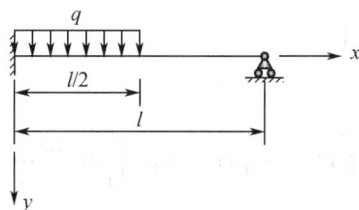

图 6.8

解　取基函数 $v(x) = ax^2(l-x)$,满足边界条件。

计算应变能 V

$$V = \frac{EI}{2} \int_0^l v''^2 \mathrm{d}x = 2a^2 \cdot EI \int_0^l (l - 3x)^2 \mathrm{d}x = 2EIa^2 l^3$$

计算力函数 U

$$U = \int_0^{l/2} v(x) \cdot q \mathrm{d}x = aq \int_0^{l/2} x^2(l - x) \mathrm{d}x = \frac{5aql^4}{192}$$

计算力总位能 Π

$$\Pi = V - U = 2EIa^2 l^3 - \frac{5aql^4}{192}$$

将 a_1 作为变量,对 Π 求极值,得

$$\frac{\partial \Pi}{\partial a} = 4EIal^3 - \frac{5ql^4}{192} = 0$$

由此解得

$$a = \frac{5ql}{768EI}$$

故梁的挠曲线方程式为

$$v(x) = \frac{5ql}{768EI}x^2(l-x)$$

9. 用李兹法作一次近似求图 6.9 中阶梯形变断面梁的挠曲线方程式。

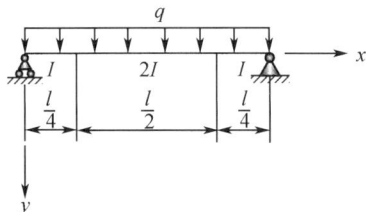

图 6.9

解 取基函数 $v(x) = a_1\sin\dfrac{\pi x}{l}$,满足边界条件。

计算应变能 V

$$V = 2 \cdot \frac{EI}{2}\int_0^{l/4} v''^2\,\mathrm{d}x + \frac{E(2I)}{2}\int_{l/4}^{3l/4} v''^2\,\mathrm{d}x = \frac{EI\pi^4 a_1^2}{4l^3}\left(\frac{1}{2}-\frac{1}{\pi}\right) + EIa_1^2 \cdot \frac{\pi^4}{l^3}\left(\frac{1}{2}+\frac{1}{\pi}\right)$$

$$= EIa_1^2 \cdot \frac{\pi^4}{l^3}\left(\frac{3}{8}+\frac{1}{4\pi}\right)$$

计算力函数 U

$$U = \int_0^l v(x) \cdot q\,\mathrm{d}x = a_1 q\int_0^l \sin\frac{\pi x}{l}\,\mathrm{d}x = \frac{2l}{\pi}a_1 q$$

计算力总位能 Π

$$\Pi = V - U = EIa_1^2 \cdot \frac{\pi^4}{l^3}\left(\frac{3}{8}+\frac{1}{4\pi}\right) - \frac{2l}{\pi}a_1 q$$

将 a_1 作为变量,对 Π 求极值,得

$$\frac{\partial\Pi}{\partial a_1} = 2EIa_1 \cdot \frac{\pi^4}{l^3}\left(\frac{3}{8}+\frac{1}{4\pi}\right) - \frac{2l}{\pi}q = 0$$

由此解得

$$a_1 = 0.007\,18\,\frac{ql^4}{EI}$$

故梁的挠曲线方程式为

$$v(x) = 0.007\,18\,\frac{ql^4}{EI}\sin\frac{\pi x}{l}$$

10. 用李兹法(基函数取两项)求图 6.10 中梁的挠曲线及中点挠度,已知弹性支座的柔性系数为 $A = \dfrac{l^3}{EI}$。

解 取基函数:$v(x) = a_1\sin\dfrac{\pi x}{2l} + a_2\sin\dfrac{3\pi x}{2l}$,满足边界条件。

计算应变能 V。此梁的应变能包括两部分,一是梁本身的弯曲应变能 V_1,二是弹性支座的应变能 V_2,故有

$$V = \frac{EI}{2}\int_0^{2l} v''^2 \mathrm{d}x + \frac{v(l)^2}{2A}$$

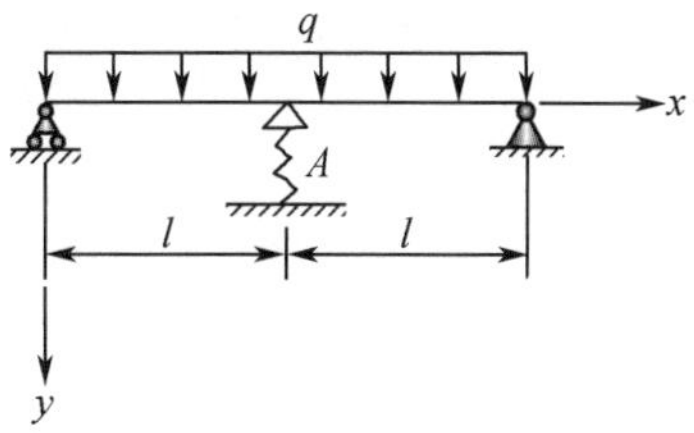

计算力函数 U

$$U = \int_0^l v(x)\cdot q\mathrm{d}x$$

计算力总位能 Π

$$\Pi = V - U = \frac{EI}{2}\int_0^{2l} v''^2 \mathrm{d}x + \frac{v(l)^2}{2A} - \int_0^l v(x)\cdot q\mathrm{d}x$$

图 6.10

将 a_1、a_2 作为变量，对 Π 求极值，得

$$\begin{cases} \dfrac{\partial\Pi}{\partial a_1}=0 & a_1 = 0.179\,8\,\dfrac{ql^4}{EI} \\[2mm] \dfrac{\partial\Pi}{\partial a_2}=0 & a_2 = 0.001\,18\,\dfrac{ql^4}{EI} \end{cases}$$

故梁的挠曲线方程式为

$$v(x)=0.18\sin\frac{\pi x}{2l}+0.001\sin\frac{3\pi x}{2l}$$

11. 利用能量法计算弹性支座处的支反力。

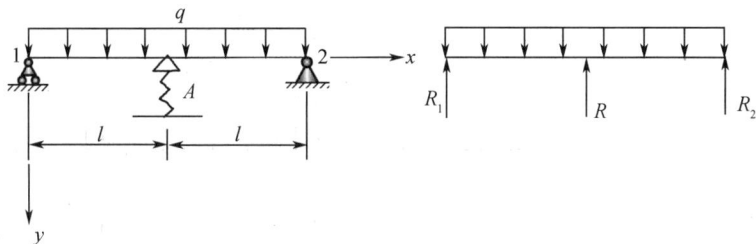

图 6.11

解　由结构对称，载荷对称可知：$R_1 = R_2$。

列出平衡方程式：

$$R_1 + R_2 + R - 2ql = 0,\, R_1 = R_2 = ql - \frac{R}{2}$$

列出杆 $1-2$ 左半部分的弯矩方程：

$$\begin{cases} M(x)=\dfrac{qx^2}{2}-R_1x=\dfrac{qx^2}{2}-qlx+\dfrac{R}{2}x \\[2mm] \dfrac{\partial M(x)}{\partial R}=\dfrac{x}{2} \end{cases}$$

列出结构应变能方程式：

$$V = 2\int \frac{M(x)^2}{2EI}\mathrm{d}x + \frac{1}{2}AR^2$$

应用卡氏第二定理可知

$$\frac{\partial V}{\partial R} = 2\int \frac{M(x)}{EI}\frac{\partial M(x)}{\partial R}\mathrm{d}x + AR = 2\int_0^l \frac{M(x)}{EI}\frac{\partial M(x)}{\partial R}\mathrm{d}x + AR$$

$$= \frac{2}{EI}\int_0^l \left(\frac{qx^2}{2} - qlx + \frac{R}{2}x\right)\frac{x}{2}\mathrm{d}x + AR = \frac{1}{EI}\left(\frac{-5ql^4}{24} + \frac{Rl^3}{6}\right) + \frac{Rl^3}{EI} = 0$$

解得

$$R = \frac{5}{28}ql$$

12. 用李兹法求图 6.12 中变断面梁的中点挠度。已知 $P = q_0 l, A = \dfrac{l^3}{3EI}$。计算时试取挠曲线函数 $v(x) = a_1 (l - x)^2$。

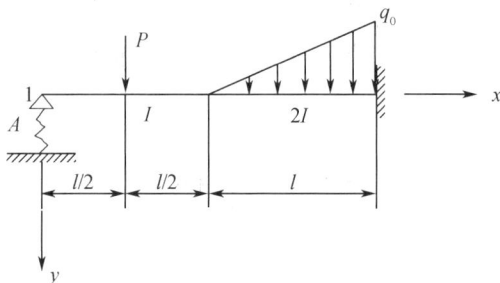

图 6.12

解 计算应变能,此梁的应变能包括两部分,一是梁本身的弯曲应变能 V_1,二是弹性支座的应变能 V_2,故有

$$V = V_1 + V_2 = \frac{EI}{2}\int_0^{l/2} v''^2 \mathrm{d}x + \frac{E(2I)}{2}\int_{l/2}^l v''^2 \mathrm{d}x + \frac{v^2(0)}{2A}$$

$$= 3EIa_1^2 l + 1.5EIa_1^2 l = 4.5EIa_1^2 l$$

其中

$$V_1 = \frac{EI}{2}\left[4a_1^2 \cdot \frac{l}{2} + 2 \cdot 4a_1^2 \cdot \frac{l}{2}\right] = 3EIa_1^2 l, \quad V_2 = \frac{3EI}{2l^3}a_1^2 l^4 = 1.5EIa_1^2 l$$

计算力函数 U,包括集中力 P 引起 U_1 及分布荷重引起的 U_2 两部分,则

$$U_1 = Pv\left(\frac{l}{4}\right) = Pa_1\left(l - \frac{l}{4}\right)^2 = \frac{9}{16}Pa_1 l^2 = \frac{9}{16}q_0 a_1 l^3$$

$$U_2 = \int_{l/2}^l v(x) \cdot q(x)\mathrm{d}x = \int_0^l a_1(l - x)^2 \cdot \left(\frac{2q_0 x}{l} - q_0\right)\mathrm{d}x$$

$$= \frac{2q_0}{l}a_1\int_{l/2}^l x(l - x)^2\mathrm{d}x - q_0 a_1\int_{l/2}^l (l - x)^2\mathrm{d}x = \frac{1}{96}q_0 a_1 l^3$$

$$U = U_1 + U_2 = \left(\frac{9}{16} + \frac{1}{96}\right)q_0 a_1 l^3 = \frac{55}{96}q_0 a_1 l^3$$

计算力总位能 $\varPi$

$$\varPi = V - U = 4.5EIa_1^2 l - \frac{55}{96}q_0 a_1 l^3$$

将 a_1 作为变量,对 $\varPi$ 求极值,得

$$\frac{\partial \Pi}{\partial a_1} = 9EIa_1 l - \frac{55}{96}q_0 l^3 = 0$$

由此解得

$$a_1 = 0.063\ 66\ \frac{q_0 l^2}{EI}$$

故梁的挠曲线方程式为

$$v(x) = 0.063\ 066 \left(l - \frac{l}{2} \right)^2 \frac{q_0 l^2}{EI} = 0.015\ 91\ \frac{q_0 l^4}{EI}$$

13. 用最小功原理解图 6.13(a)中曲杆的静不定性,求出杆弹性支座端的挠度及固定断面的弯矩。已知弹性支座的柔性系数 $A = \dfrac{r^3}{4EI}$。

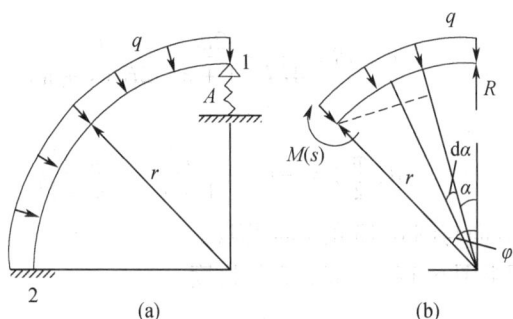

图 6.13

解　分析此杆为一次静不定,可将弹性支座的支反力 R 作为未知量,如图 6.13(b)所示。

计算应变能,此梁的应变能包括两部分,一是梁本身的弯曲应变能 V_1,二是弹性支座的应变能 V_2,故有

$$V = V_1 + V_2 \tag{1}$$

首先计算 V_1,写出曲杆任意断面弯矩的计算公式,如图 6.13(b)所示。

$$M(s) = M(\varphi) = -\int_0^\varphi qr\sin(\varphi - \alpha)r\mathrm{d}\alpha + Rr\sin\varphi = -qr^2(1 - \cos\varphi) + Rr\sin\varphi$$

于是

$$V_1 = \frac{1}{2EI}\int_0^{\frac{\pi}{2}} M^2(\varphi) \cdot r\mathrm{d}\varphi$$

$$\frac{\partial V_1}{\partial R} = \frac{1}{EI}\int_0^{\frac{\pi}{2}} M(\varphi)\frac{\partial M(\varphi)}{\partial R} \cdot r\mathrm{d}\varphi$$

$$= \frac{1}{EI}\int_0^{\frac{\pi}{2}} \left[-qr^2(1 - \cos\varphi) + Rr\sin\varphi \right] r\sin\varphi \cdot r\mathrm{d}\varphi = \frac{1}{EI}\left(-\frac{qr^4}{2} + \frac{\pi r^3}{4}R \right)$$

其次计算 V_2

$$V_2 = \frac{1}{2}AR^2 = \frac{r^3 R^2}{2EI} \tag{3}$$

故

$$\frac{\partial V_2}{\partial R} = \frac{r^3 R}{EI} \tag{4}$$

依据最小功原理

$$\frac{\partial V}{\partial R} = 0 \tag{5}$$

将(1)(2)(4)式代入(5)式,得

$$\frac{1}{EI}\left(-\frac{qr^4}{2} + \frac{\pi r^3}{4}R\right) + \frac{r^3}{4EI}R = 0$$

由此解得

$$R = \frac{2qr}{1+\pi}$$

弹性支座挠度

$$v = AR = \frac{r^3}{4EI} \cdot \frac{2qr}{1+\pi} = \frac{qr^4}{2EI(1+\pi)}$$

固定断面的弯矩

$$M\left(\frac{\pi}{2}\right) = -qr^2 + \frac{2qr^2}{1+\pi} = -\frac{\pi-1}{\pi+1}qr^2$$

负号表示弯矩的方向与图 6.13 的方向相反。

14. 用应力能原理求图 6.14(a)节点 3 的挠度 v_3。

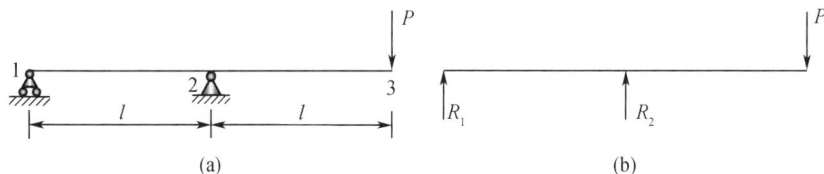

图 6.14

解 计算支座 1 的支反力,如图 6.14(b)所示,

$$R_1 l + Pl = 0, R_1 = -P$$

杆 1-2 任意断面的弯矩方程:

$$M_1(x) = Px, \frac{\partial M_1(x)}{\partial P} = x$$

杆 2-3 任意断面的弯矩方程:

$$M_2(x) = Px, \frac{\partial M_2(x)}{\partial P} = x$$

计算应变能

$$V = \frac{1}{2}\int_0^{2l} \frac{M(x)^2}{EI} dx$$

由应力能原理,可求得节点 3 的挠度为

$$v_3 = \frac{\partial V}{\partial P} = \int_0^{2l} \frac{M(x)}{EI} \cdot \frac{\partial M(x)}{\partial P} dx = \int_0^l \frac{M_1(x)}{EI} \cdot x dx + \int_0^l \frac{M_2(x)}{EI} \cdot x dx$$

$$= \int_0^l \frac{Px^2}{EI} dx + \int_0^l \frac{Px^2}{EI} dx = \frac{2Pl^3}{3EI}$$

15. 图 6.15(a)中所示等断面圆环,在 B 处有一间隙 Δ,需加多大的一对力 P 才能使间隙 Δ 密合?

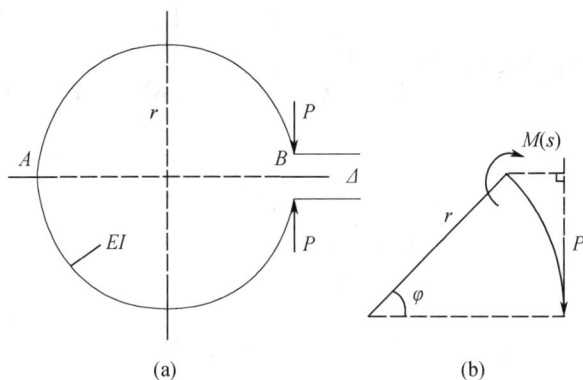

图 6.15

解　本题采用应力能原理来求解。根据对称性,只需计算上半圆的应变能 V,再用 $\dfrac{\partial V}{\partial P} = \dfrac{\Delta}{2}$ 的关系求解 P 的大小。

先计算 V,假定只计圆环的弯曲应变能,如图 6.15(b)所示,写出圆环任意断面弯矩的表达式:

$$M(s) = M(\varphi) = P(1 - \cos \varphi)r, \frac{\partial M(s)}{\partial P} = (1 - \cos \theta)r$$

于是

$$V = \frac{1}{2EI}\int_0^\pi M^2(\varphi) \cdot r\mathrm{d}\varphi$$

$$\frac{\partial V}{\partial P} = \frac{1}{EI}\int_0^\pi M(\varphi)\frac{\partial M(\varphi)}{\partial P}\mathrm{d}\varphi = \int_0^\pi \frac{P(1-\cos\varphi)r}{EI}(1-\cos\varphi)r \cdot r\mathrm{d}\varphi$$

$$= \frac{Pr^3}{EI}\int_0^\pi (1-\cos\varphi)^2\mathrm{d}\varphi = \frac{Pr^3}{EI}\int_0^\pi (1-2\cos\varphi+\cos^2\varphi)\mathrm{d}\varphi = \frac{3\pi Pr^3}{2EI} = \frac{\Delta}{2}$$

由此解得

$$P = \frac{EI\Delta}{3\pi r^3}$$

16. 验证图 6.16 中的梁满足最小功原理,$\dfrac{\partial V}{\partial M_0} = 0$。

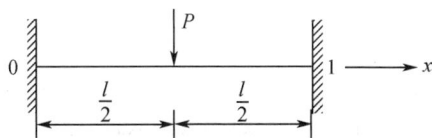

图 6.16

解　计算梁的应变能 V,假定只计梁的弯曲应变能,根据对称性,只需计算上梁左半部

分 $\left(0 \leqslant x \leqslant \dfrac{l}{2}\right)$ 的应变能 V_1，所以有 $V = 2V_1$。

先计算 V_1，假定只计梁的弯曲应变能，写出梁中任意断面弯矩的表达式：

$$M(x) = M_0 - R_0 x = \frac{Pl}{8} - \frac{P}{2}x \left(0 \leqslant x \leqslant \frac{l}{2}\right), \frac{\partial M(x)}{\partial M_0} = 1$$

于是

$$V = 2V_1 = 2 \times \frac{1}{2EI}\int_0^{\frac{l}{2}} M^2(x)\,\mathrm{d}x$$

$$\frac{\partial V}{\partial M_0} = \frac{2}{EI}\int_0^{\frac{l}{2}} M(x)\,\frac{\partial M(x)}{\partial M_0}\mathrm{d}x = \frac{2}{EI}\int_0^{\frac{l}{2}}\left(\frac{Pl}{8} - \frac{P}{2}x\right)\mathrm{d}x$$

$$= \frac{2}{EI}\left(\frac{Pl}{8}x - \frac{P}{4}x^2\right)\Bigg|_0^{\frac{l}{2}} = 0$$

得证。

17. 计算图 6.17 中曲杆的最大弯矩，已知 $P = qr$，曲杆的断面惯性矩为 I。

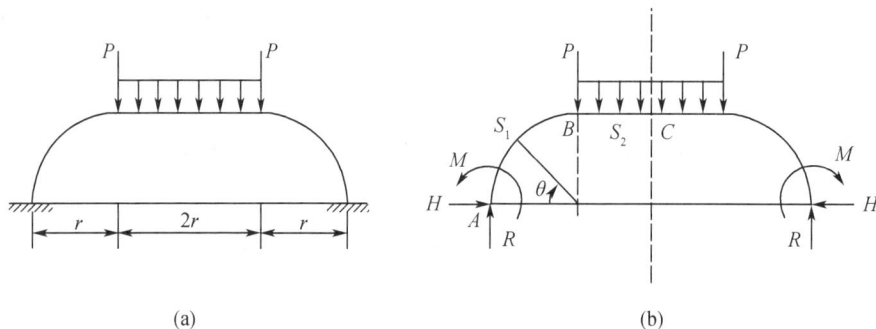

图 6.17

解 这是一个二次静不定的曲杆刚架，它有两个多余约束力，为此先用最小功原理来求出此多余约束力。

由于此刚架的变形将是对称于中心线的，故刚架的两个支座的支反力都相同，设 R 为支座的垂直支反力，H 为支座的水平支反力，由静力平衡条件得

$$R = \frac{2P + 2qr}{2} = 2qr$$

根据最小功原理，H 和 M 可由下式求得

$$\frac{\partial V}{\partial H} = \int \frac{M}{EI}\cdot\frac{\partial M}{\partial H}\mathrm{d}s = 0,\ \frac{\partial V}{\partial M} = \int \frac{M}{EI}\cdot\frac{\partial M}{\partial M}\mathrm{d}s = 0$$

式中，M 为杆断面的弯矩。

现考虑左边半面的结构，设 AB 段，取坐标 s_1，由 A 点向上算起，则

$$M(s_1) = Hr\sin\theta + M - Rr(1 - \cos\theta),\ \frac{\partial M(s_1)}{\partial H} = r\sin\theta,\ \frac{\partial M(s_1)}{\partial M} = 1$$

在 BC 段，取坐标 s_2，由 B 点向右算起，则

$$M(s_2) = Hr + M - R(r + s_2) + \frac{q}{2}s_2^2 + Ps_2,\ \frac{\partial M(s_2)}{\partial H} = r,\ \frac{\partial M(s_2)}{\partial M} = 1$$

于是

$$\frac{\partial V}{\partial H} = \int_{s_1} \frac{M(s_1)}{EI} \cdot \frac{\partial M(s_1)}{\partial H} \mathrm{d}s_1 + \int_{s_2} \frac{M(s_2)}{EI} \cdot \frac{\partial M(s_2)}{\partial H} \mathrm{d}s_2$$

$$= \frac{1}{EI} \int_0^{\frac{\pi}{2}} [Hr\sin\theta + M - Rr(1 - \cos\theta)] r^2 \sin\theta \mathrm{d}\theta$$

$$+ \frac{1}{EI} \int_0^r [Hr + M - R(r + s_2) + \frac{q}{2}s_2^2 + Ps_2] r\mathrm{d}s_2 = 0$$

化简,得

$$Hr\left(\frac{\pi}{4} + 1\right) + 2M - \frac{10qr^2}{3} = 0 \tag{1}$$

$$\frac{\partial V}{\partial M} = \int_{s_1} \frac{M(s_1)}{EI} \cdot \frac{\partial M(s_1)}{\partial M} \mathrm{d}s_1 + \int_{s_2} \frac{M(s_2)}{EI} \cdot \frac{\partial M(s_2)}{\partial M} \mathrm{d}s_2$$

$$= \frac{1}{EI} \int_0^{\frac{\pi}{2}} [Hr\sin\theta + M - Rr(1 - \cos\theta)] r\mathrm{d}\theta$$

$$+ \frac{1}{EI} \int_0^r [Hr + M - R(r + s_2) + \frac{q}{2}s_2^2 + Ps_2] \mathrm{d}s_2 = 0$$

化简,得

$$2Hr + M\left(\frac{\pi}{4} + 1\right) - \left(\pi + \frac{1}{3}\right)qr^2 = 0 \tag{2}$$

将(1)(2)式联立求解,解得

$$M = -0.79qr^2, H = 2.76qr$$

求得 H 和 M 后,即可求出刚架各断面的弯矩,最大弯矩发生于 $\theta = 0$ 处,此时 $M_{\max} = -0.79qr^2$。

18. 图 6.18 所示的吊艇架结构,用能量法求弹性支座的支反力 R_2,已知 $A = \dfrac{d^3}{6EI}$。

解　设在 $1-2$ 段,取坐标 s_1,由 1 点向下算起,则

$$M(s_1) = Pa\sin\theta, \frac{\partial M(s_1)}{\partial R_2} = 0$$

$2-3$ 段,取坐标 s_2,由 2 点向下算起,则

$$M(s_2) = Pa - R_2 s_2, \frac{\partial M(s_2)}{\partial R_2} = -s_2$$

根据最小功原理,R_2 可由下式求得

$$\frac{\partial V}{\partial R_2} = \int \frac{M}{EI} \cdot \frac{\partial M}{\partial R_2} \mathrm{d}s = 0$$

$$V = V_1 + V_2 = \int_0^{\frac{\pi}{2}} \frac{M^2(s_1)}{2EI} a\mathrm{d}\theta + \int_0^{2a} \frac{M^2(s_2)}{2EI} \mathrm{d}s_2 + \frac{1}{2}AR_2^2$$

由

$$\frac{\partial V}{\partial R_2} = \int_0^r \frac{M(s_2)}{EI} \cdot \frac{\partial M(s_2)}{\partial R_2} \mathrm{d}s_2 + AR_2$$

$$= \frac{1}{EI} \int_0^{2a} (Pa - R_2 s_2)(-s_2) \mathrm{d}s_2 + AR_2 = 0$$

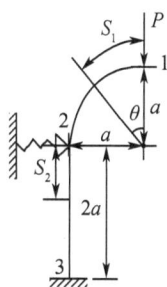

图 6.18

得

$$R = \frac{12}{17}P$$

19. 图 6.19(a) 中的等断面圆环,在集中力与均匀分布的剪力作用下平衡,试用最小功原理求解(计算时,可取 P 作用点断面的内力为未知数)。

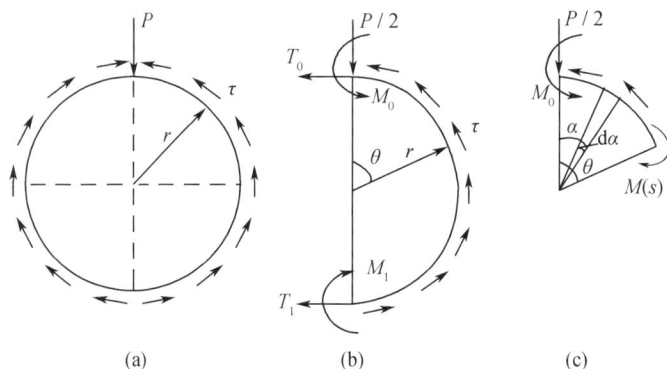

图 6.19

解 圆环是一种封闭的曲刚架,如果没有外加支座的话,它将在静力平衡的外力系下平衡。由于此等断面圆环的变形将是对称于中心线,为此可将圆环沿中心轴切开成两个半圆环,取右半部分来研究,如图 6.19(b) 所示。

在一般情况下圆环断面中有弯矩、剪力与轴力,故为三次内静不定。但对本题中的情况,因对称关系在圆环对称断面中只有弯矩与轴力,无剪力。故断面上的弯矩为 M_0、M_1,轴力为 T_1、T_0。由铅垂方向静力平衡条件得

$$\frac{P}{2} = \int_0^\pi qr\sin\theta\,\mathrm{d}\theta$$

由此得

$$q = \frac{P}{4r}$$

写出圆环中坐标为 $s = r\theta$ 的任意断面中的弯矩式子:

$$M(s) = M_0 + \frac{P}{2}r\sin\theta + T_0 r(1 - \cos\theta) + \int_0^\theta qr^2[1 - \cos(\theta - \alpha)]\mathrm{d}\alpha$$

$$= M_0 + \frac{P}{2}r\sin\theta + T_0 r(1 - \cos\theta) + qr^2(\theta - \sin\theta)$$

$$\frac{\partial M}{M_0} = 1, \quad \frac{\partial M}{T_0} = r(1 - \cos\theta)$$

于是

$$\frac{\partial V}{\partial M_0} = \int_0^r \frac{M(s)}{EI} \cdot \frac{\partial M(s)}{\partial M_0}\mathrm{d}s$$

$$= \frac{1}{EI}\int_0^\pi \left[M_0 + \frac{P}{2}r\sin\theta + T_0 r(1 - \cos\theta) + qr^2(\theta - \sin\theta)\right]\mathrm{d}\theta = 0$$

解得

$$M_0 \pi + Pr + T_0 r\pi + qr^2 \left(\frac{\pi^2}{2} - 2 \right) = 0 \qquad (1)$$

$$\frac{\partial V}{\partial T_0} = \int_0^r \frac{M(s)}{EI} \cdot \frac{\partial M(s)}{\partial T_0} \mathrm{d}s = \int_0^\pi M(s)(1 - \cos\theta)\mathrm{d}\theta = 0$$

由(1)式可将上式化简为

$$\int_0^\pi M(s)\cos\theta d\theta = 0 \text{，即}$$

$$\int_0^\pi \left[M_0 + \frac{P}{2}r\sin\theta + T_0 r(1 - \cos\theta) + qr^2(\theta - \sin\theta) \right]\cos\theta d\theta = 0$$

上式化简得

$$\frac{T_0 r\pi}{2} + 2qr^2 = 0$$

解得

$$T_0 = -\frac{4qr}{\pi} = -\frac{P}{\pi}$$

代入(1)式解得

$$M_0 = -\frac{Pr}{8\pi}(4 - \pi^2)$$

20. 图 6.20(a)所示的半圆形曲杆,受水平方向的均布载荷 q,试用最小功原理求支座 A 处的约束反力,已知半圆形曲杆的半径为 r,刚度为 EI。

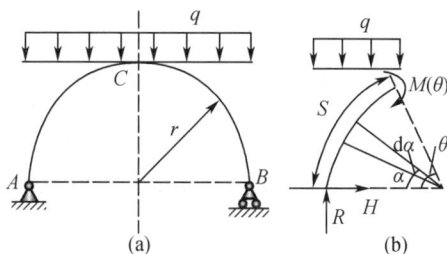

图 6.20

解　这是一个一次静不定的曲杆刚架,它有一个多余约束力,为此用最小功原理求出此多余约束力。

由于此刚架是对称于中心线的,故两个支座的支反力相同,设 R 为支座的垂直支反力, H 为支座的水平支反力,由静力平衡条件可得 $R = qr$,剩下 H 就是多余约束反力。根据最小功原理可由下式求得

$$\frac{\partial V}{\partial H} = \int \frac{M}{EI} \cdot \frac{\partial M}{\partial H}\mathrm{d}s = 0$$

式中, M 为杆件断面弯矩。

现考虑左边半面,设在 AB 段,取坐标 s,由 A 点向上算起,则

$$M(\theta) = Hr\sin\theta - Rr(1 - \cos\theta) + \int_0^\theta qr\mathrm{d}\alpha \cdot r\sin\alpha(\cos\alpha - \cos\theta)$$

$$= Hr\sin\theta - Rr(1 - \cos\theta) + \frac{1}{2}qr^2(1 - \cos\theta)^2$$

$$\frac{\partial M}{\partial H} = r\sin\theta$$

于是

$$\frac{\partial V}{\partial H} = \int_0^{\frac{\pi}{2}} \frac{M}{EI} \cdot \frac{\partial M}{\partial H} r\mathrm{d}\theta = \frac{1}{EI}\int_0^{\frac{\pi}{2}}\Big[Hr\sin\theta - Rr(1-\cos\theta) + \frac{1}{2}qr^2(1-\cos\theta)^2\Big]r\sin\theta r\mathrm{d}\theta$$

$$= \frac{r^3}{EI}\Big[\frac{\pi}{4}H - \frac{1}{2}R + \frac{1}{6}qr\Big] = 0$$

解得

$$H = \frac{4qr}{3\pi}$$

21. 用李兹法求解图 6.21 所示的梁的静不定性。已知 EI 为常数，柔性系数 $A = \frac{l^3}{12EI}$，端部受集中弯矩 m 的作用，悬臂端的惯性矩是其余部分的 2 倍。

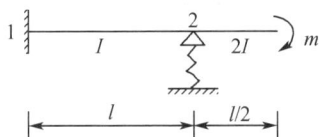

图 6.21

解　取挠曲函数为 $v(x) = ax^2$，满足梁两端的位移边界条件，即当 $x=0$ 时，$v=v'=0$；$x=\frac{3}{2}l$ 时，$v\neq 0, v'\neq 0$，说明此挠曲线函数满足李兹法的要求。

①计算应变能

应包含两部分：一是梁本身的弯曲应变能 V_1；二是弹性支座的应变能 V_2。考虑到此梁为变断面梁，于是有

$$\begin{cases} V_1 = \frac{1}{2}\int_0^l EIv''^2\mathrm{d}x + \frac{1}{2}\int_0^{\frac{3}{2}l} E(2I)v''^2\mathrm{d}x = 4EIa^2l \\ V_2 = \frac{v^2(l)}{2A} = 6EIa^2l \end{cases}$$

求出总的应变能为

$$V = V_1 + V_2 = 10EIa^2l$$

②计算力函数

$$U = mv'(\frac{3}{2}l) = 3mal$$

③计算总位能

$$\Pi = V - U = 10EIa^2l - 3mal$$

由 $\frac{\partial\Pi}{\partial a} = 0$，得

$$20EIal - 3ml = 0$$

解得

$$a = \frac{3m}{20EI}$$

于是梁的挠曲线方程为

$$v(x) = \frac{3m}{20EI}x^2$$

22. 用能量法求解图6.22所示梁的静不定性。已知 EI 为常数，柔性系数 $A = \dfrac{l^3}{12EI}$。

解 本题采用最小功原理来求解。

设弹性支座处的支反力为 R_2，建立坐标系如图6.22所示。则由力的平衡条件可写出任意断面的弯矩方程为

$$\begin{cases} M(x) = (R_2 - P)x + \left(\dfrac{3P}{2} - R_2\right)l & (0 \leq x \leq l) \\ M(x) = P\left(\dfrac{3l}{2} - x\right) & \left(l \leq x \leq \dfrac{3l}{2}\right) \end{cases}$$

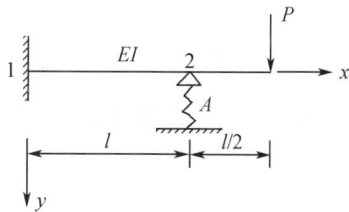

图 6.22

杆件的变形能主要由两部分组成：杆所具有的变形能 V_1 和弹性支座所具有的变形能 V_2。

先求杆件的应变能为

$$V_1 = \int_0^l \frac{\left[(R_2 - P)x + \left(\dfrac{3P}{2} - R_2\right)l\right]^2}{2EI}\mathrm{d}x + \int_0^{\frac{3l}{2}} \frac{\left[P\left(\dfrac{3l}{2} - x\right)\right]^2}{2EI}\mathrm{d}x$$

$$= \frac{l^3}{6EI}\left[(R_2 - P)2 + 3\left(\frac{3P}{2} - R_2\right)(P - R_2) + 3\left(\frac{3P}{2} - R_2\right)2\right] + \frac{P^2 l^3}{48EI}$$

弹性支座的应变能为

$$V_2 = \frac{1}{2}AR_2^2 = \frac{R_2^2 l^3}{24EI}$$

总的应变能为

$$V = V_1 + V_2 = \frac{l^3}{6EI}\left[(R_2 - P)2 + 3\left(\frac{3P}{2} - R_2\right)(P - R_2) + 3\left(\frac{3P}{2} - R_2\right)2\right] + \frac{P^2 l^3}{48EI} + \frac{R_2^2 l^3}{24EI}$$

由最小功原理

$$\frac{\partial V}{\partial R_2} = 0$$

解得

$$R_2 = \frac{7}{5}P$$

故弹性支座处的挠度为

$$v = AR_2 = \frac{7Pl^3}{60EI}$$

23. 用能量法求图6.23所示左固定端的弯矩。已知 EI 为常数，均布载荷为 q。

解 由于此单跨梁的变形是对称于中心线，故两个支座的支反力都相同。设 R 为支座的垂直支反力，M_0 为左固定端的弯矩，由静力平衡条件可得 $R = \dfrac{ql}{2}$，剩下 M_0 就是多余支反力。

根据最小功原理，M_0 可由下式求得

$$\frac{\partial V}{\partial M_0} = \int \frac{M}{EI} \cdot \frac{\partial M}{\partial M_0}\mathrm{d}s = 0$$

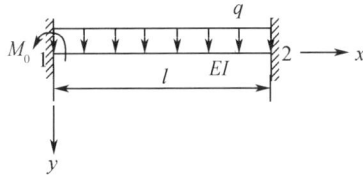

图 6.23

建立坐标系如图 6.23 所示,则

$$M(x) = \frac{1}{2}qx^2 + M_0 - Rx$$

将 $R = \frac{ql}{2}$ 代入上式,得

$$M(x) = \frac{1}{2}qx^2 + M_0 - \frac{ql}{2}x$$

于是

$$\frac{\partial V}{\partial M_0} = \frac{1}{EI}\int_0^l \left(\frac{1}{2}qx^2 + M_0 - \frac{ql}{2}x\right)\mathrm{d}x = \frac{1}{6}qx^3 + M_0 x - \frac{ql}{4}x^2\bigg|_0^l = 0$$

解得

$$M_0 = \frac{ql^3}{12}$$

第7章 矩 阵 法

7.1 内 容 精 要

(1)本章所述的矩阵法又称矩阵位移法或直接刚度法,它的原理与符号规定均与第5章位移法相同,只是表达形式更规格化,以便编制程序在计算机上实施运算。

矩阵法可用来求解一切杆系结构,本章讨论的对象为桁架、连续梁、刚架及板架等。

(2)用矩阵法分析杆系结构的步骤为:

①将结构离散为杆元及节点,建立杆元坐标系 $\bar{x}$、$\bar{y}$ 与结构坐标系 x、y;

②建立杆元坐标系中的杆元刚度矩阵 $\bar{\boldsymbol{K}}^e$;

③坐标转换得结构坐标系中的杆元刚度矩阵 $\boldsymbol{K}^e$,写成分割子矩阵的形式

$$\boldsymbol{t} = \begin{bmatrix} \cos & -\sin & 0 \\ \sin & \cos & 0 \\ 0 & 0 & 1 \end{bmatrix}, \boldsymbol{T} = \begin{bmatrix} \boldsymbol{t} & 0 \\ 0 & \boldsymbol{t} \end{bmatrix}$$

$$\boldsymbol{K}^e = \boldsymbol{T}\bar{\boldsymbol{K}}^e\boldsymbol{T}^{\mathrm{T}}$$

④用"对号入座"方法建立结构在结构坐标系中的总刚度矩阵 $\boldsymbol{K}$;

⑤计算节点的外载荷矩阵 $\boldsymbol{P}$,并建立整个结构全部节点的平衡方程式

$$\boldsymbol{K}\boldsymbol{\delta} = \boldsymbol{P}$$

⑥将平衡方程式进行约束处理后求解,得节点位移;

⑦将节点位移转换到局部坐标系中,再利用刚度矩阵 $\bar{\boldsymbol{K}}^e$ 计算各杆元的杆端力并进一步求出杆元的内力及变形。

(3)矩阵法的关键是建立各类杆元的刚度矩阵。根据结构形式及杆元的节点位(自由度数),平面桁架、刚架及板架的刚度矩阵 $\bar{\boldsymbol{K}}^e$。应用虚功原理,各类杆元的刚度矩阵均可写作

$$\bar{\boldsymbol{K}}^e = \int_{\Omega} \boldsymbol{B}^{\mathrm{T}}\boldsymbol{D}\boldsymbol{B}\mathrm{d}\Omega$$

式中,$\boldsymbol{B}$ 为几何矩阵;$\boldsymbol{D}$ 为弹性矩阵。

7.2 常 用 知 识 点

(1)基本术语和概念

①离散:将杆系"拆"成杆件称为结构的离散。

②杆元与节点：每一个离散出来的杆件称为"杆元"或"单元"，杆元两端的点称为"节点"。

③坐标系统：每一个杆元有本事的坐标系统，称为局部坐标系统。为了解决刚架、板架等问题，还需建立一个总坐标系或结构坐标系统。

④自由度：位移法的未知数是位移，即杆元两端的位移，节点具有的位移数叫做"自由度数"。

⑤杆元刚度矩阵：杆元端点与节点位移之间的关系用杆元刚度矩阵联系，其性质如下：

a. 对称方阵，且对角线上的元素为正；

b. 单元刚度矩阵线中的某一元素 k_{ij} 为在节点 j 处的单位位移（广义）引起节点 i 处的节点力（广义）；

c. 单元刚度矩阵的元素仅与杆元的长度（l）、断面形状和尺寸（A、I）、材料特性（E）有关，与其受力无关；

d. 为建立结构平衡方程式之需，可将单元刚度矩阵分成 4 个子矩阵。

⑥总刚度矩阵：结构刚度矩阵是由各杆元刚度矩阵的子矩阵按节点号码排列而成，子矩阵下标的数字决定了它在总刚度矩阵的位置。

⑦带宽：总刚度矩阵的带状宽度区域的最大宽度。带宽与编号有关，因为结构中各节点仅与它相邻的节点（通过杆元相连的节点）发生力与位移的关系，因此杆元两端的节点号码差值越大，则形成结构总刚度矩阵的带宽也越大。

⑧刚性约束处理：是从结构刚度矩阵中划去那些与零位移相应的行和列。对于弹性约束处理，若结构在相应于第 s 个位移分量处有刚性支座为 K_s 的弹性约束，只要在结构刚度矩阵中把 K_s 加到相应于第 s 个位移的主对角线上的元素上去，其他不变。有时结构中某一个节点的位移要规定等于某一特定值 $\bar{d}_r$（强迫位移），使用置大数法，右边外力用一个大数 $10^{20}k_{rr}\bar{d}_r$ 来代替，左边 $10^{20}k_{rr}d_r$，得 $d_r = \bar{d}_r$。

（2）四种基本杆元的刚度矩阵

①拉（压）杆元

如图 7.1 所示，节点位移 $\boldsymbol{\delta}_{ij} = \begin{Bmatrix} u_i \\ u_j \end{Bmatrix}$，端点力 $\boldsymbol{F}_{ij} = \begin{Bmatrix} T_{xi} \\ T_{xj} \end{Bmatrix}$，两者之间关系为

$$\begin{Bmatrix} T_{xi} \\ T_{xj} \end{Bmatrix} = \frac{EA}{l} \begin{bmatrix} 1 & -1 \\ -1 & 1 \end{bmatrix} \begin{Bmatrix} u_i \\ u_j \end{Bmatrix}$$

单元刚度矩阵为

$$\overline{\boldsymbol{K}}^e = \frac{EA}{l} \begin{bmatrix} 1 & -1 \\ -1 & 1 \end{bmatrix}$$

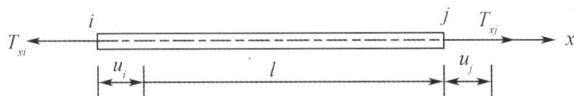

图 7.1

②扭转杆元

如图 7.2 所示，节点位移 $\boldsymbol{\delta}_{ij} = \begin{Bmatrix} \theta_{xi} \\ \theta_{xj} \end{Bmatrix}$，端点力 $\boldsymbol{F}_{ij} = \begin{Bmatrix} M_{xi} \\ M_{xj} \end{Bmatrix}$，两者之间关系为

$$\begin{Bmatrix} M_{xi} \\ M_{xj} \end{Bmatrix} = \frac{GJ_x}{l} \begin{bmatrix} 1 & -1 \\ -1 & 1 \end{bmatrix} \begin{Bmatrix} \theta_{xi} \\ \theta_{xj} \end{Bmatrix}$$

单元刚度矩阵为

$$\overline{\boldsymbol{K}}^e = \frac{GJ_x}{l} \begin{bmatrix} 1 & -1 \\ -1 & 1 \end{bmatrix}$$

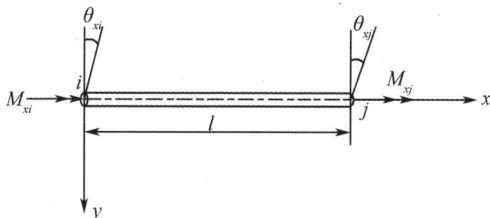

图 7.2

③xOy 平面内的弯曲杆元

如图 7.3 所示，节点位移 $\boldsymbol{\delta}_{ij} = \begin{Bmatrix} v_i \\ \theta_{zi} \\ v_j \\ \theta_{zj} \end{Bmatrix}$，端点力 $\boldsymbol{F}_{ij} = \begin{Bmatrix} N_{yi} \\ M_{zi} \\ N_{yj} \\ M_{zj} \end{Bmatrix}$，两者之间关系为

$$\begin{Bmatrix} N_{yi} \\ M_{zi} \\ N_{yj} \\ M_{zj} \end{Bmatrix} = \frac{EI_z}{l} \begin{bmatrix} \dfrac{12}{l^2} & \dfrac{6}{l} & -\dfrac{12}{l^2} & -\dfrac{6}{l} \\ \dfrac{6}{l} & 4 & -\dfrac{6}{l} & 2 \\ -\dfrac{12}{l^2} & -\dfrac{6}{l} & \dfrac{12}{l^2} & -\dfrac{6}{l} \\ -\dfrac{6}{l} & 2 & -\dfrac{6}{l} & 5 \end{bmatrix} \begin{Bmatrix} v_i \\ \theta_{zi} \\ v_j \\ \theta_{zj} \end{Bmatrix}$$

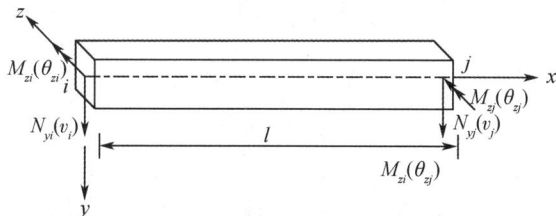

图 7.3

单元刚度矩阵为

$$\overline{\boldsymbol{K}}^e = \frac{EI_z}{l}\begin{bmatrix} \dfrac{12}{l^2} & \dfrac{6}{l} & -\dfrac{12}{l^2} & -\dfrac{6}{l} \\[2mm] \dfrac{6}{l} & 4 & -\dfrac{6}{l} & 2 \\[2mm] -\dfrac{12}{l^2} & \dfrac{6}{l} & \dfrac{12}{l^2} & -\dfrac{6}{l} \\[2mm] -\dfrac{6}{l} & 2 & -\dfrac{6}{l} & 4 \end{bmatrix}$$

④xOz 平面内的弯曲杆元

如图 7.4 所示,相较于 xOy 平面内弯曲杆元刚度矩阵,M 与 θ 符号始终一致,与 v 符号相反。

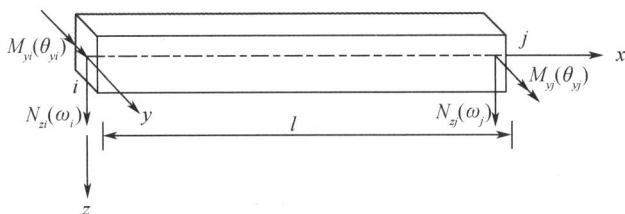

图 7.4

节点位移 $\boldsymbol{\delta}_{ij} = \begin{Bmatrix} \theta_{yi} \\ \omega_i \\ \theta_{yj} \\ \omega_j \end{Bmatrix}$,端点力 $\boldsymbol{F}_{ij} = \begin{Bmatrix} M_{yi} \\ N_{zi} \\ M_{yj} \\ N_{zj} \end{Bmatrix}$,两者之间关系为

$$\begin{Bmatrix} M_{yi} \\ N_{zi} \\ M_{yj} \\ N_{zj} \end{Bmatrix} = \frac{EI_y}{l}\begin{bmatrix} 4 & -\dfrac{6}{l} & 2 & \dfrac{6}{l} \\[2mm] -\dfrac{6}{l} & \dfrac{12}{l^2} & -\dfrac{6}{l} & -\dfrac{12}{l^2} \\[2mm] 2 & -\dfrac{6}{l} & 4 & \dfrac{6}{l} \\[2mm] \dfrac{6}{l} & -\dfrac{12}{l^2} & \dfrac{6}{l} & \dfrac{12}{l^2} \end{bmatrix}\begin{Bmatrix} \theta_{yi} \\ \omega_i \\ \theta_{yj} \\ \omega_j \end{Bmatrix}$$

单元刚度矩阵为

$$\overline{\boldsymbol{K}}^e = \frac{EI_z}{l}\begin{bmatrix} 4 & -\dfrac{6}{l} & 2 & \dfrac{6}{l} \\[2mm] -\dfrac{6}{l} & \dfrac{12}{l^2} & -\dfrac{6}{l} & -\dfrac{12}{l^2} \\[2mm] 2 & -\dfrac{6}{l} & 4 & \dfrac{6}{l} \\[2mm] \dfrac{6}{l} & -\dfrac{12}{l^2} & \dfrac{6}{l} & \dfrac{12}{l^2} \end{bmatrix}$$

⑤平面桁架杆元

节点位移 $\boldsymbol{\delta}_{ij} = \begin{Bmatrix} u_i \\ v_i \\ u_j \\ v_j \end{Bmatrix}$，端点力 $\boldsymbol{F}_{ij} = \begin{Bmatrix} T_{xi} \\ N_{yi} \\ T_{xj} \\ N_{yj} \end{Bmatrix}$，两者之间关系

$$\begin{Bmatrix} T_{xi} \\ N_{yi} \\ T_{xj} \\ N_{yj} \end{Bmatrix} = \begin{bmatrix} 1 & 0 & -1 & 0 \\ 0 & 0 & 0 & 0 \\ -1 & 0 & 1 & 0 \\ 0 & 0 & 0 & 0 \end{bmatrix} \begin{Bmatrix} u_i \\ v_i \\ u_j \\ v_j \end{Bmatrix}$$

单元刚度矩阵为

$$\overline{\boldsymbol{K}}^e = \begin{bmatrix} 1 & 0 & -1 & 0 \\ 0 & 0 & 0 & 0 \\ -1 & 0 & 1 & 0 \\ 0 & 0 & 0 & 0 \end{bmatrix}$$

⑥平面刚架杆元：(1) + (3)

节点位移 $\boldsymbol{\delta}_{ij} = \begin{Bmatrix} u_i \\ v_i \\ \theta_{zi} \\ u_j \\ v_j \\ \theta_{zj} \end{Bmatrix}$，端点力 $\boldsymbol{F}_{ij} = \begin{Bmatrix} T_{xi} \\ N_{yi} \\ M_{zi} \\ T_{xj} \\ N_{yj} \\ M_{zj} \end{Bmatrix}$，两者之间关系

$$\begin{Bmatrix} T_{xi} \\ N_{yi} \\ M_{zi} \\ T_{xj} \\ N_{yj} \\ M_{zj} \end{Bmatrix} = \frac{E}{l} \begin{bmatrix} A & 0 & 0 & -A & 0 & 0 \\ 0 & \dfrac{12I_z}{l^2} & \dfrac{6I_z}{l} & 0 & -\dfrac{12I_z}{l^2} & \dfrac{6I_z}{l} \\ 0 & \dfrac{6I_z}{l} & 4I_z & 0 & -\dfrac{6I_z}{l} & 2I_z \\ -A & 0 & 0 & A & 0 & 0 \\ 0 & \dfrac{12I_z}{l^2} & -\dfrac{6I_z}{l} & 0 & \dfrac{12I_z}{l^2} & -\dfrac{6I_z}{l} \\ 0 & \dfrac{6I_z}{l} & 2I_z & 0 & -\dfrac{6I_z}{l} & 4I_z \end{bmatrix} \begin{Bmatrix} u_i \\ v_i \\ \theta_{zi} \\ u_j \\ v_j \\ \theta_{zj} \end{Bmatrix}$$

单元刚度矩阵

$$\overline{K}^e = \frac{E}{l}\begin{bmatrix} A & 0 & 0 & -A & 0 & 0 \\ 0 & \dfrac{12I_z}{l^2} & \dfrac{6I_z}{l} & 0 & -\dfrac{12I_z}{l^2} & \dfrac{6I_z}{l} \\ 0 & \dfrac{6I_z}{l} & 4I_z & 0 & -\dfrac{6I_z}{l} & 2I_z \\ -A & 0 & 0 & A & 0 & 0 \\ 0 & -\dfrac{12I_z}{l^2} & -\dfrac{6I_z}{l} & 0 & \dfrac{12I_z}{l^2} & -\dfrac{6I_z}{l} \\ 0 & \dfrac{6I_z}{l} & 2I_z & 0 & -\dfrac{6I_z}{l} & 4I_z \end{bmatrix}$$

⑦平面板架杆元:(2) + (4)

节点位移 $\boldsymbol{\delta}_{ij} = \begin{Bmatrix} \theta_{xi} \\ \theta_{yi} \\ \omega_i \\ \theta_{xj} \\ \theta_{yj} \\ \omega_j \end{Bmatrix}$,端点力 $\boldsymbol{F}_{ij} = \begin{Bmatrix} M_{xi} \\ M_{yi} \\ N_{zi} \\ M_{xj} \\ M_{yj} \\ N_{zj} \end{Bmatrix}$,两者之间关系为

$$\begin{Bmatrix} M_{xi} \\ M_{yi} \\ N_{zi} \\ M_{xj} \\ M_{yj} \\ N_{zj} \end{Bmatrix} = \frac{E}{l}\begin{bmatrix} \dfrac{J_x}{2(1+\mu)} & 0 & 0 & -\dfrac{J_x}{2(1+\mu)} & 0 & 0 \\ 0 & 4I_y & -\dfrac{6I_y}{l} & 0 & 2I_y & \dfrac{6I_y}{l} \\ 0 & -\dfrac{6I_z}{l} & \dfrac{12I_y}{l^2} & 0 & -\dfrac{6I_y}{l} & -\dfrac{12I_y}{l^2} \\ -\dfrac{J_x}{2(1+\mu)} & 0 & 0 & \dfrac{J_x}{2(1+\mu)} & 0 & 0 \\ 0 & 2I_y & -\dfrac{6I_y}{l} & 0 & 4I_y & \dfrac{6I_y}{l} \\ 0 & \dfrac{6I_y}{l} & -\dfrac{12I_y}{l^2} & 0 & \dfrac{6I_y}{l} & \dfrac{12I_y}{l^2} \end{bmatrix}\begin{Bmatrix} \theta_{xi} \\ \theta_{yi} \\ \omega_i \\ \theta_{xj} \\ \theta_{yj} \\ \omega_j \end{Bmatrix}$$

式中,μ 为泊松比。

单元刚度矩阵

$$\frac{E}{l}\begin{bmatrix} \dfrac{J_x}{2(1+\mu)} & 0 & 0 & -\dfrac{J_x}{2(1+\mu)} & 0 & 0 \\[2mm] 0 & 4I_y & -\dfrac{6I_y}{l} & 0 & 2I_y & \dfrac{6I_y}{l} \\[2mm] 0 & -\dfrac{6I_y}{l} & \dfrac{12I_y}{l^2} & 0 & -\dfrac{6I_y}{l} & -\dfrac{12I_y}{l^2} \\[2mm] -\dfrac{J_x}{2(1+\mu)} & 0 & 0 & \dfrac{J_x}{2(1+\mu)} & 0 & 0 \\[2mm] 0 & 2I_y & -\dfrac{6I_y}{l} & 0 & 4I_y & \dfrac{6I_y}{l} \\[2mm] 0 & \dfrac{6I_y}{l} & -\dfrac{12I_y}{l^2} & 0 & \dfrac{6I_y}{l} & \dfrac{12I_y}{l^2} \end{bmatrix}$$

在通常的板架计算中不计扭转力矩,则 $J_x = 0$。

7.3　典型题解析

1.利用第 2 章第 4 题,图 2.6 中梁挠曲线的解,应用虚功原理导得图 7.5 的结构刚度矩阵公式:$K = \displaystyle\int_\Omega \boldsymbol{B}^{\mathrm{T}} \boldsymbol{D} \boldsymbol{B} \mathrm{d}\Omega$

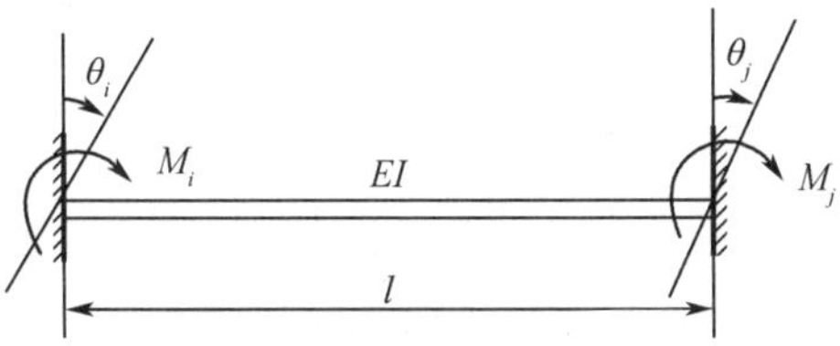

图 7.5

解　列出 2.4 题计算结果

$$v = \theta_i x - \frac{2\theta_i + \theta_j}{l} x^2 + \frac{\theta_i + \theta_j}{l^2} x^3$$

于是

$$v'(x) = \theta_i - 2\frac{2\theta_i + \theta_j}{l} x + 3\frac{\theta_i + \theta_j}{l^2} x^2, \quad v''(x) = -2\frac{2\theta_i + \theta_j}{l} + 6\frac{\theta_i + \theta_j}{l^2} x$$

$$\varepsilon = \frac{My}{EI} = yv'' = y\left[\left(\frac{6x}{l^2} - \frac{4}{l} \right), \left(\frac{6x}{l^2} - \frac{2}{l} \right) \right] \begin{Bmatrix} \theta_i \\ \theta_j \end{Bmatrix}$$

故

$$\boldsymbol{B} = 2y\left[\left(\frac{3x}{l^2} - \frac{2}{l} \right), \left(\frac{3x}{l^2} - \frac{1}{l} \right) \right], \boldsymbol{D} = E$$

$$\boldsymbol{K} = \int_{\Omega} \boldsymbol{B}^{\mathrm{T}} \boldsymbol{D} \boldsymbol{B} \mathrm{d}\Omega = \int_{\Omega} \frac{4y^2}{l^2} \left\{ \begin{matrix} \dfrac{3x}{l} - 2 \\[2mm] \dfrac{3x}{l} - 1 \end{matrix} \right\} \boldsymbol{E} \left[\dfrac{3x}{l} - 2, \dfrac{3x}{l} - 1 \right] \mathrm{d}\Omega$$

$$= \frac{4EI}{l^2} \int_0^l \left[\begin{matrix} \left(\dfrac{3x}{l} - 2 \right)^2 & \left(\dfrac{3x}{l} \right)^2 - 3\dfrac{3x}{l} + 2 \\[4mm] \left(\dfrac{3x}{l} \right)^2 - 3\dfrac{3x}{l} + 2 & \left(\dfrac{3x}{l} - 1 \right)^2 \end{matrix} \right] \mathrm{d}x = \frac{4EI}{l^2} \left[\begin{matrix} l & \dfrac{l}{2} \\[2mm] \dfrac{l}{2} & l \end{matrix} \right] = \frac{2EI}{l} \left[\begin{matrix} 2 & 1 \\ 1 & 2 \end{matrix} \right]$$

2. 用矩阵法建立图 7.6(a),7.6(b) 及 7.6(c) 中梁的总刚度矩阵,并对节点平衡方程式进行约束处理,图 7.6(c) 中 $A = \dfrac{l^3}{20EI}$)。计算时节点号码自左至右取为 $1,2,3\cdots$,杆元号码自左至右取为 ①,②,$\cdots$,图 7.6(c) 中的梁因左右对称,计算时考虑一半。

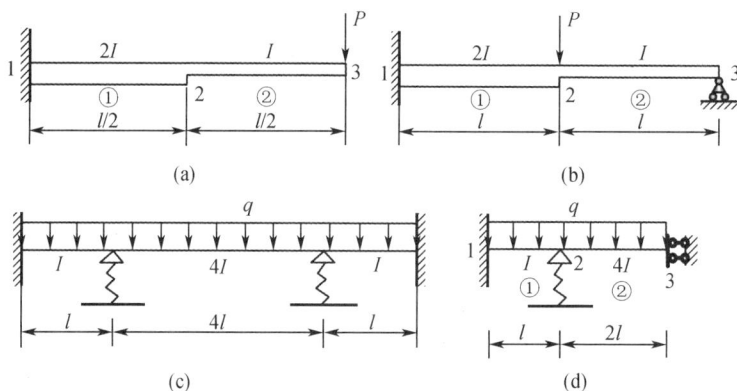

图 7.6

解 方法1:

①根据梁的受力特点,将它离散为示离散为 3 个节点,2 个杆单元,如见图 7.6(a) 所示。

②计算杆单元的刚度矩阵

$$\boldsymbol{K}^{(1)} = \frac{E(2I)}{\left(\dfrac{l}{2} \right)} \left[\begin{matrix} \dfrac{12}{\left(\dfrac{l}{2} \right)^2} & \dfrac{6}{\left(\dfrac{l}{2} \right)} & -\dfrac{12}{\left(\dfrac{l}{2} \right)^2} & \dfrac{6}{\left(\dfrac{l}{2} \right)} \\[6mm] \dfrac{6}{\left(\dfrac{l}{2} \right)} & 4 & -\dfrac{6}{\left(\dfrac{l}{2} \right)} & 2 \\[6mm] -\dfrac{12}{\left(\dfrac{l}{2} \right)^2} & -\dfrac{6}{\left(\dfrac{l}{2} \right)} & \dfrac{12}{\left(\dfrac{l}{2} \right)^2} & -\dfrac{6}{\left(\dfrac{l}{2} \right)} \\[6mm] \dfrac{6}{\left(\dfrac{l}{2} \right)} & 2 & -\dfrac{6}{\left(\dfrac{l}{2} \right)} & 4 \end{matrix} \right]$$

$$= \frac{4EI}{l} \begin{bmatrix} \dfrac{48}{l^2} & \dfrac{12}{l} & -\dfrac{48}{l^2} & \dfrac{12}{l} \\[2mm] \dfrac{12}{l} & 4 & -\dfrac{12}{l} & 2 \\[2mm] -\dfrac{48}{l^2} & -\dfrac{12}{l} & \dfrac{48}{l^2} & -\dfrac{12}{l} \\[2mm] \dfrac{12}{l} & 2 & -\dfrac{12}{l} & 4 \end{bmatrix} = \begin{bmatrix} \boldsymbol{K}_{11}^{(1)} & \boldsymbol{K}_{12}^{(1)} \\[2mm] \boldsymbol{K}_{21}^{(1)} & \boldsymbol{K}_{22}^{(1)} \end{bmatrix} = 2\boldsymbol{K}^{(2)} = 2 \begin{bmatrix} \boldsymbol{K}_{22}^{(2)} & \boldsymbol{K}_{23}^{(2)} \\[2mm] \boldsymbol{K}_{32}^{(2)} & \boldsymbol{K}_{33}^{(2)} \end{bmatrix}$$

③根据各杆元刚度矩阵的分块子矩阵,组成结构总刚度矩阵

$$\boldsymbol{K} = \begin{bmatrix} \boldsymbol{K}_{11}^{(1)} & \boldsymbol{K}_{12}^{(1)} & \\[2mm] \boldsymbol{K}_{21}^{(1)} & \boldsymbol{K}_{22}^{(1)} + \boldsymbol{K}_{22}^{(2)} & \boldsymbol{K}_{23}^{(2)} \\[2mm] & \boldsymbol{K}_{32}^{(2)} & \boldsymbol{K}_{33}^{(2)} \end{bmatrix}$$

④列出节点平衡方程式

$$\frac{2EI}{l} \begin{bmatrix} \dfrac{96}{l^2} & \dfrac{24}{l} & -\dfrac{96}{l^2} & \dfrac{24}{l} & 0 & 0 \\[2mm] \dfrac{24}{l} & 8 & -\dfrac{24}{l} & 4 & 0 & 0 \\[2mm] -\dfrac{96}{l^2} & -\dfrac{24}{l} & \dfrac{144}{l^2} & -\dfrac{12}{l} & -\dfrac{48}{l^2} & \dfrac{12}{l} \\[2mm] \dfrac{24}{l} & 4 & \dfrac{-12}{l} & 12 & \dfrac{-12}{l} & 2 \\[2mm] 0 & 0 & -\dfrac{48}{l^2} & -\dfrac{12}{l} & \dfrac{48}{l^2} & -\dfrac{12}{l} \\[2mm] 0 & 0 & \dfrac{12}{l} & 2 & \dfrac{-12}{l} & 4 \end{bmatrix} \begin{Bmatrix} v_1 \\ \theta_{z1} \\ v_2 \\ \theta_{z2} \\ v_3 \\ \theta_{z3} \end{Bmatrix} = \begin{Bmatrix} R_1 \\ M_{z1} \\ 0 \\ 0 \\ P \\ 0 \end{Bmatrix}$$

⑤约束处理。因 $v_1 = \theta_{z1} = 0$,故可在刚度矩阵中划去第 1、2 行和列,经处理后的方程式为

$$\frac{2EI}{l} \begin{bmatrix} \dfrac{144}{l^2} & -\dfrac{12}{l} & -\dfrac{48}{l^2} & \dfrac{12}{l} \\[2mm] -\dfrac{12}{l} & 12 & -\dfrac{12}{l} & 2 \\[2mm] -\dfrac{48}{l^2} & -\dfrac{12}{l} & \dfrac{48}{l^2} & -\dfrac{12}{l} \\[2mm] \dfrac{12}{l} & 2 & -\dfrac{12}{l} & 4 \end{bmatrix} \begin{Bmatrix} v_2 \\ \theta_{z2} \\ v_3 \\ \theta_{z3} \end{Bmatrix} = \begin{Bmatrix} 0 \\ 0 \\ P \\ 0 \end{Bmatrix}$$

解此方程式组,即可得节点位移。

方法二:

①根据梁的受力特点,将它离散为示离散为 4 个节点,3 个杆单元,如见图 7.6(c)所示。

②计算杆单元的刚度矩阵

$$K^{(1)} = \frac{E(2I)}{l} \begin{bmatrix} \dfrac{12}{l^2} & \dfrac{6}{l} & -\dfrac{12}{l^2} & \dfrac{6}{l} \\[2mm] \dfrac{6}{l} & 4 & -\dfrac{6}{l} & 2 \\[2mm] -\dfrac{12}{l^2} & -\dfrac{6}{l} & \dfrac{12}{l^2} & -\dfrac{6}{l} \\[2mm] \dfrac{6}{l} & 2 & -\dfrac{6}{l} & 4 \end{bmatrix} = \begin{bmatrix} K_{11}^{(1)} & K_{12}^{(1)} \\ K_{21}^{(1)} & K_{22}^{(1)} \end{bmatrix}$$

$$= 2K^{(2)} = 2\begin{bmatrix} K_{22}^{(2)} & K_{23}^{(2)} \\ K_{32}^{(2)} & K_{33}^{(2)} \end{bmatrix}$$

③根据各杆元刚度矩阵的分块子矩阵,组成结构总刚度矩阵

$$K = \begin{bmatrix} K_{11}^{(1)} & K_{12}^{(1)} & \\ K_{21}^{(1)} & K_{22}^{(1)} + K_{22}^{(2)} & K_{23}^{(2)} \\ & K_{32}^{(2)} & K_{33}^{(2)} \end{bmatrix}$$

④列出节点平衡方程式

$$\frac{2EI}{l} \begin{bmatrix} \dfrac{12}{l^2} & \dfrac{6}{l} & -\dfrac{12}{l^2} & \dfrac{6}{l} & 0 & 0 \\[2mm] \dfrac{6}{l} & 4 & -\dfrac{6}{l} & 2 & 0 & 0 \\[2mm] -\dfrac{12}{l^2} & -\dfrac{6}{l} & \dfrac{18}{l^2} & -\dfrac{3}{l} & -\dfrac{6}{l^2} & \dfrac{3}{l} \\[2mm] \dfrac{6}{l} & 2 & -\dfrac{3}{l} & 6 & -\dfrac{3}{l} & 1 \\[2mm] 0 & 0 & -\dfrac{6}{l^2} & -\dfrac{3}{l} & \dfrac{6}{l^2} & -\dfrac{3}{l} \\[2mm] 0 & 0 & \dfrac{3}{l} & 1 & -\dfrac{3}{l} & 2 \end{bmatrix} \begin{Bmatrix} v_1 \\ \theta_{z1} \\ v_2 \\ \theta_{z2} \\ v_3 \\ \theta_{z3} \end{Bmatrix} = \begin{Bmatrix} R_1 \\ M_{z1} \\ P \\ 0 \\ R_3 \\ 0 \end{Bmatrix}$$

⑤约束处理。因 $v_1 = \theta_{z1} = v_3 = 0$,故可在刚度矩阵中划去第 1,2,5 行和列,经处理后的方程式为

$$\frac{EI}{l} \begin{bmatrix} \dfrac{36}{l^2} & -\dfrac{6}{l} & \dfrac{6}{l} \\[2mm] -\dfrac{6}{l} & 12 & 1 \\[2mm] \dfrac{6}{l} & 2 & 4 \end{bmatrix} \begin{Bmatrix} v_2 \\ \theta_{z2} \\ \theta_{z3} \end{Bmatrix} = \begin{Bmatrix} P \\ 0 \\ 0 \end{Bmatrix}$$

解此方程式组,即可得节点位移。

方法三：

①根据梁的变形和受力特点,取梁的一半计算,现取梁的左半面,将它离散为示离散为 3 个节点,2 个杆单元,如见图 7.6(d)所示。

②计算杆单元的刚度矩阵

$$\boldsymbol{K}^{(1)} = \frac{EI}{l} \begin{bmatrix} \dfrac{12}{l^2} & \dfrac{6}{l} & -\dfrac{12}{l^2} & \dfrac{6}{l} \\[2mm] \dfrac{6}{l} & 4 & -\dfrac{6}{l} & 2 \\[2mm] -\dfrac{12}{l^2} & -\dfrac{6}{l} & \dfrac{12}{l^2} & -\dfrac{6}{l} \\[2mm] \dfrac{6}{l} & 2 & -\dfrac{6}{l} & 4 \end{bmatrix} = \begin{bmatrix} \boldsymbol{K}_{11}^{(1)} & \boldsymbol{K}_{12}^{(1)} \\[1mm] \boldsymbol{K}_{21}^{(1)} & \boldsymbol{K}_{22}^{(1)} \end{bmatrix}$$

$$\boldsymbol{K}^{(2)} = \frac{E(4I)}{2l} \begin{bmatrix} \dfrac{3}{l^2} & \dfrac{3}{l} & -\dfrac{3}{l^2} & \dfrac{3}{l} \\[2mm] \dfrac{3}{l} & 4 & -\dfrac{3}{l} & 2 \\[2mm] -\dfrac{3}{l^2} & -\dfrac{3}{l} & \dfrac{3}{l^2} & -\dfrac{3}{l} \\[2mm] \dfrac{3}{l} & 2 & -\dfrac{3}{l} & 4 \end{bmatrix} = \begin{bmatrix} \boldsymbol{K}_{22}^{(2)} & \boldsymbol{K}_{23}^{(2)} \\[1mm] \boldsymbol{K}_{32}^{(2)} & \boldsymbol{K}_{33}^{(2)} \end{bmatrix}$$

③根据各杆元刚度矩阵的分块子矩阵,组成结构总刚度矩阵

$$\boldsymbol{K} = \begin{bmatrix} \boldsymbol{K}_{11}^{(1)} & \boldsymbol{K}_{12}^{(1)} & \\[1mm] \boldsymbol{K}_{21}^{(1)} & \boldsymbol{K}_{22}^{(1)} + \boldsymbol{K}_{22}^{(2)} & \boldsymbol{K}_{23}^{(2)} \\[1mm] & \boldsymbol{K}_{32}^{(2)} & \boldsymbol{K}_{33}^{(2)} \end{bmatrix}$$

④列出节点平衡方程式

$$\frac{EI}{l} \begin{bmatrix} \dfrac{12}{l^2} & \dfrac{6}{l} & -\dfrac{12}{l^2} & \dfrac{6}{l} & & \\[2mm] \dfrac{6}{l} & 4 & -\dfrac{6}{l} & 2 & & \\[2mm] -\dfrac{12}{l^2} & -\dfrac{6}{l} & \dfrac{18}{l^2} & 0 & -\dfrac{6}{l^2} & \dfrac{6}{l} \\[2mm] \dfrac{6}{l} & 2 & 0 & 12 & -\dfrac{6}{l} & 4 \\[2mm] & & -\dfrac{6}{l^2} & -\dfrac{6}{l} & \dfrac{6}{l^2} & -\dfrac{6}{l} \\[2mm] & & \dfrac{6}{l} & 4 & -\dfrac{6}{l} & 8 \end{bmatrix} \begin{Bmatrix} v_1 \\ \theta_{z1} \\ v_2 \\ \theta_{z2} \\ v_3 \\ \theta_{z3} \end{Bmatrix} = \begin{Bmatrix} R_1 + \dfrac{ql}{2} \\[2mm] M_{R_1} + \dfrac{ql^2}{12} \\[2mm] -k_2 v_2 + \dfrac{3ql}{2} \\[2mm] \dfrac{ql^2}{4} \\[2mm] ql \\[2mm] M_{R_3} \end{Bmatrix}$$

⑤约束处理。因 $v_1 = \theta_{z1} = \theta_{z3} = 0$,故可在刚度矩阵中划去第 1,2,6 行和列,经处理后的方程式为

$$\frac{EI}{l} \begin{bmatrix} \dfrac{18}{l^2} & 0 & -\dfrac{6}{l^2} \\[2mm] 0 & 12 & -\dfrac{6}{l} \\[2mm] -\dfrac{6}{l^2} & -\dfrac{6}{l} & \dfrac{6}{l^2} \end{bmatrix} \begin{Bmatrix} v_2 \\ \theta_{z2} \\ v_3 \end{Bmatrix} = \begin{Bmatrix} -k_2 v_2 + \dfrac{3ql}{2} \\[2mm] \dfrac{ql^2}{4} \\[2mm] ql \end{Bmatrix}$$

将节点 2 的弹性支座刚性系数 k_2 加到刚度矩阵中的第 1 行的第 1 个元素中去,即得

$$\frac{EI}{l}\begin{bmatrix} \dfrac{38}{l^2} & 0 & -\dfrac{6}{l^2} \\[3mm] 0 & 12 & -\dfrac{6}{l} \\[3mm] -\dfrac{6}{l^2} & -\dfrac{6}{l} & \dfrac{6}{l^2} \end{bmatrix}\begin{Bmatrix} v_2 \\ \theta_{z2} \\ v_3 \end{Bmatrix} = \begin{Bmatrix} \dfrac{3ql}{2} \\[3mm] \dfrac{ql^2}{4} \\[3mm] ql \end{Bmatrix}$$

3. 用矩阵法解图 7.7 中的可动节点刚架,各杆的断面均相同,断面积为 A,惯性矩为 I,杆长及总坐标,节点,单元编号如图 7.7 所示。

①写出杆单元①,②,③对总坐标系的单元刚度矩阵;

②用分割子矩阵形式写出结构刚度矩阵;

③写出此结构的节点位移矩阵及外载荷列阵。

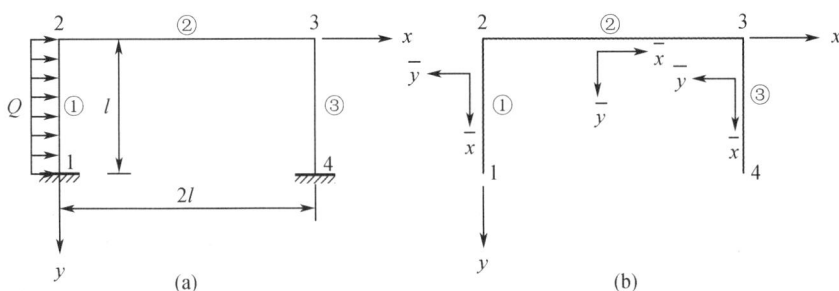

图 7.7

解 ①根据结构的受力特点,将它离散为 3 个单元,4 个节点,并建立杆单元的局部坐标和结构的总坐标如图 7.7(b)所示。

②计算各杆单元的刚度矩阵

$$\overline{K}^{(1)} = \overline{K}^{(3)} = \frac{E}{l}\begin{bmatrix} A & 0 & 0 & -A & 0 & 0 \\[2mm] 0 & \dfrac{12I}{l^2} & \dfrac{6I}{l} & 0 & -\dfrac{12I}{l^2} & \dfrac{6I}{l} \\[2mm] 0 & \dfrac{6I}{l} & 4I & 0 & -\dfrac{6I}{l} & 2I \\[2mm] -A & 0 & 0 & A & 0 & 0 \\[2mm] 0 & -\dfrac{12I}{l^2} & -\dfrac{6I}{l} & 0 & \dfrac{12I}{l^2} & -\dfrac{6I}{l} \\[2mm] 0 & \dfrac{6I}{l} & 2I & 0 & -\dfrac{6I}{l} & 4I \end{bmatrix} = \begin{bmatrix} \overline{K}_{22}^{(1)} & \overline{K}_{21}^{(1)} \\[2mm] \overline{K}_{12}^{(1)} & \overline{K}_{11}^{(1)} \end{bmatrix}$$

$$= \begin{bmatrix} \overline{K}_{33}^{(3)} & \overline{K}_{34}^{(3)} \\[2mm] \overline{K}_{43}^{(3)} & \overline{K}_{44}^{(3)} \end{bmatrix}$$

$$K^{(2)} = \overline{K}^{(2)} = \frac{E}{2l}\begin{bmatrix} A & 0 & 0 & -A & 0 & 0 \\ 0 & \dfrac{3I}{l^2} & \dfrac{3I}{l} & 0 & -\dfrac{3I}{l^2} & \dfrac{3I}{l} \\ 0 & \dfrac{3I}{l} & 4I & 0 & -\dfrac{3I}{l} & 2I \\ -A & 0 & 0 & A & 0 & 0 \\ 0 & -\dfrac{3I}{l^2} & -\dfrac{3I}{l} & 0 & \dfrac{3I}{l^2} & -\dfrac{3I}{l} \\ 0 & \dfrac{3I}{l} & 2I & 0 & -\dfrac{3I}{l} & 4I \end{bmatrix} = \begin{bmatrix} \overline{K}^{(2)}_{22} & \overline{K}^{(2)}_{23} \\ \overline{K}^{(2)}_{32} & \overline{K}^{(2)}_{33} \end{bmatrix}$$

杆单元①和③需进行坐标转换,由于 $\alpha = 90°$,所以坐标转换矩阵为

$$T = \begin{bmatrix} t & 0 \\ 0 & t \end{bmatrix}, t = \begin{bmatrix} \cos\dfrac{\pi}{2} & -\sin\dfrac{\pi}{2} & 0 \\ \sin\dfrac{\pi}{2} & \cos\dfrac{\pi}{2} & 0 \\ 0 & 0 & 1 \end{bmatrix} = \begin{bmatrix} 0 & -1 & 0 \\ 1 & 0 & 0 \\ 0 & 0 & 1 \end{bmatrix}$$

则杆单元①和③在总坐标系中的刚度矩阵为

$$K^{(1)} = K^{(3)} = T\,\overline{K}^{(1)}\,T^{-1} = \begin{bmatrix} K^{(1)}_{22} & K^{(1)}_{21} \\ K^{(1)}_{12} & K^{(1)}_{11} \end{bmatrix} = \begin{bmatrix} K^{(3)}_{33} & K^{(3)}_{34} \\ K^{(3)}_{43} & K^{(3)}_{44} \end{bmatrix}$$

$$= \begin{bmatrix} 0 & -1 & 0 & 0 & 0 & 0 \\ 1 & 0 & 0 & 0 & 0 & 0 \\ 0 & 0 & 1 & 0 & 0 & 0 \\ 0 & 0 & 0 & 0 & -1 & 0 \\ 0 & 0 & 0 & 1 & 0 & 0 \\ 0 & 0 & 0 & 0 & 0 & 1 \end{bmatrix} \frac{E}{I} \begin{bmatrix} A & 0 & 0 & -A & 0 & 0 \\ 0 & \dfrac{12I}{l^2} & \dfrac{6I}{l} & 0 & -\dfrac{12I}{l^2} & \dfrac{6I}{l} \\ 0 & \dfrac{6I}{l} & 4I & 0 & -\dfrac{6I}{l} & 2I \\ -A & 0 & 0 & A & 0 & 0 \\ 0 & -\dfrac{12I}{l^2} & -\dfrac{6I}{l} & 0 & \dfrac{12I}{l^2} & -\dfrac{6I}{l} \\ 0 & \dfrac{6I}{l} & 2I & 0 & -\dfrac{6I}{l} & 4I \end{bmatrix} \begin{bmatrix} 0 & 1 & 0 & 0 & 0 & 0 \\ -1 & 0 & 0 & 0 & 0 & 0 \\ 0 & 0 & 1 & 0 & 0 & 0 \\ 0 & 0 & 0 & 0 & 1 & 0 \\ 0 & 0 & 0 & -1 & 0 & 0 \\ 0 & 0 & 0 & 0 & 0 & 1 \end{bmatrix}$$

$$= \frac{E}{I}\begin{bmatrix} \dfrac{12I}{l^2} & 0 & \dfrac{-6I}{l} & \dfrac{-12I}{l^2} & 0 & \dfrac{-6I}{l} \\ 0 & A & 0 & 0 & -A & 0 \\ \dfrac{-6I}{l} & 0 & 4I & \dfrac{6I}{l} & 0 & 2I \\ -\dfrac{12I}{l^2} & 0 & \dfrac{6I}{l} & \dfrac{12I}{l^2} & 0 & \dfrac{6I}{l} \\ 0 & -A & 0 & 0 & A & 0 \\ \dfrac{-6I}{l} & 0 & 2I & \dfrac{6I}{l} & 0 & 4I \end{bmatrix}$$

③根据各杆元刚度矩阵的分块子矩阵,组成结构总刚度矩阵

$$K = \begin{bmatrix} K_{11}^{(1)} & K_{12}^{(1)} \\ K_{21}^{(1)} & K_{22}^{(1)} + K_{22}^{(2)} & K_{23}^{(2)} \\ & K_{32}^{(2)} & K_{33}^{(2)} + K_{33}^{(3)} & K_{34}^{(3)} \\ & & K_{43}^{(3)} & K_{44}^{(3)} \end{bmatrix}$$

$$= \begin{bmatrix} \dfrac{12I}{l^2} & 0 & \dfrac{6I}{l} & -\dfrac{12I}{l^2} & 0 & \dfrac{6I}{l} \\[2mm] 0 & A & 0 & 0 & -A & 0 \\[2mm] \dfrac{6I}{l} & 0 & 4I & -\dfrac{6I}{l} & 0 & 2I \\[2mm] -\dfrac{12I}{l^2} & 0 & -\dfrac{6I}{l} & \dfrac{12I}{l^2}+\dfrac{A}{2} & 0 & -\dfrac{6I}{l} & -\dfrac{A}{2} & 0 & 0 \\[2mm] 0 & -A & 0 & 0 & \dfrac{6I}{4l^2}+A & \dfrac{3I}{2l} & 0 & -\dfrac{6I}{4l^2} & \dfrac{3I}{2l} \\[2mm] \dfrac{6I}{l} & 0 & 2I & -\dfrac{6I}{l} & \dfrac{3I}{2l} & 6I & 0 & -\dfrac{3I}{2l} & I \\[2mm] & & & -\dfrac{A}{2} & 0 & 0 & \dfrac{12I}{l^2}+\dfrac{A}{2} & 0 & -\dfrac{6I}{l} & -\dfrac{12I}{l^2} & 0 & -\dfrac{6I}{l} \\[2mm] & & & 0 & -\dfrac{6I}{4l^2} & -\dfrac{3I}{2l} & 0 & \dfrac{6I}{4l^2}+A & -\dfrac{3I}{2l} & 0 & -A & 0 \\[2mm] & & & 0 & \dfrac{3I}{2l} & I & -\dfrac{6I}{l} & -\dfrac{3I}{2l} & 6I & \dfrac{6I}{l} & 0 & 2I \\[2mm] & & & & & & -\dfrac{12I}{l^2} & 0 & \dfrac{6I}{l} & \dfrac{12I}{l^2} & 0 & \dfrac{6I}{l} \\[2mm] & & & & & & 0 & -A & 0 & 0 & A & 0 \\[2mm] & & & & & & -\dfrac{6I}{l} & 0 & 2I & \dfrac{6I}{l} & 0 & 4I \end{bmatrix}$$

④求节点位移、外载荷矩阵,列出节点平衡方程式

杆单元①受均布载荷引起固端弯矩和固端剪力,在局部坐标系中,固端力矩阵为

$$\overline{F}^{(1)} = \left\{ 0 \quad \dfrac{Q}{2} \quad \dfrac{Ql}{12} \quad 0 \quad \dfrac{Q}{2} \quad -\dfrac{Ql}{12} \right\}^{\mathrm{T}}, \quad \overline{F}^{(2)} = \overline{F}^{(3)} = \mathbf{0}^{\mathrm{T}}$$

经坐标转换后,得

$$\boldsymbol{F}^{(1)} = \boldsymbol{T}\,\overline{\boldsymbol{F}}^{(1)} = \begin{bmatrix} 0 & -1 & 0 & 0 & 0 & 0 \\ 1 & 0 & 0 & 0 & 0 & 0 \\ 0 & 0 & 0 & 0 & 0 & 0 \\ 0 & 0 & 0 & 0 & -1 & 0 \\ 0 & 0 & 0 & 1 & 0 & 0 \\ 0 & 0 & 0 & 0 & 0 & 0 \end{bmatrix} \left\{ \begin{array}{c} 0 \\[1mm] \dfrac{Q}{2} \\[2mm] \dfrac{Ql}{12} \\[2mm] 0 \\[1mm] \dfrac{Q}{2} \\[2mm] \dfrac{Ql}{12} \end{array} \right\} = \left\{ \begin{array}{c} -\dfrac{Q}{2} \\[2mm] 0 \\[1mm] \dfrac{Ql}{12} \\[2mm] -\dfrac{Q}{2} \\[2mm] 0 \\[1mm] \dfrac{Ql}{12} \end{array} \right\}$$

则在总坐标系中的节点外载荷矩阵为

$$P = \begin{Bmatrix} P_1 \\ P_2 \\ P_3 \\ P_4 \end{Bmatrix} = \begin{Bmatrix} R_{1x} + \dfrac{Q}{2} \\ R_{1y} \\ M_{R1} + \dfrac{Ql}{12} \\ \dfrac{Q}{2} \\ 0 \\ -\dfrac{Ql}{12} \\ 0 \\ 0 \\ 0 \\ R_{4x} \\ R_{4y} \\ M_{R4} \end{Bmatrix}$$

⑤约束处理

本题中节点位移矩阵为 $\boldsymbol{\delta} = \{u_1, v_1, \theta_1, u_2, v_2, \theta_2, u_3, v_3, \theta_3, u_4, v_4, \theta_4\}^{\mathrm{T}}$，因 $u_1 = v_1 = 0$，$\theta_1 = u_4 = v_4 = \theta_4 = 0$ 所以在总刚度矩阵中划去 1、2、4、5、6 列，经过约束处理以后得

$$\begin{bmatrix} \dfrac{12I}{l^2} + \dfrac{A}{2} & 0 & -\dfrac{6I}{l} & -\dfrac{A}{2} & 0 & 0 \\ 0 & \dfrac{6I}{4l^2} + A & \dfrac{3I}{2l} & 0 & -\dfrac{6I}{4l^2} & \dfrac{3I}{2l} \\ -\dfrac{6I}{l} & \dfrac{3I}{2l} & 6I & 0 & -\dfrac{3I}{2l} & I \\ -\dfrac{A}{2} & 0 & 0 & \dfrac{12I}{l^2} + \dfrac{A}{2} & 0 & -\dfrac{6I}{l} \\ 0 & -\dfrac{6I}{4l^2} & -\dfrac{3I}{2l} & 0 & \dfrac{6I}{4l^2} + A & -\dfrac{3I}{2l} \\ 0 & \dfrac{3I}{2l} & I & -\dfrac{6I}{l} & -\dfrac{3I}{2l} & 6I \end{bmatrix} \begin{Bmatrix} u_2 \\ v_2 \\ \theta_2 \\ u_3 \\ v_3 \\ \theta_3 \end{Bmatrix} = \begin{Bmatrix} \dfrac{Q}{2} \\ 0 \\ -\dfrac{Ql}{12} \\ 0 \\ 0 \\ 0 \end{Bmatrix}$$

4. 用矩阵法计算图 7.8(a) 中的平面刚架，写出结构刚架矩阵及经约束处理以后的平衡方程式组。已知 $P = 2ql$，$A_4 = l^3/(48EI)$，计算时杆件的轴向变形不计。

解　①根据结构的受力特点，将它离散为 3 个单元，4 个节点，并建立杆单元的局部坐标和结构的总坐标如图 7.8(b) 所示。

②计算杆单元的刚度矩阵

杆单元①

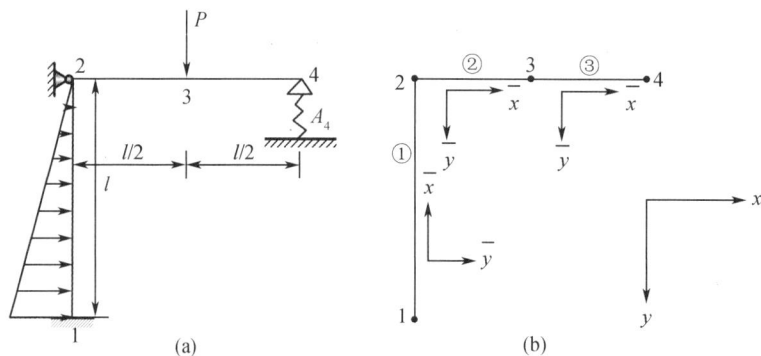

图 7.8

$$\overline{K}^{(1)} = \frac{E}{l} \begin{bmatrix} A & 0 & 0 & -A & 0 & 0 \\ 0 & \dfrac{12I}{l^2} & \dfrac{6I}{l} & 0 & -\dfrac{12I}{l^2} & \dfrac{6I}{l} \\ 0 & \dfrac{6I}{l} & 4I & 0 & -\dfrac{6I}{l} & 2I \\ -A & 0 & 0 & A & 0 & 0 \\ 0 & -\dfrac{12I}{l^2} & -\dfrac{6I}{l} & 0 & \dfrac{12I}{l^2} & -\dfrac{6I}{l} \\ 0 & \dfrac{6I}{l} & 2I & 0 & -\dfrac{6I}{l} & 4I \end{bmatrix}$$

杆单元①需进行坐标转换,由于 $\alpha = 270°$,所以坐标转换矩阵为

$$\boldsymbol{T} = \begin{bmatrix} \boldsymbol{t} & 0 \\ 0 & \boldsymbol{t} \end{bmatrix}, \boldsymbol{t} = \begin{bmatrix} \cos\dfrac{3\pi}{2} & -\sin\dfrac{3\pi}{2} & 0 \\ \sin\dfrac{3\pi}{2} & \cos\dfrac{3\pi}{2} & 0 \\ 0 & 0 & 1 \end{bmatrix} = \begin{bmatrix} 0 & 1 & 0 \\ -1 & 0 & 0 \\ 0 & 0 & 1 \end{bmatrix}$$

则杆单元①在总坐标系中的刚度矩阵为

$$\boldsymbol{K}^{(1)} = \boldsymbol{T}\overline{\boldsymbol{K}}^{(1)}\boldsymbol{T}^{\mathrm{T}}$$

$$= \frac{E}{l} \begin{bmatrix} \dfrac{12I}{l^2} & 0 & \dfrac{6I}{l} & -\dfrac{12I}{l^2} & 0 & \dfrac{6I}{l} \\ 0 & A & 0 & 0 & -A & 0 \\ \dfrac{6I}{l} & 0 & 4I & -\dfrac{6I}{l} & 0 & 2I \\ -\dfrac{12I}{l^2} & 0 & -\dfrac{6I}{l} & \dfrac{12I}{l^2} & 0 & -\dfrac{6I}{l} \\ 0 & -A & 0 & 0 & A & 0 \\ \dfrac{6I}{l} & 0 & 2I & -\dfrac{6I}{l} & 0 & 4I \end{bmatrix} = \begin{bmatrix} \overline{\boldsymbol{K}}_{11}^{(1)} & \boldsymbol{K}_{12}^{(1)} \\ \overline{\boldsymbol{K}}_{21}^{(1)} & \overline{\boldsymbol{K}}_{22}^{(1)} \end{bmatrix}$$

杆单元②和③的局部坐标与总体坐标一致,这两个杆单元的长度为 $l/2$,故有

$$\boldsymbol{K}^{(2)} = \boldsymbol{K}^{(3)} = \frac{E}{l}\begin{bmatrix} 2A & 0 & 0 & -2A & 0 & 0 \\ 0 & \dfrac{96I}{l^2} & \dfrac{24I}{l} & 0 & -\dfrac{96I}{l^2} & \dfrac{24I}{l} \\ 0 & \dfrac{24I}{l} & 8I & 0 & -\dfrac{24I}{l} & 4I \\ -2A & 0 & 0 & 2A & 0 & 0 \\ 0 & -\dfrac{96I}{l^2} & -\dfrac{24I}{l} & 0 & \dfrac{96I}{l^2} & -\dfrac{24I}{l} \\ 0 & \dfrac{24I}{l} & 4I & 0 & -\dfrac{24I}{l} & 8I \end{bmatrix} = \begin{bmatrix} \boldsymbol{K}_{22}^{(2)} & \boldsymbol{K}_{23}^{(2)} \\ \boldsymbol{K}_{32}^{(2)} & \boldsymbol{K}_{33}^{(2)} \end{bmatrix}$$

$$= \begin{bmatrix} \boldsymbol{K}_{33}^{(3)} & \boldsymbol{K}_{34}^{(3)} \\ \boldsymbol{K}_{43}^{(3)} & \boldsymbol{K}_{44}^{(3)} \end{bmatrix}$$

③根据各杆元刚度矩阵的分块子矩阵,组成结构总刚度矩阵

$$\boldsymbol{K} = \begin{bmatrix} \boldsymbol{K}_{11}^{(1)} & \boldsymbol{K}_{12}^{(1)} & & \\ \boldsymbol{K}_{21}^{(1)} & \boldsymbol{K}_{22}^{(1)} + \boldsymbol{K}_{22}^{(2)} & \boldsymbol{K}_{23}^{(2)} & \\ & \boldsymbol{K}_{32}^{(2)} & \boldsymbol{K}_{33}^{(2)} + \boldsymbol{K}_{33}^{(3)} & \boldsymbol{K}_{34}^{(3)} \\ & & \boldsymbol{K}_{43}^{(3)} & \boldsymbol{K}_{44}^{(3)} \end{bmatrix}$$

④求节点外载荷矩阵,列出节点平衡方程式为

杆单元①受三角形载荷引起固端弯矩和固端剪力,在局部坐标系中,固端力矩阵为

$$\overline{\boldsymbol{P}}^{(1)} = \left\{ 0 \quad -\frac{7}{20}ql \quad -\frac{1}{20}ql^2 \quad 0 \quad -\frac{3}{20}ql \quad \frac{1}{30}ql^2 \right\}^{\mathrm{T}}$$

所以等效节点力

$$-\overline{\boldsymbol{P}}^{(1)} = \left\{ 0 \quad \frac{7}{20} \quad \frac{l}{20} \quad 0 \quad \frac{3}{20} \quad -\frac{l}{30} \right\}^{\mathrm{T}} ql$$

经坐标转换后,得

$$-\boldsymbol{T}\,\overline{\boldsymbol{P}}^{(1)}6 = \begin{bmatrix} 0 & 1 & 0 & 0 & 0 & 0 \\ -1 & 0 & 0 & 0 & 0 & 0 \\ 0 & 0 & 1 & 0 & 0 & 0 \\ 0 & 0 & 0 & 0 & 1 & 0 \\ 0 & 0 & 0 & -1 & 0 & 0 \\ 0 & 0 & 0 & 0 & 0 & 1 \end{bmatrix} \left\{ \begin{array}{c} 0 \\ \dfrac{7}{20} \\ \dfrac{l}{20} \\ 0 \\ \dfrac{3}{20} \\ -\dfrac{l}{30} \end{array} \right\} ql = \left\{ \begin{array}{c} \dfrac{7}{20} \\ 0 \\ \dfrac{l}{20} \\ \dfrac{3}{20} \\ 0 \\ -\dfrac{l}{30} \end{array} \right\} ql$$

由此列出节点力的平衡方程式

$$\frac{E}{l}\begin{bmatrix} \frac{12I}{l^2} & 0 & \frac{6I}{l} & -\frac{12I}{l^2} & 0 & \frac{6I}{l} & & & & & & \\ 0 & A & 0 & 0 & -A & 0 & & & & & & \\ \frac{6I}{l} & 0 & 4I & -\frac{6I}{l} & 0 & 2I & & & & & & \\ -\frac{12I}{l^2} & 0 & -\frac{6I}{l} & 2A+\frac{12I}{l^2} & 0 & -\frac{6I}{l} & -2A & 0 & 0 & & & \\ 0 & -A & 0 & 0 & A+\frac{96I}{l^2} & \frac{24I}{l} & 0 & -\frac{96I}{l^2} & \frac{24I}{l} & & & \\ \frac{6I}{l} & 0 & 2I & -\frac{6I}{l} & \frac{24I}{l} & 12I & 0 & -\frac{24I}{l} & 4I & & & \\ & & & -2A & 0 & 0 & 4A & 0 & 0 & -2A & 0 & 0 \\ & & & 0 & -\frac{96I}{l^2} & -\frac{24I}{l} & 0 & \frac{192I}{l^2} & 0 & 0 & -\frac{96I}{l^2} & \frac{24I}{l} \\ & & & 0 & \frac{24I}{l} & 4I & 0 & 0 & 16I & 0 & -\frac{24I}{l} & 4I \\ & & & & & & -2A & 0 & 0 & 2A & 0 & 0 \\ & & & & & & 0 & -\frac{96I}{l^2} & -\frac{24I}{l} & 0 & \frac{96I}{l^2} & -\frac{24I}{l} \\ & & & & & & 0 & \frac{24I}{l} & 4I & 0 & -\frac{24I}{l} & 8I \end{bmatrix}\begin{Bmatrix} u_1 \\ v_1 \\ \theta_1 \\ u_2 \\ v_2 \\ \theta_2 \\ u_3 \\ v_3 \\ \theta_3 \\ u_4 \\ v_4 \\ \theta_4 \end{Bmatrix}=\begin{Bmatrix} R_{x1}+\frac{7ql}{20} \\ R_{y1} \\ M_{R1}+\frac{ql^2}{20} \\ R_{x2}+\frac{3ql}{20} \\ R_{y2} \\ -\frac{ql^2}{30} \\ 0 \\ 2ql \\ 0 \\ 0 \\ R_{y4} \\ 0 \end{Bmatrix}$$

⑤约束处理。因 $u_1=v_1=\theta_1=u_2=v_2=v_3=u_4=0$,故可在刚度矩阵中划去第 1,2,3,4,5,7,8 行和列,将节点 4 的弹性支座刚性系数 k_4 加到总刚度矩阵中的第 4 行的主对角元素中去,经处理后的方程式为

$$\frac{EI}{l}\begin{bmatrix} 12 & -\frac{24}{l} & 4 & 0 & 0 \\ -\frac{24}{l} & \frac{192}{l^2} & 0 & -\frac{96}{l^2} & \frac{24}{l} \\ 4 & 0 & 16 & -\frac{24}{l} & 4 \\ 0 & -\frac{96}{l^2} & -\frac{24}{l} & \frac{96+48}{l^2} & -\frac{24}{l} \\ 0 & \frac{24}{l} & 4 & -\frac{24}{l} & 8 \end{bmatrix}\begin{Bmatrix} \theta_2 \\ v_3 \\ \theta_3 \\ v_4 \\ \theta_4 \end{Bmatrix}=\begin{Bmatrix} -\frac{ql^2}{30} \\ 2ql \\ 0 \\ 0 \\ 0 \end{Bmatrix}$$

解此方程组,即可得节点位移。

5. 用矩阵法计算图 7.9 中之桁架。已知 $l=100$ cm,各杆断面面积均为 $A=10$ cm²,$P=20$ kN,$E=2\times10^5$ N/mm²,求出各杆中的内力,计算时总坐标按图取。

解 ①根据结构的对称性,取右半部分杆系计算内力,这时候铅垂向下的外力 $P_1=\frac{P}{2}$,

杆 1-2 断面面积 $A_1=\frac{A}{2}$。将它离散为 2 个单元,3 个节点,并建立杆单元的局部坐标和结构的总坐标如图 7.9 所示。

②计算杆单元的刚度矩阵

杆单元①

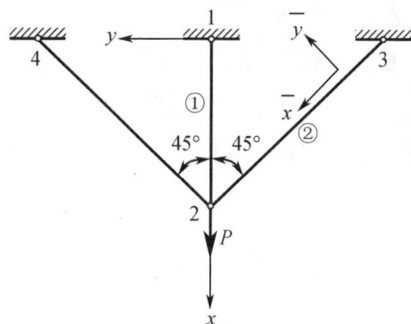

图 7.9

$$\overline{\boldsymbol{K}}^{(1)} = \frac{EA_1}{l}\begin{bmatrix} 1 & 0 & -1 & 0 \\ 0 & 0 & 0 & 0 \\ -1 & 0 & 1 & 0 \\ 0 & 0 & 0 & 0 \end{bmatrix} = \begin{bmatrix} \boldsymbol{K}_{11}^{(1)} & \boldsymbol{K}_{12}^{(1)} \\ \boldsymbol{K}_{21}^{(1)} & \boldsymbol{K}_{22}^{(1)} \end{bmatrix}$$

杆单元②

$$\overline{\boldsymbol{K}}^{(2)} = \frac{EA}{\sqrt{2}\,l}\begin{bmatrix} 1 & 0 & -1 & 0 \\ 0 & 0 & 0 & 0 \\ -1 & 0 & 1 & 0 \\ 0 & 0 & 0 & 0 \end{bmatrix}$$

③对于杆单元②,应进行坐标转换,因局部坐标与总坐标间夹角 $\alpha = 45°$,故由坐标转换矩阵公式得

$$\boldsymbol{T} = \begin{bmatrix} \boldsymbol{t} & 0 \\ 0 & \boldsymbol{t} \end{bmatrix},\boldsymbol{t} = \begin{bmatrix} \cos\dfrac{\pi}{4} & -\sin\dfrac{\pi}{4} \\ \sin\dfrac{\pi}{4} & \cos\dfrac{\pi}{4} \end{bmatrix} = \begin{bmatrix} \dfrac{\sqrt{2}}{2} & -\dfrac{\sqrt{2}}{2} \\ \dfrac{\sqrt{2}}{2} & \dfrac{\sqrt{2}}{2} \end{bmatrix}$$

于是

$$\boldsymbol{K}^{(2)} = \boldsymbol{T}\,\overline{\boldsymbol{K}}^{(2)}\,\boldsymbol{T}^{\mathrm{T}} = \frac{\sqrt{2}}{2}\begin{bmatrix} 1 & -1 & 0 & 0 \\ 1 & 1 & 0 & 0 \\ 0 & 0 & 1 & -1 \\ 0 & 0 & 1 & 1 \end{bmatrix}\frac{EA}{\sqrt{2}\,l}\begin{bmatrix} 1 & 0 & -1 & 0 \\ 0 & 0 & 0 & 0 \\ -1 & 0 & 1 & 0 \\ 0 & 0 & 0 & 0 \end{bmatrix}\frac{\sqrt{2}}{2}\begin{bmatrix} 1 & 1 & 0 & 0 \\ -1 & 1 & 0 & 0 \\ 0 & 0 & 1 & 1 \\ 0 & 0 & -1 & 1 \end{bmatrix}$$

$$= \frac{EA}{2\sqrt{2}\,l}\begin{bmatrix} 1 & 1 & -1 & -1 \\ 1 & 1 & -1 & -1 \\ -1 & -1 & 1 & 1 \\ -1 & -1 & 1 & 1 \end{bmatrix} = \begin{bmatrix} \boldsymbol{K}_{33}^{(2)} & \boldsymbol{K}_{32}^{(2)} \\ \boldsymbol{K}_{23}^{(2)} & \boldsymbol{K}_{22}^{(2)} \end{bmatrix}$$

而

$$\boldsymbol{K}^{(1)} = \overline{\boldsymbol{K}}^{(1)} = \begin{bmatrix} \boldsymbol{K}_{11}^{(1)} & \boldsymbol{K}_{12}^{(1)} \\ \boldsymbol{K}_{21}^{(1)} & \boldsymbol{K}_{22}^{(1)} \end{bmatrix}$$

④根据各杆元刚度矩阵的分块子矩阵,组成结构总刚度矩阵

$$K = \begin{bmatrix} K_{11}^{(1)} & K_{12}^{(1)} & \\ K_{21}^{(1)} & K_{12}^{(1)} + K_{22}^{(2)} & K_{11}^{(2)} \\ & K_{32}^{(2)} & K_{33}^{(2)} \end{bmatrix}$$

$$= \frac{EA}{2l} \begin{bmatrix} 1 & 0 & -1 & 0 & & \\ 0 & 0 & 0 & 0 & & \\ -1 & 0 & 1+\dfrac{1}{\sqrt{2}} & \dfrac{1}{\sqrt{2}} & -\dfrac{1}{\sqrt{2}} & -\dfrac{1}{\sqrt{2}} \\ 0 & 0 & \dfrac{1}{\sqrt{2}} & \dfrac{1}{\sqrt{2}} & -\dfrac{1}{\sqrt{2}} & -\dfrac{1}{\sqrt{2}} \\ & & -\dfrac{1}{\sqrt{2}} & -\dfrac{1}{\sqrt{2}} & \dfrac{1}{\sqrt{2}} & \dfrac{1}{\sqrt{2}} \\ & & -\dfrac{1}{\sqrt{2}} & -\dfrac{1}{\sqrt{2}} & \dfrac{1}{\sqrt{2}} & \dfrac{1}{\sqrt{2}} \end{bmatrix}$$

⑤节点平衡方程式与约束处理

本题中节点位移矩阵为 $\boldsymbol{\delta} = \{u_1, v_1, u_2, v_2, u_3, v_3\}^{\mathrm{T}}$，因 $u_1 = v_1 = u_3 = v_3 = 0$，$v_2 = 0$ 所以在总刚度矩阵中划去 1,2,4,5,6 列，经过约束处理以后得

$$\left(1+\frac{1}{\sqrt{2}}\right)\frac{EA}{2l}u_2 = \frac{P}{2}$$

由此解得

$$u_2 = \frac{P}{\left(1+\dfrac{1}{\sqrt{2}}\right)l}$$

⑥计算各杆单元对自身坐标系的端面力(kN)

杆单元①

$$\begin{Bmatrix} \overline{T}_{x1}^{(1)} \\ \overline{T}_{y1}^{(1)} \\ \overline{T}_{x2}^{(1)} \\ \overline{T}_{y2}^{(1)} \end{Bmatrix} = \frac{EA}{2l}\begin{bmatrix} 1 & 0 & -1 & 0 \\ 0 & 0 & 0 & 0 \\ -1 & 0 & 1 & 0 \\ 0 & 0 & 0 & 0 \end{bmatrix}\begin{Bmatrix} 0 \\ 0 \\ u_2 \\ 0 \end{Bmatrix} = \frac{EA}{2l}\begin{Bmatrix} -u_2 \\ 0 \\ u_2 \\ 0 \end{Bmatrix} = \frac{P}{2\left(1+\dfrac{1}{\sqrt{2}}\right)}\begin{Bmatrix} -1 \\ 0 \\ 1 \\ 0 \end{Bmatrix}$$

故杆 1-2 的内力为

$$2\frac{P}{2\left(1+\dfrac{1}{\sqrt{2}}\right)} = 0.586P = 0.586 \times 20 = 11.72 \text{ kN}$$

杆单元②

$$\begin{Bmatrix} \overline{u}_2 \\ \overline{v}_2 \end{Bmatrix} = \boldsymbol{t}^{-1}\begin{Bmatrix} u_2 \\ v_2 \end{Bmatrix} = \frac{1}{\sqrt{2}}\begin{bmatrix} 1 & 1 \\ -1 & 1 \end{bmatrix}\begin{Bmatrix} u_2 \\ 0 \end{Bmatrix} = \frac{1}{\sqrt{2}}\begin{Bmatrix} u_2 \\ -u_2 \end{Bmatrix}$$

$$\begin{Bmatrix} \overline{T}_{x3}^{(2)} \\ \overline{T}_{y3}^{(2)} \\ \overline{T}_{x2}^{(2)} \\ \overline{T}_{y2}^{(2)} \end{Bmatrix} = \frac{EA}{\sqrt{2}l}\begin{bmatrix} 1 & 0 & -1 & 0 \\ 0 & 0 & 0 & 0 \\ -1 & 0 & 1 & 0 \\ 0 & 0 & 0 & 0 \end{bmatrix}\begin{Bmatrix} 0 \\ 0 \\ u_2/\sqrt{2} \\ -u_2/\sqrt{2} \end{Bmatrix} = \frac{P}{2\left(1+\frac{1}{\sqrt{2}}\right)}\begin{Bmatrix} -1 \\ 0 \\ 1 \\ 0 \end{Bmatrix}$$

故杆 2 – 3 的内力为

$$\frac{P}{2\left(1+\frac{1}{\sqrt{2}}\right)} = \frac{10}{1+\frac{1}{\sqrt{2}}} = 5.86 \text{ kN}$$

6. 图 7.10 为一简单可动节点刚架 $l_{12} = 200$ cm，$l_{23} = 231$ cm，$I_{12} = I_{23} = 140$ cm^4，$A_{12} = A_{23} = 12$ cm^2，$P = 60$ kN，$E = 2 \times 10^5$ N/mm^2，用矩阵法求出经约束处理以后的平衡方程式。计算时总坐标按图取，杆 1 – 2 取为杆元①，杆 2 – 3 取为杆元②。

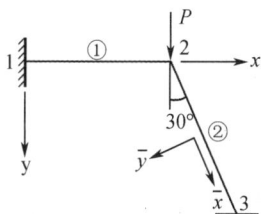

图 7.10

解　①根据结构的受力特点，将它离散为 2 个单元，3 个节点，并建立杆单元的局部坐标和结构的总坐标如图 7.10 所示。

②计算杆单元的刚度矩阵

杆单元①

$$\overline{\boldsymbol{K}}^{(1)} = \frac{E}{l_0}\begin{bmatrix} A & 0 & 0 & -A & 0 & 0 \\ 0 & \dfrac{12I}{l_0^2} & \dfrac{6I}{l_0} & 0 & -\dfrac{12I}{l_0^2} & \dfrac{6I}{l_0} \\ 0 & \dfrac{6I}{l_0} & 4I & 0 & -\dfrac{6I}{l_0} & 2I \\ -A & 0 & 0 & A & 0 & 0 \\ 0 & -\dfrac{12I}{l_0^2} & -\dfrac{6I}{l_0} & 0 & \dfrac{12I}{l_0^2} & -\dfrac{6I}{l_0} \\ 0 & \dfrac{6I}{l_0} & 2I & 0 & -\dfrac{6I}{l_0} & 4I \end{bmatrix} = \boldsymbol{K}^{(1)} = \begin{bmatrix} \boldsymbol{K}_{11}^{(1)} & \boldsymbol{K}_{12}^{(1)} \\ \boldsymbol{K}_{21}^{(1)} & \boldsymbol{K}_{22}^{(1)} \end{bmatrix}$$

$$\boldsymbol{K}_{22}^{(1)} = \frac{E}{l_0}\begin{bmatrix} 12 & 0 & 0 \\ 0 & 0.042 & -4.2 \\ 0 & -4.2 & 560 \end{bmatrix}$$

杆单元②

$$\overline{\boldsymbol{K}}^{(2)} = \frac{E}{\beta l_0} \begin{bmatrix} A & 0 & 0 & -A & 0 & 0 \\ 0 & \dfrac{12I}{(\beta l_0)^2} & \dfrac{6I}{\beta l_0} & 0 & -\dfrac{12I}{(\beta l_0)^2} & \dfrac{6I}{\beta l_0} \\ 0 & \dfrac{6I}{\beta l_0} & 4I & 0 & -\dfrac{6I}{\beta l_0} & 2I \\ -A & 0 & 0 & A & 0 & 0 \\ 0 & -\dfrac{12I}{(\beta l_0)^2} & -\dfrac{6I}{\beta l_0} & 0 & \dfrac{12I}{(\beta l_0)^2} & -6\dfrac{6I}{\beta l_0} \\ 0 & \dfrac{6I}{\beta l_0} & 2I & 0 & -\dfrac{6I}{\beta l_0} & 4I \end{bmatrix}$$

$$= \begin{bmatrix} \overline{\boldsymbol{K}}_{22}^{(2)} & \overline{\boldsymbol{K}}_{23}^{(2)} \\ \overline{\boldsymbol{K}}_{32}^{(2)} & \overline{\boldsymbol{K}}_{33}^{(2)} \end{bmatrix} \beta = \frac{l_{23}}{l_{12}} = \frac{231}{200} = 1.155, l_{12} = l_0$$

③对于杆单元②,应进行坐标转换,因局部坐标与总坐标间夹角 $\alpha = 60°$,故由坐标转换矩阵公式得

$$\boldsymbol{T} = \begin{bmatrix} \boldsymbol{t} & 0 \\ 0 & \boldsymbol{t} \end{bmatrix}, \boldsymbol{t} = \begin{bmatrix} \cos\dfrac{\pi}{3} & -\sin\dfrac{\pi}{3} & 0 \\ \sin\dfrac{\pi}{3} & \cos\dfrac{\pi}{3} & 0 \\ 0 & 0 & 1 \end{bmatrix} = \begin{bmatrix} \dfrac{1}{2} & -\dfrac{\sqrt{3}}{2} & 0 \\ \dfrac{\sqrt{3}}{2} & \dfrac{1}{2} & 0 \\ 0 & 0 & 1 \end{bmatrix}$$

于是将子矩阵 $\overline{\boldsymbol{K}}_{22}^{(2)}$ 转换到总坐标下

$$\boldsymbol{K}_{22}^{(2)} = \boldsymbol{T}\,\overline{\boldsymbol{K}}_{22}^{(2)}\,\boldsymbol{T}^{\mathrm{T}} = \frac{E}{2\beta l_0} \begin{bmatrix} 1 & -\sqrt{3} & 0 \\ \sqrt{3} & 1 & 0 \\ 0 & 0 & 1 \end{bmatrix} \begin{bmatrix} A & 0 & 0 \\ 0 & \dfrac{12I}{(\beta l_0)^2} & \dfrac{6I}{\beta l_0} \\ 0 & \dfrac{6I}{\beta l_0} & 4I \end{bmatrix} \frac{1}{2} \begin{bmatrix} 1 & \sqrt{3} & 0 \\ -\sqrt{3} & 1 & 0 \\ 0 & 0 & 1 \end{bmatrix}$$

$$= \frac{E}{l_0} \begin{bmatrix} 2.618 & 4.487 & -1.363 \\ 4.487 & 4.62 & 0.787 \\ -1.363 & 0.787 & 121.2 \end{bmatrix}$$

由于 $u_1 = v_1 = \theta_{z1} = u_3 = v_3 = \theta_{z3} = 0$,在总刚度矩阵中划去 1、2、3、7、8、9 行和列,经过约束处理后得

$$\frac{E}{l_0} \begin{bmatrix} 14.618 & 4.487 & -1.363 \\ 4.487 & 4.662 & -3.413 \\ -1.363 & -3.413 & 681.2 \end{bmatrix} \begin{Bmatrix} u_2 \\ v_2 \\ \theta_{z2} \end{Bmatrix} = \begin{Bmatrix} 0 \\ P \\ 0 \end{Bmatrix}$$

7. 图 7.11 所示的双跨梁结构 $l_{12} = l_{23} = l$,刚度为 EI,节点 3 为弹性支座(刚度为 K),单元和节点编号如图所示,采用平面弯曲杆单元,基于矩阵法解答下列问题:

①写出结构总刚度矩阵;

②写出以矩阵形式表示的节点总平衡方程式;

③对节点平衡方程式进行约束处理,写出经约束处理后的方程式。

解 ①根据结构的受力特点,将它离散为 2 个单元,3 个节点。

②计算杆单元的刚度矩阵

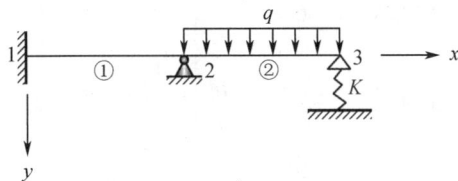

图 7.11

$$\boldsymbol{K}^{(1)} = \frac{EI}{l}\begin{bmatrix} \dfrac{12}{l^2} & \dfrac{6}{l} & -\dfrac{12}{l^2} & \dfrac{6}{l} \\ \dfrac{6}{l} & 4 & -\dfrac{6}{l} & 2 \\ -\dfrac{12}{l^2} & -\dfrac{6}{l} & \dfrac{12}{l^2} & -\dfrac{6}{l} \\ \dfrac{6}{l} & 2 & -\dfrac{6}{l} & 4 \end{bmatrix} = \begin{bmatrix} \boldsymbol{K}_{11}^{(1)} & \boldsymbol{K}_{12}^{(1)} \\ \boldsymbol{K}_{21}^{(1)} & \boldsymbol{K}_{22}^{(1)} \end{bmatrix} = \boldsymbol{K}^{(2)} = \begin{bmatrix} \boldsymbol{K}_{22}^{(2)} & \boldsymbol{K}_{23}^{(2)} \\ \boldsymbol{K}_{32}^{(2)} & \boldsymbol{K}_{33}^{(2)} \end{bmatrix}$$

③根据各杆元刚度矩阵的分块子矩阵,组成结构总刚度矩阵

$$\boldsymbol{K} = \begin{bmatrix} \boldsymbol{K}_{11}^{(1)} & \boldsymbol{K}_{12}^{(1)} & \\ \boldsymbol{K}_{21}^{(1)} & \boldsymbol{K}_{12}^{(1)} + \boldsymbol{K}_{22}^{(2)} & \boldsymbol{K}_{23}^{(2)} \\ & \boldsymbol{K}_{32}^{(2)} & \boldsymbol{K}_{33}^{(2)} \end{bmatrix} = \frac{EI}{l}\begin{bmatrix} \dfrac{12}{l^2} & \dfrac{6}{l} & -\dfrac{12}{l^2} & \dfrac{6}{l} & 0 & 0 \\ \dfrac{6}{l} & 4 & -\dfrac{6}{l} & 2 & 0 & 0 \\ -\dfrac{12}{l^2} & -\dfrac{6}{l} & \dfrac{24}{l^2} & 0 & -\dfrac{12}{l^2} & \dfrac{6}{l} \\ \dfrac{6}{l} & 2 & 0 & 8 & -\dfrac{6}{l} & 2 \\ 0 & 0 & -\dfrac{12}{l^2} & -\dfrac{6}{l} & \dfrac{12}{l^2} & -\dfrac{6}{l} \\ 0 & 0 & \dfrac{6}{l} & 2 & -\dfrac{6}{l} & 4 \end{bmatrix}$$

④节点平衡方程式

$$\frac{EI}{l}\begin{bmatrix} \dfrac{12}{l^2} & \dfrac{6}{l} & -\dfrac{12}{l^2} & \dfrac{6}{l} & 0 & 0 \\ \dfrac{6}{l} & 4 & -\dfrac{6}{l} & 2 & 0 & 0 \\ -\dfrac{12}{l^2} & -\dfrac{6}{l} & \dfrac{24}{l^2} & 0 & -\dfrac{12}{l^2} & \dfrac{6}{l} \\ \dfrac{6}{l} & 2 & 0 & 8 & -\dfrac{6}{l} & 2 \\ 0 & 0 & -\dfrac{12}{l^2} & -\dfrac{6}{l} & \dfrac{12}{l^2} & -\dfrac{6}{l} \\ 0 & 0 & \dfrac{6}{l} & 2 & -\dfrac{6}{l} & 4 \end{bmatrix}\begin{Bmatrix} v_1 \\ \theta_1 \\ v_2 \\ \theta_2 \\ v_3 \\ \theta_3 \end{Bmatrix} = \begin{Bmatrix} R_1 \\ M_{R1} \\ R_2 + \dfrac{ql}{2} \\ \dfrac{ql^2}{12} \\ \dfrac{ql}{2} - \dfrac{v_3}{A} \\ -\dfrac{ql^2}{12} \end{Bmatrix}$$

⑤约束处理。因 $v_1 = \theta_1 = v_2 = 0$,故可在总刚度矩阵中划去第 1,2,3 行和列,经处理后的方程式为

$$\frac{EI}{l}\begin{bmatrix} 8 & -\dfrac{6}{l} & 2 \\[2mm] -\dfrac{6}{l} & \dfrac{12}{l^2} & -\dfrac{6}{l} \\[2mm] 2 & -\dfrac{6}{l} & 4 \end{bmatrix} \begin{Bmatrix} \theta_2 \\[1mm] v_3 \\[1mm] \theta_3 \end{Bmatrix} = \begin{Bmatrix} \dfrac{ql^2}{12} \\[2mm] \dfrac{ql}{2} - Kv_3 \\[2mm] -\dfrac{ql^2}{12} \end{Bmatrix}$$

将节点 3 的弹性支座柔性系数 A 加到刚度矩阵中的第 2 行的第 2 个元素中去,即得

$$\frac{EI}{l}\begin{bmatrix} 8 & -\dfrac{6}{l} & 2 \\[2mm] -\dfrac{6}{l} & \dfrac{12}{l^2} + \dfrac{l}{EI}K & -\dfrac{6}{l} \\[2mm] 2 & -\dfrac{6}{l} & 4 \end{bmatrix} \begin{Bmatrix} \theta_2 \\[1mm] v_3 \\[1mm] \theta_3 \end{Bmatrix} = \begin{Bmatrix} \dfrac{ql^2}{12} \\[2mm] \dfrac{ql}{2} \\[2mm] -\dfrac{ql^2}{12} \end{Bmatrix}$$

8. 设有一简单板架,主向梁与交叉构件两端均为自由支持,如图 7.12(a) 所示。已知 $a = 2$ m,$b = 1.25a = 2.5$ m,$i = 4\ 000$ cm^4,$I = 4i = 16\ 000$ cm^4,板架上受均布载荷。用矩阵法计算时按图中所规定的节点,单元及总坐标系统求出:

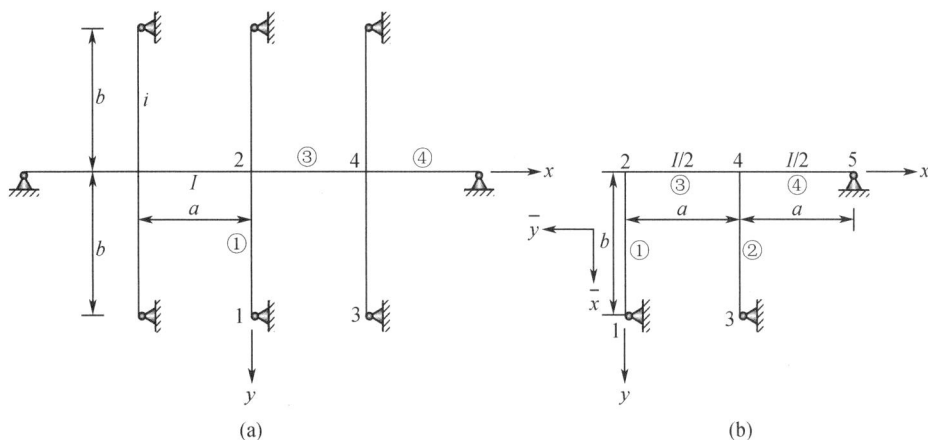

图 7.12

① 杆元① 及③ 的单元刚度矩阵 $\boldsymbol{K}^{(1)}$ 及 $\boldsymbol{K}^{(3)}$;

② 用分割子矩阵的形式组成此板架结构的结构刚度矩阵。计算时不计杆元的扭转,并利用对称条件考虑板架的 1/4。

解 ① 由板架的对称性,故取 1/4 的板架来求解。将此板架离散为 4 个杆元,5 个节点,并建立各杆元的局部坐标及板架的总坐标,如图 7.12(b)(图中杆元③,④ 的局部坐标与总坐标一致)。

② 计算各杆元的刚度矩阵。因本题不计杆元的扭转变形,故可将杆的扭转惯性矩 J_x 输入一个大数,如 10^8。

对于杆元①

$$\overline{\boldsymbol{K}}^{(1)} = \frac{E\left(\dfrac{i}{2}\right)}{b} \begin{bmatrix} 10^8 & 0 & 0 & -10^8 & 0 & 0 \\ 0 & 4 & -\dfrac{6}{b} & 0 & 2 & \dfrac{6}{b} \\ 0 & -\dfrac{6}{b} & \dfrac{12}{b^2} & 0 & -\dfrac{6}{b} & -\dfrac{12}{b^2} \\ -10^8 & 0 & 0 & 10^8 & 0 & 0 \\ 0 & 2 & -\dfrac{6}{b} & 0 & 4 & \dfrac{6}{b} \\ 0 & \dfrac{6}{b} & -\dfrac{12}{b^2} & 0 & \dfrac{6}{b} & \dfrac{12}{b^2} \end{bmatrix}$$

对于杆元③

$$\overline{\boldsymbol{K}}^{(3)} = \frac{E\left(\dfrac{I}{2}\right)}{a} \begin{bmatrix} 10^8 & 0 & 0 & -10^8 & 0 & 0 \\ 0 & 4 & -\dfrac{6}{a} & 0 & 2 & \dfrac{6}{a} \\ 0 & -\dfrac{6}{a} & \dfrac{12}{a^2} & 0 & -\dfrac{6}{a} & -\dfrac{12}{a^2} \\ -10^8 & 0 & 0 & 10^8 & 0 & 0 \\ 0 & 2 & -\dfrac{6}{a} & 0 & 4 & \dfrac{6}{a} \\ 0 & \dfrac{6}{a} & -\dfrac{12}{a^2} & 0 & \dfrac{6}{a} & \dfrac{12}{a^2} \end{bmatrix}$$

③对于杆元①,应进行坐标转换,因局部坐标和总坐标间夹角 $\alpha = 90°$ 故由坐标转换矩阵公式得

$$\boldsymbol{T} = \begin{bmatrix} 0 & -1 & 0 & 0 & 0 & 0 \\ 1 & 0 & 0 & 0 & 0 & 0 \\ 0 & 0 & 1 & 0 & 0 & 0 \\ 0 & 0 & 0 & 0 & -1 & 0 \\ 0 & 0 & 0 & 1 & 0 & 0 \\ 0 & 0 & 0 & 0 & 0 & 1 \end{bmatrix}$$

于是

$$\boldsymbol{K}^{(1)} = \boldsymbol{T}\overline{\boldsymbol{K}}^{(1)}\boldsymbol{T}^{\mathrm{T}}$$

$$= \begin{bmatrix} 0 & -1 & 0 & & & \\ 1 & 0 & 0 & & 0 & \\ 0 & 0 & 1 & & & \\ & & & 0 & -1 & 0 \\ & 0 & & 1 & 0 & 0 \\ & & & 0 & 0 & 1 \end{bmatrix} \frac{E\left(\dfrac{i}{2}\right)}{b} \begin{bmatrix} 10^8 & 0 & 0 & -10^8 & 0 & 0 \\ 0 & 4 & -\dfrac{6}{b} & 0 & 2 & \dfrac{6}{b} \\ 0 & -\dfrac{6}{b} & \dfrac{12}{b^2} & 0 & -\dfrac{6}{b} & -\dfrac{12}{b^2} \\ -10^8 & 0 & 0 & 10^8 & 0 & 0 \\ 0 & 2 & -\dfrac{6}{b} & 0 & 4 & \dfrac{6}{b} \\ 0 & \dfrac{6}{b} & -\dfrac{12}{b^2} & 0 & \dfrac{6}{b} & \dfrac{12}{b^2} \end{bmatrix} \begin{bmatrix} 0 & 1 & 0 & & & \\ -1 & 0 & 0 & & 0 & \\ 0 & 0 & 1 & & & \\ & & & 0 & 1 & 0 \\ & 0 & & -1 & 0 & 0 \\ & & & 0 & 0 & 1 \end{bmatrix}$$

$$
= \frac{Ei}{2b} \begin{bmatrix} 4 & 0 & \dfrac{6}{b} & 2 & 0 & -\dfrac{6}{b} \\ 0 & 10^8 & 0 & 0 & -10^8 & 0 \\ \dfrac{6}{b} & 0 & \dfrac{12}{b^2} & \dfrac{6}{b} & 0 & -\dfrac{12}{b^2} \\ 2 & 0 & \dfrac{6}{b} & 4 & 0 & -\dfrac{6}{b} \\ 0 & -10^8 & 0 & 0 & 10^8 & 0 \\ -\dfrac{6}{b} & 0 & -\dfrac{12}{b^2} & -\dfrac{6}{b} & 0 & \dfrac{12}{b^2} \end{bmatrix}
$$

④形成的总刚度矩阵。将各单元刚度矩阵的子矩阵组成总刚度矩阵

$$
K = \begin{bmatrix} K_{11}^{(1)} & K_{12}^{(1)} & 0 & 0 & 0 \\ K_{21}^{(1)} & K_{22}^{(1)}+K_{22}^{(3)} & 0 & K_{24}^{(3)} & 0 \\ 0 & 0 & K_{33}^{(2)} & K_{34}^{(3)} & 0 \\ 0 & K_{42}^{(3)} & K_{42}^{(2)} & K_{44}^{(3)}+K_{42}^{(2)}+K_{44}^{(4)} & K_{45}^{(4)} \\ 0 & 0 & 0 & K_{54}^{(4)} & K_{55}^{(3)} \end{bmatrix}
$$

9. 用矩阵法计算图 7.12 所示平面板架中 AB 梁在 E 点剖面的弯矩和剪力。设梁 AB 和 CD 正交于 E 点。两梁长度均为 $2l$,剖面惯性矩均为 $2I$,弹性模量均为 E,AB 梁能承受的垂直于板架平面的均布荷重为 $2q$,计算时可不考虑两梁的抗扭刚度。

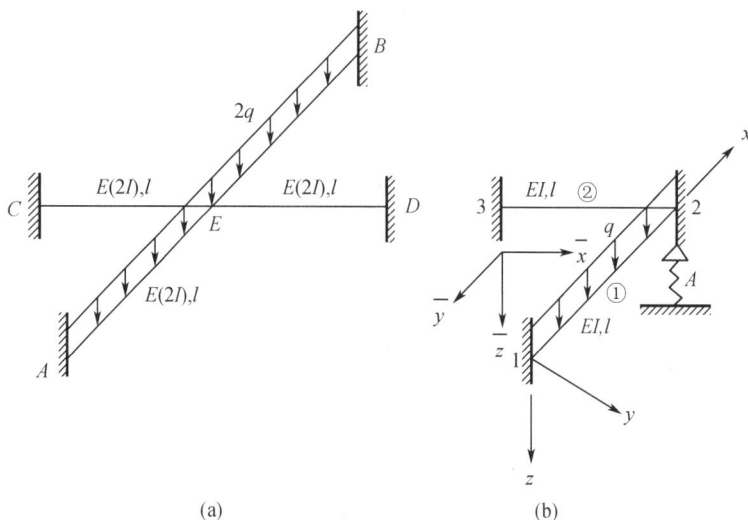

图 7.12

解 ①由板架的对称性,故取 1/4 的板架来求解。将此板架离散为 2 个杆元,3 个节点,并建立各杆元的局部坐标及板架的总坐标,如图 7.12(b)(图中杆元 1 的局部坐标与总坐标一致),有关尺寸、外荷重取一半。杆 CD 作为杆 AB 的弹性支座求得弹性支座的柔性系数:$A = \dfrac{l^3}{24EI}$。

②计算各杆元的刚度矩阵。因本题不计杆元的扭转变形,故可将杆的扭转惯性矩 J_x 输入一个大数,如 10^8。

对于杆元①和②,

$$\overline{K}^{(1)}=\overline{K}^{(2)}=\frac{EI}{l}\begin{bmatrix}10^8 & 0 & 0 & -10^8 & 0 & 0\\0 & 4 & -\dfrac{6}{l} & 0 & 2 & \dfrac{6}{l}\\0 & -\dfrac{6}{l} & \dfrac{12}{l^2} & 0 & -\dfrac{6}{l} & -\dfrac{12}{l^2}\\-10^8 & 0 & 0 & 10^8 & 0 & 0\\0 & 2 & -\dfrac{6}{l} & 0 & 4 & \dfrac{6}{l}\\0 & \dfrac{6}{l} & -\dfrac{12}{l^2} & 0 & \dfrac{6}{l} & \dfrac{12}{l^2}\end{bmatrix}$$

$$=\begin{bmatrix}K_{11}^{(1)} & K_{12}^{(1)}\\K_{21}^{(1)} & K_{22}^{(1)}\end{bmatrix}=\begin{bmatrix}\overline{K}_{33}^{(2)} & \overline{K}_{32}^{(2)}\\\overline{K}_{23}^{(2)} & \overline{K}_{22}^{(2)}\end{bmatrix}$$

③对于杆元②,应进行坐标转换,因局部坐标和总坐标间夹角 $\alpha=90°$ 故由坐标转换矩阵公式得

$$t=\begin{bmatrix}0 & -1 & 0\\1 & 0 & 0\\0 & 0 & 1\end{bmatrix}$$

于是

$$K_{22}^{(2)}=t\,\overline{K}_{22}^{(2)}\,t^{\mathrm{T}}=\begin{bmatrix}0 & -1 & 0\\1 & 0 & 0\\0 & 0 & 1\end{bmatrix}\frac{EI}{l}\begin{bmatrix}10^8 & 0 & 0\\0 & 4 & \dfrac{6}{l}\\0 & \dfrac{6}{l} & \dfrac{12}{l^2}\end{bmatrix}\begin{bmatrix}0 & 1 & 0\\-1 & 0 & 0\\0 & 0 & 1\end{bmatrix}$$

$$=\frac{EI}{l}\begin{bmatrix}4 & 0 & -\dfrac{6}{l}\\0 & 10^8 & 0\\-\dfrac{6}{l} & 0 & \dfrac{12}{l^2}\end{bmatrix}K_{22}^{(1)}+K_{22}^{(2)}=\frac{EI}{l}\begin{bmatrix}4 & 0 & -\dfrac{6}{l}\\0 & 4 & \dfrac{6}{l}\\-\dfrac{6}{l} & \dfrac{6}{l} & \dfrac{24}{l^2}\end{bmatrix}$$

④形成板架的总刚度矩阵

$$K=\begin{bmatrix}K_{11}^{(1)} & K_{12}^{(1)} & \\K_{21}^{(1)} & K_{22}^{(1)}+K_{22}^{(2)} & K_{23}^{(2)}\\ & K_{32}^{(2)} & K_{33}^{(2)}\end{bmatrix}$$

⑤约束处理

由于 $\delta_1=\delta_3=0$,故划去 δ_1、δ_3 所在的行和列,得

$$[K_{22}^{(1)}+K_{22}^{(2)}]\delta_2=P_2$$

即

$$\frac{EI}{l}\begin{bmatrix} 4 & 0 & -\dfrac{6}{l} \\[2mm] 0 & 4 & \dfrac{6}{l} \\[2mm] -\dfrac{6}{l} & \dfrac{6}{l} & \dfrac{24}{l^2} \end{bmatrix}\begin{Bmatrix} \theta_{x2} \\ \theta_{y2} \\ \omega_2 \end{Bmatrix}=\begin{Bmatrix} P_{x2} \\ P_{y2} \\ P_{z2} \end{Bmatrix}$$

变形的对称性可知

$$\theta_{x2}=\theta_{y2}=0$$

于是

$$\frac{EI}{l}\left(\frac{24}{l^2}\right)\omega_2=P_{z2}=-\left(-\frac{ql}{2}\right)=\frac{ql}{2}$$

解得

$$\omega_2=\frac{ql^4}{48EI}$$

⑥计算①单元杆端力

$$\begin{Bmatrix} M_{y1} \\ N_{z1} \\ M_{z2} \\ N_{z2} \end{Bmatrix}=\frac{EI}{l}\begin{bmatrix} 4 & -\dfrac{6}{l} & 2 & \dfrac{6}{l} \\[2mm] -\dfrac{6}{l} & \dfrac{12}{l^2} & -\dfrac{6}{l} & -\dfrac{12}{l^2} \\[2mm] 2 & -\dfrac{6}{l} & 4 & \dfrac{6}{l} \\[2mm] \dfrac{6}{l} & -\dfrac{12}{l^2} & \dfrac{6}{l} & \dfrac{12}{l^2} \end{bmatrix}\begin{Bmatrix} 0 \\ 0 \\ 0 \\ \omega_2 \end{Bmatrix}+\begin{Bmatrix} \dfrac{ql^2}{12} \\[2mm] -\dfrac{ql}{2} \\[2mm] -\dfrac{ql^2}{12} \\[2mm] -\dfrac{ql}{2} \end{Bmatrix}=\begin{Bmatrix} \dfrac{5}{24}ql^2 \\[2mm] -\dfrac{3}{4}ql \\[2mm] \dfrac{1}{24}ql^2 \\[2mm] -\dfrac{1}{4}ql \end{Bmatrix}$$

⑦AB 梁在 E 点剖面的弯矩和剪力

$$\begin{Bmatrix} M_y^E \\ N_y^E \end{Bmatrix}=\begin{Bmatrix} \dfrac{ql^2}{12} \\[2mm] -\dfrac{ql}{2} \end{Bmatrix}$$

第8章 矩形板的弯曲理论

8.1 内 容 精 要

（1）本章研究船体结构中矩形薄平板的弯曲问题。要求在给定板的尺度、材料、边界条件及外荷重时能求出板的应力与变形。所用的方法有微分方程式的积分法能量法及有限元法。

作用于船体平板的荷重有两类，一是垂直于板平面的荷重（横荷重）；二是作用于板中面的荷重（中面荷重）。由于薄板的弯曲刚度很小，所以当板弯曲时因四周支座的约束作用也会产生中面拉力，这一特点应予以注意。

如果板上只受横荷重而无中面荷重或中面荷重很小而可以不计，则此种板称为刚性板。如果板上有横荷重又有中面荷重（外加的或因板弯曲引起的中面拉力），则板处于复杂弯曲状态，此种板称为柔性板。

（2）筒形弯曲是矩形板弯曲的一个特例。此时可在板的中部沿短边取出单位宽度的板条梁来研究，因此板的筒形弯曲问题实质上是梁的弯曲问题。在具体计算时，用板的筒形刚度 D 来代替普通梁的弯曲刚度 EI，则梁的弯曲微分方程式及弯曲要素表的结果均可用于筒形弯曲中的板条梁。据此：

①对于刚性板的横弯曲，可直接利用梁的弯曲要素表计算；

②对于柔性板的复杂弯曲，即板上横荷重及外加中面力，可直接利用染复杂弯曲的弯曲要素表计算；

③当板有横荷重并因挠度较大（$\omega_{max} > 0.2t$）而产生有中面拉力，先根据参数 U 求出中面力的大小，再用梁复杂弯曲要素表求解。

（3）对于结构形式及荷重比较复杂的板，如非自由支持边界，板上受任意横荷重或板上有加强筋等情况，可用能量法（李兹法）来求解。先根据坐标选取一个满足板边位移条件的基函数，并将板的挠曲面写成

$$\omega(x,y) = \sum_m \sum_n A_{mn}\varphi_m(x)\psi_n(y)$$

再计算结构的应变能 V 及力函数 U。如果板上有加强筋，则需计入加强筋的弯曲应变能，如果板有弹性支座或弹性固定端，还应加上它们的应变能。所有这些应变能都应表达为 ω 的函数。

板的力函数为板上外荷重与相应的同方向的位移的乘积之和，注意不同荷重（集中力、集中弯矩、分布荷重、分布弯矩）及其方向，并要能正确写出相应于这些荷重的位移式子。

组成方程式

$$\frac{\partial(V-U)}{\partial A_{mn}} = 0, m = 1,2,3\cdots, n = 1,2,3,\cdots$$

解出 A_{mn} 即可求出 $\omega(x,y)$。

（4）一般的船体板为甲板板、内底板及外底板均可视为四周刚性固定且受均布荷重的矩形板,因此熟悉这种板的应力计算公式是重要的。计算时要注意板上不同位置处（板边或跨中,上表面或下表面）的应力方向。

8.2　常用知识点

（1）薄板:厚度 t 与板短边 b 的比值在以下范围内: $\left(\dfrac{1}{100}\sim\dfrac{1}{80}\right)<\dfrac{t}{b}<\left(\dfrac{1}{8}\sim\dfrac{1}{5}\right)$。

（2）薄板弯曲有 9 个非零变量: $\boldsymbol{\sigma}=(\sigma_x,\sigma_y,\tau_{xy},\tau_{yz},\tau_{xz})^{\mathrm{T}},\boldsymbol{\varepsilon}=(\varepsilon_x,\varepsilon_y,\gamma_{xy})^{\mathrm{T}},\omega$。

（3）应力 - 应变关系（物理方程式）为

$$\begin{cases}\varepsilon_x=\dfrac{1}{E}(\sigma_x-\mu\sigma_y)\\[2mm]\varepsilon_y=\dfrac{1}{E}(\sigma_y-\mu\sigma_x)\\[2mm]\gamma_{xy}=\dfrac{1}{G}\tau_{xy}\end{cases}$$

（4）板发生筒形弯曲的条件:① 板的边长比相当大($\geqslant2.5\sim3$);②外载荷沿长边不变化。

（5）板条梁弯曲计算与复杂弯曲

$$E_1=\frac{E}{1-\mu^2},D=E_1I=\frac{Et^3}{12(1-\mu^2)}$$

船体板

$$\mu=0.3,E=2\times10^5,D=1.83\times10^4t^3$$

最大弯曲正应力

$$\sigma_{x,\max}=\frac{6M_{\max}}{t^2}$$

板条梁的最大总应力

$$\sigma_{\max}=\sigma_0+\frac{6M_{\max}}{t^2}$$

（6）筒形板的大挠度弯曲

$$U=\left[\frac{E}{(1-\mu^2)q}\right]^2\left(\frac{t}{l}\right)^8$$

U 和 u 关系可查表得到,从而求出板的中面力

$$T=\frac{4u^2D}{l^2}$$

当板的柔性系数大且外力大时, U 就小,这时 u 就大,中面拉力 T 大;板的柔性系数小且外力小时, U 就大,这时 u 就小,中面拉力 T 小。

当板条梁荷重仅为横向荷重时的最大挠度小于板厚的 $\dfrac{1}{5}$ 时,不必考虑弯曲产生的中面力。

（7）板的分类

①刚性板：中面力对弯曲要素可以忽略不计的板，当板为小挠度变形（$\frac{\omega_{max}}{t}<1/5$）或同时还受有外加中面力但 $u\leqslant0.5$ 时，均为刚性板。

②柔性板：中面力对弯曲要素不可忽略的板，有外加中面力的小挠度板，但 $u>0.5$ 或无外加中面力的板但 $\frac{\omega_{max}}{t}>\frac{1}{5}$ 者均为柔性板。

③薄膜：板的中面力远较弯曲力为大，板主要靠中面拉力承载，船体结构中丧失稳定性后的板有此性质。

（8）刚性板弯曲

①基本假定

a.直法线假定。板变形前垂直于中面的法线在变形后仍为直线，并且变形前在中面法线上的点在变形后距中面的距离不变。

b.板在 z 方向的正应力与其他应力分量相比可以忽略不计，即 $\sigma_z\approx0$。

c.不计板中面变形。

②板弯曲时应变与位移间的关系

$$\begin{Bmatrix}\varepsilon_x\\\varepsilon_y\\\gamma_{xy}\end{Bmatrix}=-z\begin{Bmatrix}\dfrac{\partial^2\omega}{\partial x^2}\\\dfrac{\partial^2\omega}{\partial y^2}\\2\dfrac{\partial^2\omega}{\partial x\partial y}\end{Bmatrix}=z\,\boldsymbol{\chi}$$

式中，$\boldsymbol{\chi}$ 为应变矢量。

③应力与位移关系

$$\begin{cases}\sigma_x=-\dfrac{Ez}{1-\mu^2}\left(\dfrac{\partial^2\omega}{\partial x^2}+\mu\dfrac{\partial^2\omega}{\partial y^2}\right)\\[3mm]\sigma_y=-\dfrac{Ez}{1-\mu^2}\left(\dfrac{\partial^2\omega}{\partial y^2}+\mu\dfrac{\partial^2\omega}{\partial x^2}\right)\\[3mm]\tau_{xy}=-\dfrac{Ez}{1-\mu^2}\cdot\dfrac{\partial^2\omega}{\partial x\partial y}\end{cases}$$

④外力与位移关系

$$\begin{Bmatrix}M_x\\M_y\\M_{xy}\end{Bmatrix}=\boldsymbol{D\chi}=\dfrac{Et^3}{12(1-\mu^2)}\begin{bmatrix}1&\mu&0\\\mu&1&0\\0&0&\dfrac{1-\mu}{2}\end{bmatrix}\begin{Bmatrix}-\dfrac{\partial^2\omega}{\partial x^2}\\[2mm]-\dfrac{\partial^2\omega}{\partial y^2}\\[2mm]-2\dfrac{\partial^2\omega}{\partial x\partial y}\end{Bmatrix}$$

$$\begin{cases}N_x=-D\left(\dfrac{\partial^3\omega}{\partial x^3}+\dfrac{\partial^3\omega}{\partial x\partial y^2}\right)\\[3mm]N_y=-D\left(\dfrac{\partial^3\omega}{\partial y^3}+\dfrac{\partial^3\omega}{\partial y\partial x^2}\right)\end{cases}$$

⑤刚性板一般弯曲的平衡微分方程式如下,其中 $\nabla^2\nabla^2(\ )$ 表示算子

$$D\,\nabla^2\nabla^2\omega = q(x,y),\,\nabla^2\nabla^2(\ ) = \frac{\partial^4(\ )}{\partial x^4} + 2\,\frac{\partial^4(\ )}{\partial x^2\partial y^2} + \frac{\partial^4(\ )}{\partial y^4}$$

⑥应力和外力的关系

$$\begin{Bmatrix}\sigma_x\\\sigma_y\\\tau_{xy}\end{Bmatrix} = \frac{12z}{t^3}\begin{Bmatrix}M_x\\M_y\\M_{xy}\end{Bmatrix}$$

⑦边界条件

a. 板自由支持在刚性周界上

$$\begin{cases}x=0,x=a,\omega=0,\dfrac{\partial^2\omega}{\partial x^2}=0\\[2mm]y=0,y=b,\omega=0,\dfrac{\partial^2\omega}{\partial y^2}=0\end{cases}$$

b. 板刚性固定在刚性周界上

$$\begin{cases}x=0,x=a,\omega=0,\dfrac{\partial\omega}{\partial x}=0\\[2mm]y=0,y=b,\omega=0,\dfrac{\partial\omega}{\partial y}=0\end{cases}$$

c. 板的边缘为自由边 $(y=b)$

$$\begin{cases}M_y=0,\dfrac{\partial^2\omega}{\partial y^2}+\mu\dfrac{\partial^2\omega}{\partial x^2}=0\\[2mm]r_y=N_y+\dfrac{\partial M_{xy}}{\partial x},\dfrac{\partial^3\omega}{\partial y^3}+(2-\mu)\dfrac{\partial^3\omega}{\partial x^2\partial y}=0\end{cases}$$

d. $x=a,y=b$ 悬空角点

$$\frac{\partial^2\omega}{\partial x\partial y}\Big|_{\substack{x=a\\y=b}}=0$$

⑧解析法解刚性板的弯曲

a. 双三角级数(适用求四边自由支持板的弯曲)

设

$$\omega(x,y) = \sum_{m=1}^{\infty}\sum_{n=1}^{\infty}A_{mn}\sin\frac{m\pi x}{a}\sin\frac{n\pi y}{b}$$

将其代入 $D\,\nabla^2\nabla^2\omega = q(x,y)$ 得

$$D\sum_{m=1}^{\infty}\sum_{n=1}^{\infty}A_{mn}\left[\left(\frac{m\pi}{a}\right)^2 + \left(\frac{n\pi}{b}\right)^2\right]^2\sin\frac{m\pi x}{a}\sin\frac{n\pi y}{b} = q(x,y)$$

荷重 $q(x,y)$ 展开成和挠曲线相对应的级数形式

$$q(x,y) = \sum_{m=1}^{\infty}\sum_{n=1}^{\infty}q_{mn}\sin\frac{m\pi x}{a}\sin\frac{n\pi y}{b}$$

其中 q_{mn} 为傅里叶系数,且

$$q_{mn} = \frac{4}{ab}\int_0^a\int_0^b q(x,y)\sin\frac{m\pi x}{a}\sin\frac{n\pi y}{b}\mathrm{d}x\mathrm{d}y$$

则

$$A_{mn} = \frac{q_{mn}}{D\left[\left(\dfrac{m\pi}{a}\right)^2 + \left(\dfrac{n\pi}{b}\right)^2\right]^2}$$

其中对于受均布载荷 q_0 时

$$q_{mn} = \frac{4}{ab}\int_0^a\int_0^b q_0\sin\frac{m\pi x}{a}\sin\frac{n\pi y}{b}\mathrm{d}x\mathrm{d}y = \begin{cases} \dfrac{16q_0}{mn\pi^2} & m,n = 1,3,5,\cdots \\[2mm] 0 & m,n = 2,4,6,\cdots \end{cases}$$

板上受集中力,作用点坐标为 ξ,η,

$$q_{mn} = \lim_{\substack{d\xi\to 0 \\ d\eta\to 0}}\frac{4P}{ab}\int_\xi^{\xi+d\xi}\int_\eta^{\eta+d\eta}\frac{\sin\dfrac{m\pi x}{a}\sin\dfrac{n\pi y}{b}}{\mathrm{d}\xi\mathrm{d}\eta}\mathrm{d}x\mathrm{d}y$$

　　b. 单三角级数(适用求对边自由支持板的弯曲)

将 $\omega(x,y) = \sum\limits_{m=1}^{\infty} f_m(y)\sin\dfrac{m\pi x}{a}$ 代入 $D\nabla^2\nabla^2\omega = q(x,y)$ 得

$$\sum_{m=1}^{\infty}\left[f_m^{IV}(y) - 2\left(\frac{m\pi}{a}\right)^2 f_m''(y) + \left(\frac{m\pi}{a}\right)^4 f_m(y)\right]\sin\frac{m\pi x}{a} = \frac{q(x,y)}{D}$$

荷重 $q(x,y)$ 展开成相应的单三角级数形式

$$q(x,y) = \sum_{m=1}^{\infty} q_m(y)\sin\frac{m\pi x}{a}$$

其中

$$q_m(y) = \frac{2}{a}\int_0^a q(x,y)\sin\frac{m\pi x}{a}\mathrm{d}x$$

则

$$f_m^{IV}(y) - 2\left(\frac{m\pi}{a}\right)^2 f_m''(y) + \left(\frac{m\pi}{a}\right)^4 f_m(y) = \frac{q_m(y)}{D}$$

求得

$$f_m(y) = A_m\mathrm{ch}\frac{m\pi}{a}y + B_m\mathrm{sh}\frac{m\pi}{a}y + C_m\frac{m\pi}{a}y\mathrm{ch}\frac{m\pi}{a}y + D_m\frac{m\pi}{a}y\mathrm{sh}\frac{m\pi}{a}y + F_m(y)$$

式中,$F_m(y)$ 为特解,由 $q(x,y)$ 决定;A_m、B_m、C_m、D_m 可由边界条件决定;对称结构可取中间对称轴为 x 轴,$B_m = C_m = 0$,只需取 A_m 和 D_m。

8.3　典型题解析

　　1. 一矩形板,长 200 cm,宽 60 cm,厚 1.2 cm,板上受均布载荷重 $q = 6.5$ N/cm^2,板四周刚性固定,板边可以趋近,如图 8.1(a)所示。试求:

　　①板中点 A 及长边中点 B 的弯曲应力及板中点 A 的挠度;

　　②若板在长边还受到中面拉应力 18.8 N/mm^2 作用,A 点的挠度及 A、B 的应力与无中面应力时是否相同? 求出其值。

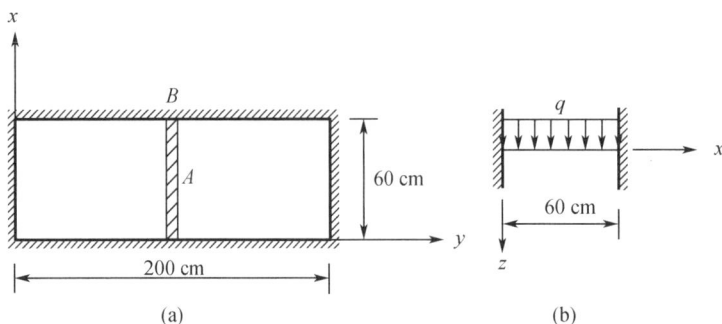

图 8.1

解 ①过 A 点沿 x 方向取出单位宽度板条梁,如图 8.1(b)所示。因为 $\dfrac{a}{b} = \dfrac{200}{60} = 3.33 \geqslant 2.5 \sim 3$,符合矩形板发生筒形弯曲的条件。故

$$M_A = \frac{ql^2}{24} = \frac{6.5 \times 60^2 \times 1}{24} = 975 \ \text{N} \cdot \text{cm/cm}, \sigma_A = \frac{6M_A}{t^2} = \frac{6 \times 975}{1.2^2} \ \text{N/cm}^2 = 40.6 \ \text{N/mm}^2$$

$$M_B = \frac{ql^2}{12} = \frac{6.5 \cdot 60^2 \cdot 1}{12} = 1\,950 \ \text{N} \cdot \text{cm/cm}, \sigma_B = \frac{6M_B}{t^2} = \frac{6 \cdot 1\,950}{1.2^2} \ \text{N/cm}^2 = 81.25 \ \text{N/mm}^2$$

$$D = E_1 I = \frac{Et^3}{12(1-\mu^2)} = \frac{2 \times 10^5 \times 12^3}{12(1-0.3^2)} = 3.165 \times 10^7 \ \text{N/mm}^2, \omega_A = \frac{ql^4}{384D} = 0.693 \ \text{mm}$$

②过 A 点沿 x 方向取出单位宽度板条梁,如图 8.1(b)所示。

条件为板条梁中面力为拉力,计算参数 u

$$u = \frac{b}{2}\sqrt{\frac{\sigma_0 t}{D}} = \frac{b}{2t}\sqrt{\frac{12(1-\mu^2)\sigma_0}{E}} = \frac{600}{2 \times 12}\sqrt{\frac{12 \times 18.8 \times (1-0.3^2)}{2 \times 10^5}} = 0.8 > 0.5$$

故要考虑 T 对弯曲要素的影响。由附录 B-3 得 $\varphi_1(u) = 0.92, \chi(u) = 0.96, f_1(u) = 0.94$,故板条梁 A 点的弯矩为

$$M_A = -\frac{qb^2}{24}\varphi_1(u) = -\frac{6.5 \times 60^2}{24} \times 0.92 = -897 \ \text{N} \cdot \text{cm/cm}$$

$$M_B = \frac{qb^2}{12}\chi(u) = \frac{1}{12} \times 6.5 \times 60^2 \times 0.96 = 1\,872 \ \text{N} \cdot \text{cm/cm}$$

$$\omega_A = \frac{1}{384}\frac{qb^4}{D}f_1(u) = \frac{1}{384} \times \frac{12(1-\mu^2)qb^4}{Et^3}f_1(u) = \frac{(1-0.3^2)}{32} \times \frac{0.065 \times 600^4}{2 \times 10^5 \times 12^3} \times 0.94 = 0.66 \ \text{mm}$$

$$\sigma_A = \sigma_0 + \left|\frac{M_A}{W}\right| = 188 + \frac{897 \times 6}{12^2} = 56.4 \ \text{N/mm}^2$$

$$\sigma_B = \sigma_0 + \left|\frac{M_B}{W}\right| = 18.8 + \frac{1\,872 \times 6}{12^2} = 96.5 \ \text{N/mm}^2$$

①与②相比,中面拉力使板的挠度减小,弯曲应力应力减少,总应力增加。

2. 一个由筒形弯曲的板中取出的板条梁,两端自由支持在刚性支座上,跨长 80 cm,板厚 2 cm,受到均布载荷重 $q = 5 \ \text{N/cm}^2$ 及外加中面拉应力 80 N/mm² 作用,如图 8.2 所示。试问在计算此板条梁的应力与变形时,中面力是否要考虑?并求 A 点挠度及 A 点上、下表面的应力。

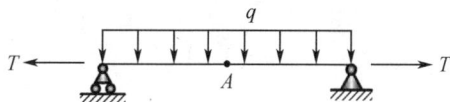

图 8.2

解　当板条梁仅受横荷重时的最大挠度和板厚的比值

$$\frac{\omega_{\max}}{t} = \frac{5}{384} \times \frac{ql^4}{D} \times \frac{1}{t} = \frac{5}{384} \times \frac{12 \times (1 - 0.3^2) \times 5}{2 \times 10^7} \times \left(\frac{80}{2}\right)^4 = 0.091 < \frac{1}{5}$$

故不需要考虑板条梁弯曲而产生的中面力。

由于

$$u = \frac{l}{2}\sqrt{\frac{\sigma_0 t}{D}} = \frac{l}{2t}\sqrt{\frac{12(1 - \mu^2)\sigma_0}{E}} = \frac{80}{2 \times 2}\sqrt{\frac{12 \times 0.91 \times 80}{2 \times 10^5}} = 1.32 > 0.5$$

故外加中面力对板条梁弯曲的影响要考虑。

由附录 B–3 得 $f_0(u) = 0.596$，$\varphi_0(u) = 0.58$ 故板条梁 A 点的挠度和上下表面的应力为

$$\omega_A = \frac{5ql^4}{384D}f_0(u) = \frac{5}{384} \times \frac{12(1 - \mu^2)ql^4}{Et^3}f_0(u) = \frac{5(1 - 0.3^2)}{32} \times \frac{0.05 \times 800^4}{2 \times 10^5 \times 20^3} \times 0.596 =$$

1.1 mm

A 点上表面的应力为

$$\sigma_A = \sigma_0 - \frac{6M_A}{t^2} = 80 - \frac{6}{t^2}\left(\frac{ql^2}{8}\right)\varphi_0(u) = 80 - \frac{6}{20^2} \times \left(\frac{0.05 \times 800^2}{8}\right) \times 0.58 = 45.2 \text{ MPa}$$

A 点下表面的应力为

$$\sigma_A' = \sigma_0 + \frac{6M_A}{t^2} = 80 + \frac{6}{t^2}\left(\frac{ql^2}{8}\right)\varphi_0(u) = 80 + \frac{6}{20^2} \times \left(\frac{0.05 \times 800^2}{8}\right) \times 0.58 = 114.5 \text{ MPa}$$

3. 有一筒形弯曲的板，板厚 0.6 cm，板条梁跨度 60 cm，受到均布载荷 $q = 10$ N/cm^2，两端自由支持。问：此板条梁弯曲时，若板边不能自由趋近，要不要考虑弯曲而引起的中面应力？如果需要，取板边支撑系数 $K = 0.5$，试求此板条梁的最大挠度与应力。

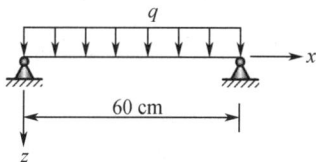

图 8.3

解：当板条梁仅受横荷重时的最大挠度和板厚的比值

$$\frac{\omega_{\max}}{t} = \frac{5ql^4}{384D} \cdot \frac{1}{t} = \frac{5}{384} \times \frac{12 \times (1 - 0.3^2) \times 10}{2 \times 10^7} \times \left(\frac{60}{0.6}\right)^4 = 7.11 > \frac{1}{5}$$

故要考虑板条梁弯曲而产生的中面力

$$U = \left[\frac{E}{(1 - \mu^2)q}\right]\left(\frac{t}{l}\right)^8 \cdot \frac{1}{K} = 0.00096,\ \log 10^4\sqrt{U} = 2.49$$

得

$$u = 3.01$$

于是

$$T = \frac{4u^2 D}{l^2} = 4\ 035\ \text{N}, \sigma_0 = \frac{T}{t} = 68\ \text{N/mm}^2$$

查附录 B - 1 得

$$\omega_{\max} = \frac{5ql^4}{384D} f_0(u) = 8.96\ \text{mm}, M_{b,\max} = -\frac{1}{8}ql^2 \varphi_0(u) = -886.5\ \text{N} \cdot \text{mm/mm}$$

$$\sigma_{b,\max} = \frac{6M_{b,\max}}{t^2} = 148\ \text{N/mm}^2, \sigma_{\max} = \sigma_0 + \sigma_{b,\max} = 216\ \text{N/mm}^2$$

4. 一块四周自由支持的矩形板,沿 $x = c$ 的线上作用有单位长度为 P 的分布荷重。试作为刚性板,用单三角级数法求解。坐标如图 8.4 所示。

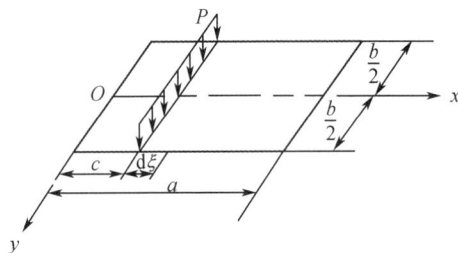

图 8.4

解 建立坐标系,x 轴沿边长 a 取,因荷重沿边长 b 不变,故可将坐标原点取在边长 b 的中点,如图 8.4 所示。此时

$$q(x,y) = \frac{P \cdot b}{\mathrm{d}\xi \cdot b} = \frac{P}{\mathrm{d}\xi} = \sum_m q_m(y) \sin \frac{m\pi x}{a} \tag{1}$$

其中

$$q_m(y) = \frac{2}{a} \int_0^a q(x,y) \sin \frac{m\pi x}{a} \mathrm{d}x = \frac{2P}{a} \lim_{\mathrm{d}\xi \to 0} \int_c^{c+\mathrm{d}\xi} \frac{\sin \frac{m\pi x}{a}}{\mathrm{d}\xi} \mathrm{d}x$$

$$= \frac{2P}{m\pi} \lim_{\mathrm{d}\xi \to 0} \frac{\left[\cos \frac{m\pi c}{a} - \cos \frac{m\pi(c+\mathrm{d}\xi)}{a}\right]}{\mathrm{d}\xi}$$

$$= \frac{2P}{m\pi} \lim_{\mathrm{d}\xi \to 0} \left[\frac{m\pi}{a} \sin \frac{m\pi(c+\mathrm{d}\xi)}{a}\right] = \frac{2P}{a} \sin \frac{m\pi c}{a}$$

而

$$w(x,y) = \sum_m f_m(y) \sin \frac{m\pi x}{a} \tag{2}$$

其中函数 $f_m(y)$ 考虑到板挠曲时对 x 轴对称,故应为偶函数

$$f_m(y) = A_m \mathrm{ch} \frac{m\pi}{a} y + D_m \frac{m\pi}{a} y \mathrm{sh} \frac{m\pi}{a} y + F_m(y) \tag{3}$$

$F_m(y)$ 为微分方程式的特解

$$f_m^{IV}(y) - 2\left(\frac{m\pi}{a}\right)^2 f_m''(y) + \left(\frac{m\pi}{a}\right)^4 f_m(y) = \frac{q_m(y)}{D} \tag{4}$$

取特解为常数可得方程的解，从而得

$$F_m(y) = \frac{2P}{aD}\left(\frac{a}{m\pi}\right)^4$$

所以

$$\omega(x,y) = \sum_m \left[A_m \operatorname{ch}\frac{m\pi y}{a} + D_m\frac{m\pi y}{a}\operatorname{sh}\frac{m\pi y}{a} + \frac{2P}{aD}\left(\frac{a}{m\pi}\right)^4\right]\sin\frac{m\pi x}{a} \tag{5}$$

积分常数 A_m、D_m 由边界条件来决定，当 $y = \pm\frac{b}{2}$ 时，$w = \frac{\partial^2 w}{\partial y^2} = 0$。将边界条件代入（3）
式，得

$$\begin{cases} \dfrac{2P}{aD}\left(\dfrac{a}{m\pi}\right)^4 + A_m\operatorname{ch}\dfrac{u_m}{2} + D_m\dfrac{u_m}{2}\operatorname{sh}\dfrac{u_m}{2} = 0 \\[3mm] (2D_m + A_m)\operatorname{ch}\dfrac{u_m}{2} + D_m\dfrac{u_m}{2}\operatorname{sh}\dfrac{u_m}{2} = 0 \end{cases}$$

式中 $u_m = \dfrac{m\pi b}{a}$，由此解得

$$D_m = \frac{F_m(y)}{2\operatorname{ch}\dfrac{u_m}{2}}, A_m = -D_m\left(2 + \frac{u_m}{2}\operatorname{th}\frac{u_m}{2}\right)$$

代入（5）式中即得板的挠曲面函数

$$\omega(x,y) = \frac{Pa^3}{D\pi^4}\sum_m \frac{\sin\dfrac{m\pi c}{a}}{m^4\operatorname{ch}\dfrac{u_m}{2}}\left[\frac{m\pi y}{a}\operatorname{sh}\frac{m\pi y}{a} - \left(2 + \frac{u_m}{2}\operatorname{th}\frac{u_m}{2}\right)\operatorname{ch}\frac{m\pi y}{a} + 2\operatorname{ch}\frac{u_m}{2}\right]\sin\frac{m\pi x}{a}$$

5. 试用单三角函数法求图 8.5 中受静水压力作用下四边自由支持板的挠曲线方程式。

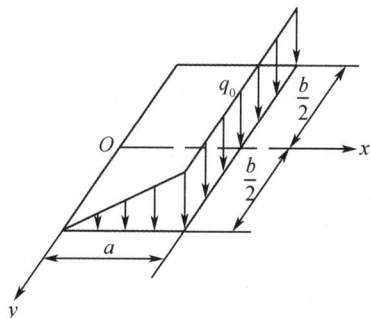

图 8.5

解　（1）建立坐标系，X 轴沿短边 a 取，因荷重沿长边不变，故可将坐标原点取在长边
中点，如图 8.5 所示。此时

$$q(x,y) = \frac{q_0 x}{a} = \sum_m q_m(y)\sin\frac{m\pi x}{a} \tag{1}$$

其中

$$q_m(y) = \frac{2}{a}\int_0^a q(x,y) \cdot \sin\frac{m\pi x}{a}\mathrm{d}x = \frac{2q_0}{a^2}\int_0^a x \cdot \sin\frac{m\pi x}{a}\mathrm{d}x = \frac{2q_0}{m\pi}(-1)^{m+1}$$

而

$$\omega(x,y) = \sum_m f_m(y) \cdot \sin\frac{m\pi x}{a} \tag{2}$$

式中函数 $f_m(y)$ 考虑到板挠曲时对 x 轴对称,故应为偶函数

$$f_m(y) = A_m\mathrm{ch}\frac{m\pi}{a}y + D_m\frac{m\pi}{a}y\mathrm{sh}\frac{m\pi}{a}y + F_m(y) \tag{3}$$

$F_m(y)$ 为微分方程式

$$f_m^{IV}(y) - 2\left(\frac{m\pi}{a}\right)^2 f_m''(y) + \left(\frac{m\pi}{a}\right)^4 f_m(y) = \frac{q_m(y)}{D} \tag{4}$$

之特解,取特解为常数可得方程的解,从而得

$$F_m(y) = \frac{2q_0 a^4}{D(m\pi)^5}(-1)^{m+1}$$

所以

$$\omega(x,y) = \sum_m\left[A_m\mathrm{ch}\frac{m\pi y}{a} + D_m\frac{m\pi y}{a}\mathrm{sh}\frac{m\pi y}{a} + \frac{2q_0 a^4}{D(m\pi)^5}(-1)^{m+1}\right]\sin\frac{m\pi x}{a} \tag{5}$$

积分常数 A_m、D_m 由边界条件来决定。当 $y = \pm\frac{b}{2}$ 时,$w = \frac{\partial^2 w}{\partial y^2} = 0$,由此可得

$$\begin{cases} \dfrac{2q_0 a^4}{D(m\pi)^5}(-1)^{m+1} + A_m\mathrm{ch}\,u_m + D_m u_m\mathrm{sh}\,u_m = 0 \\ (2D_m + A_m)\mathrm{ch}\,u_m + D_m u_m\mathrm{sh}\,u_m = 0 \end{cases}$$

式中 $u_m = \dfrac{m\pi b}{2a}$,由此解得

$$A_m = -\frac{q_0 a^4(2 + u_m\mathrm{th}\,u_m)(-1)^{m+1}}{D(m\pi)^5\mathrm{ch}\,u_m},\ D_m = \frac{q_0 a^4(-1)^{m+1}}{D(m\pi)^5\mathrm{ch}\,u_m}$$

代入(2)式中即得板的挠曲函数。

6. 设有一矩形板,一对边刚性固定,另一对边为自由支持,边长见图 8.6,板厚为 1 cm,板上受均布荷重 $q = 5\ \mathrm{N/cm^2}$。查表计算此板最大挠度与应力,并将应力与挠度与此板作为筒形弯曲时的结果作比较。

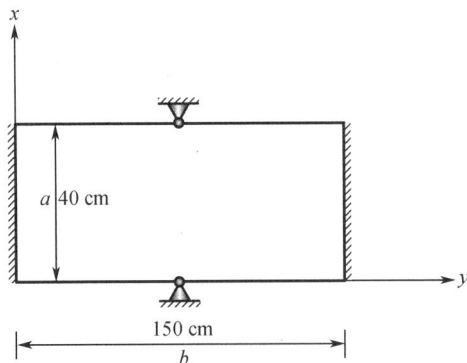

图 8.6

解 设 a 为 x 方向板的边长，b 为 y 方向板的边长，$a < b$

查附录 E-3

$$k_1 = 0.135\ 6, k_4 = 0.124\ 9$$

板中心的最大挠度

$$\omega_{max} = k_1 \frac{qa^4}{Et^3} = 0.135\ 6 \times \frac{5 \times 40^4}{2 \times 10^7 \times 1^3} = 0.086\ 8\ \text{cm}$$

板刚性固定边的中点弯矩

$$\overline{M}_y = k_4 qa^2 = 0.124\ 3 \times 5 \times 40^2 = 994.4\ \text{N} \cdot \text{cm}$$

板刚性固定边断面最大弯曲应力

$$\sigma_{y,max} = \frac{6\overline{M}_y}{t^2} = \frac{6 \times 994.4}{1^2} = 5\ 966.4\ \text{N/cm}^2 = 59.66\ \text{MPa}$$

板中心垂直于 x 轴的断面弯矩

$$M_x = k_3 qa^2 = 0.120\ 3 \times 5 \times 40^2 = 962.4\ \text{N} \cdot \text{cm}$$

板中心垂直于 x 轴的最大弯曲应力

$$\sigma_{x,max} = \frac{6M_x}{t^2} = \frac{6 \times 962.4}{1^2} = 57.74\ \text{MPa}$$

若按筒形弯曲计算

$$\omega_{max} = \frac{5qa^4}{384D} = \frac{5}{384} \times \frac{(1 - 0.3^2) \times 12 \times 5 \times 40^4}{2 \times 10^5 \times 1^3} = 0.091\ \text{cm} > 0.086\ 8\ \text{cm}$$

$$M_{max} = \frac{qa^2}{8} = 1\ 000\ \text{N}, \sigma_{max} = \frac{6M_{max}}{t^2} = 60\ \text{MPa} > 57.74\ \text{MPa}$$

结论:按筒形弯曲得到的弯曲要素偏大,偏于安全。原因是按筒形弯曲计算的时候,忽略了短边的影响,按 $\frac{b}{a} \to \infty$ 计算,即筒形弯曲计算,取 k_1、k_4 按附录 E-3 中 $b/a \to \infty$ 对应的数值,较前者偏大。

7. 已知某船侧列板,如图 8.7(a)所示,船板长 $a = 450$ cm,高 $b = 140$ cm,板厚 1.4 cm,板面受到静水压力 $q = 1.435$ N/cm^2 作用。假定船侧列板顶边为自由支持,其余三边为刚性固定,试求此板的最大应力。

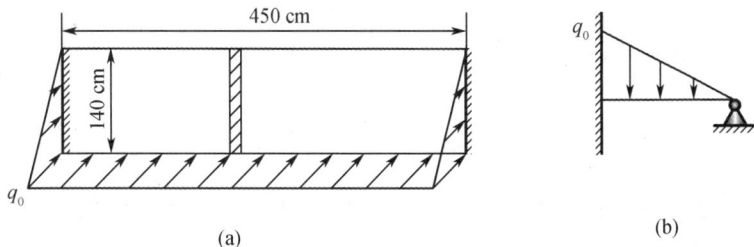

(a)   (b)

图 8.7

解 沿长度方向取出单位宽度板条梁,如图 8.7(b)所示。因为 $\frac{a}{b} = \frac{450}{140} \approx 3.21 \geq 2.5 \sim 3$,符合矩形板发生筒形弯曲的条件。

查附录表 A - 3,可知

$$M_{\max} = \frac{ql^2}{15} = \frac{1.435 \times 140^2}{15} = 1\,875.07 \text{ N} \cdot \text{cm/cm}$$

$$\sigma_{\max} = \frac{6M_{\max}}{t^2} = \frac{6 \times 1\,875.07}{1.4^2} = 5\,740 \text{ N/cm}^2$$

8. 图 8.8 中的矩形板,1 边弹性固定在刚性支座上,弹性固定单位长度的柔性系数为 α, 2 边自有支持在刚性支座上,3 边全自由,4 边自由支持在弹性支座上,弹性支座单位长度的柔性系数为 A。

①写出此板四边的边界条件;

②写出一个满足此板四边位移边界条件的基函数;

③写出此板弯曲时的应变能方程式。

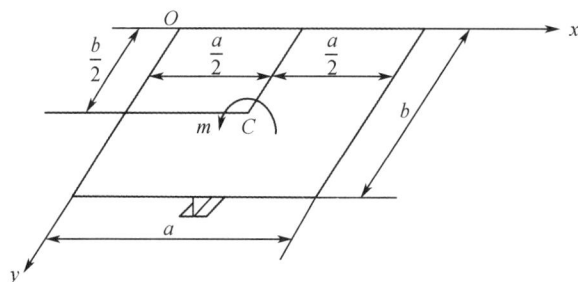

图 8.8

解 ① $x = 0$ 处,$\omega = \dfrac{\partial^2 \omega}{\partial x^2} = 0$;$x = a$ 处,$\dfrac{\partial^2 \omega}{\partial x^2} + \mu \dfrac{\partial^2 \omega}{\partial y^2} = 0$,$\omega = AD\left(\dfrac{\partial^3 \omega}{\partial x^3} + \dfrac{\partial^3 \omega}{\partial x \partial y^2}\right)$

$y = 0$ 处,$\omega = 0$,$\dfrac{\partial \omega}{\partial y} = \alpha D \dfrac{\partial^2 \omega}{\partial y^2}$;$y = b$ 处,$\dfrac{\partial^2 \omega}{\partial y^2} + \mu \dfrac{\partial^2 \omega}{\partial x^2} = 0$,$\dfrac{\partial^3 \omega}{\partial y^3} + (2 - \mu)\dfrac{\partial^3 \omega}{\partial x^2 \partial y} = 0$

②基函数可取为

$$\varphi(x,y) = \sin \frac{(2m-1)\pi x}{4a} \cdot \sin \frac{(2n-1)\pi y}{4b}$$

③应变能为

$$V = V_{板} + V_{弹性边界} = \frac{D}{2} \int_0^a \int_0^b \left\{ \left(\frac{\partial^2 \omega}{\partial x^2} + \frac{\partial^2 \omega}{\partial y^2} \right)^2 + 2(1 - \mu)\left[\left(\frac{\partial^2 \omega}{\partial x \partial y} \right)^2 - \frac{\partial^2 \omega}{\partial x^2} \frac{\partial^2 \omega}{\partial y^2} \right] \right\} \mathrm{d}x\mathrm{d}y$$

$$+ \frac{1}{2\alpha} \int_0^a \left[\frac{\partial \omega(x,0)}{\partial y} \right]^2 \mathrm{d}x + \frac{1}{2A} \int_0^b \omega^2(a,y)\mathrm{d}y$$

9. 试用李兹法求四周自由支持刚性板的弯曲,该板厚为 t,弯曲刚度为 D,在 $x = \dfrac{a}{2}$ 处有一抗弯刚度为 EI 的加强筋,板上在 C 点作用有一集中外力矩 m,如图 8.9 所示。计算时级数取一项。

解 对于图中的坐标,将板的挠曲面写成双三角级数的。当级数只取一项时,有

$$\omega(x,y) = A \sin \frac{\pi x}{a} \sin \frac{\pi y}{b} \tag{1}$$

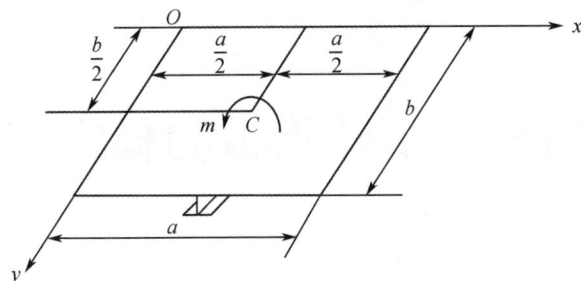

图 8.9

板的弯曲应变能 V 包括板本身的弯曲应变能 $V_{板}$ 及加强筋的弯曲应变能 $V_{筋}$ 之和。因板四周为刚性支座，故

$$V_{板} = \frac{D}{2} \int_0^a \int_0^b \left(\frac{\partial^2 w}{\partial x^2} + \frac{\partial^2 w}{\partial y^2} \right)^2 \mathrm{d}x\mathrm{d}y$$

将(1)式中的 $w(x,y)$ 代入上式积分后可得

$$V_{板} = \frac{\pi^4 abD}{8} A^2 \left(\frac{1}{a^2} + \frac{1}{b^2} \right)^2$$

加强筋的弯曲应变能

$$V_{筋} = \frac{EI}{2} \int_0^b \left(\frac{\partial^2 w}{\partial y^2} \right)^2 \bigg|_{x=\xi} \mathrm{d}y = \frac{EI}{2} A^2 \left(\frac{\pi}{b} \right)^4 \sin^2 \frac{\pi\xi}{2} \int_0^b \sin^2 \frac{\pi y}{b} \mathrm{d}y = \frac{EI}{4} A^2 \frac{\pi^4}{b^3} \sin^2 \frac{\pi\xi}{a}$$

故

$$V = \frac{\pi^4 abD}{8} A_{11}^2 \left(\frac{1}{a^2} + \frac{1}{b} \right)^2 + \frac{EI}{4} A^2 \frac{\pi^4}{b^3} \sin^2 \frac{\pi\xi}{a} \tag{2}$$

板上的外力函数为

$$U = m \frac{\partial w}{\partial y} \bigg|_{\substack{x=\xi \\ y=\eta}} = mA \frac{\pi}{b} \sin \frac{\pi\xi}{a} \cos \frac{\pi\eta}{b} \tag{3}$$

系统的总位能为 $\Pi = V - U$，根据最小位能原理 $\partial\Pi / \partial A = 0$，由此得

$$A = \frac{4m\sin \dfrac{\pi\xi}{a} \cos \dfrac{\pi\eta}{b}}{\pi^3 ab^2 D \left(\dfrac{1}{a^2} + \dfrac{1}{b^2} \right)^2 + 2EI \dfrac{\pi^3}{b^2} \sin^2 \dfrac{\pi\xi}{a}}$$

于是板的挠曲面函数为

$$\omega(x,y) = \frac{4m\sin \dfrac{\pi\xi}{a} \cos \dfrac{\pi\eta}{b}}{\pi^3 ab^2 D \left(\dfrac{1}{a^2} + \dfrac{1}{b^2} \right)^2 + 2EI \dfrac{\pi^3}{b^2} \sin^2 \dfrac{\pi\xi}{a}} \sin \frac{\pi x}{a} \cdot \sin \frac{\pi y}{b}$$

第9章 杆及板的稳定性

9.1 内 容 精 要

(1)本章讨论船体结构中受压的杆、杆系(连续杆及甲板板架)及矩形平板的稳定性问题。由于结构失稳是一种破坏形式,因此结构稳定性问题的研究有重要的意义。

研究结构的稳定性问题是要求出结构的临界荷重。临界荷重取决于结构的形式、尺寸和材料,是结构的固有值,它反映了结构抵抗外压力的能力大小。由于临界荷重是受压结构中性平衡弯曲状态的最小荷重,因此研究的方法有中性平衡微分方程式的积分法(解析法)及能量法两种。虽然从方法上来看与前述的弯曲问题没有差别,但因稳定性问题是一个求特征值的问题,因此同样方法得到的结果不同,应予以注意。

(2)用解析法求压杆的稳定性问题时,根据压杆中性平衡微分方程式的解及边界条件,求出最小的一个压力值即为压杆的临界力。在这个解中认为在弹性范围内,所以临界力又称为欧拉力,其一般形式为 $T_{\mathrm{E}} = \dfrac{\pi^2 EI}{(\mu l)^2}$。

(3)能量法(李兹法)常用来分析变断面杆件或压力沿杆长变化等复杂情况的稳定性问题,其计算步骤与梁的弯曲问题相同,只需注意到外力的功等于力函数。计算时除正确选择基函数以外,对于变断面杆要注意应变能的计算,对于压力沿杆长变化的杆要注意力函数的计算。

由于所选择的中性平衡的挠曲线与真实的挠曲线有差别,因此用李兹法算出的欧拉力比正确的要大,误差偏于危险,这是能量法的一个缺点。但此种误差将随着基函数所取级数的项数增加而减少。

(4)某些短而粗的压杆,失稳时可能材料已超过弹性范围,实用的处理方法是将欧拉力公式用的 E 用切线模数 E_{t} 代替(切线模数理论),即有

$$T_{\mathrm{cr}} = \frac{\pi^2 E_{\mathrm{t}} I}{(\mu l)^2} \text{或} \sigma_{\mathrm{cr}} = \frac{\pi^2 E_{\mathrm{t}} I}{A (\mu l)^2}$$

由于 E_{t} 与 σ_{cr} 有关,所以求解时要用叠代法,或利用已做好的柱子曲线。

(5)求解连续压杆的稳定性可用力法,即用力法来表达中性平衡弯曲状态并导出稳定性方程式。本章着重讨论了等断面、等跨度、两端为自由支持、中间弹性支座为等刚度的受压杆的稳定性问题。

由于船体甲板板架的横梁可以化为纵骨的中间弹性支座,所以甲板板架的稳定性可化为弹性支座上连续压杆的稳定性问题。连续压杆的非弹性稳定性问题同样可用切线模数理论用试算法进行。

(6)矩形平板可在中面压力或剪力作用下失稳,求解时可用解析法或能量法。板的中性平衡微分方程式为

$$D\left(\frac{\partial^4\omega}{\partial x^4} + 2\frac{\partial^4\omega}{\partial x^2\partial y^2} + \frac{\partial^4\omega}{\partial y^4}\right) + T_x\frac{\partial^2\omega}{\partial x^2} + T_y\frac{\partial^2\omega}{\partial y^2} - 2T_{xy}\frac{\partial^2\omega}{\partial x\partial y} = 0$$

板在中面压力及剪力作用下弯曲的外力功即力函数为

$$W = \frac{1}{2}\iint\left[T_x\left(\frac{\partial\omega}{\partial x}\right)^2 + T_y\left(\frac{\partial\omega}{\partial y}\right)^2 + 2T_{xy}\frac{\partial\omega}{\partial x}\frac{\partial\omega}{\partial y}\right]\mathrm{d}x\mathrm{d}y$$

船体板可视为四边自由支持在刚性支座上的单向受压板,因此可用三角级数法解中性平衡微分方程式求临界应力。计算结果表明纵骨架船体板的临界应力比横骨架的大四倍。

(7)船体板由于有较强的骨架支持且与相邻的板连成一体,使得板在失稳后还能继续承受一定的压力,这叫作板存在着后屈曲强度,因此板受压的破坏应力(极限应力)σ_{ut}将大于板的临界应力 σ_{cr}。

板失稳后在与骨架相连的板边的压应力将大于板中部的压应力,这表示板不是全部有效地工作。如果假定板与相连的骨架同样有效工作,则板的面积要打折扣,这个折扣就是板的折减系数。

9.2　常用知识点

(1)失稳:一根轴向受压的直杆,当压力大到一定程度的时候,它将不能保持原来的直线状态,此时若稍微给杆一个干扰,杆就将在其最小刚度平面内弯曲。

(2)杆件失稳后若压力继续增加则弯曲将迅速增大直至破坏。

(3)船体中需考虑稳定性的构件:各种受压的支柱、纵向布置的骨架和板实际上主要讨论甲板骨架和甲板板的稳定性。

(4)临界荷重取决于结构的形式、尺寸和材料,是结构所固有的,它反映了结构抵抗外压力的能力的大小。

(5)压杆在弹性范围内失稳的临界力称为欧拉力,计算公式

$$T_E = \frac{\pi^2 EI}{(\mu l)^2}$$

式中,μl 称为"相当长度"或"折算长度",即杆件弯曲时弯矩为零点之间的长度,也就是失稳时杆件变形曲线中反曲点之间的长度。一般来讲 μ 越小,固定程度越大,欧拉力也越大,稳定性越好。

(6)用能量法求欧拉力

应变能为

$$V = \frac{1}{2}\int_0^l EIv''^2\mathrm{d}x$$

力函数为

$$U = \frac{1}{2}\int_0^l Tv'\mathrm{d}x$$

能量法的优点:能方便地解决变断面压杆或压力沿杆长变化的情况;缺点:求得的临界

荷重偏大,误差偏于危险。

(7)单跨梁的非弹性稳定性

①压杆在失稳时杆材料已经超过弹性范围,超过弹性范围后失稳的力小于理论欧拉力,寻求超过弹性范围时失稳的力,称为非弹性稳定性问题。

②基本方法:实验法、理论分析法。

实验法:通过不同材料和尺度的压杆稳定性试验得出一条失稳压力与杆件尺度间的关系曲线,柔度为横坐标,失稳应力为纵坐标,称为"柱子曲线"。

理论分析法:"切线模数理论"。

(8)多垮杆的稳定性问题(以等断面等跨度双跨杆为例)。

①中间为刚性支座时,若每个跨度都是等间距、等断面的,且两端自有支持,$T_E = \frac{\pi^2 EI}{l^2}$。

②中间为弹性支座时,有两种失稳情形:第一种情形,弯曲时两个半波形状,中间弹性支座不移动,相当于中间是一个刚性支座;第二种情形,弯曲时为一个半波形,中间弹性支座发生移动。

a. K 较小时,$T_E = \frac{(2u_0)^2 EI}{l^2} < \frac{\pi^2 EI}{l^2}$,欧拉力小于第一种失稳情形,则发生失稳必为第二种情形。

b. $K = K_c$时,$2u_0 = \pi$,$T_E = \frac{\pi^2 EI}{l^2}$,两种失稳情形的欧拉力相同,任意一种情形都可。$K_c$称为临界刚度,$K_c = \frac{2\pi^2 EI}{l^3} = 0.202 \frac{\pi^4 EI}{l^3}$。

c. $K > K_c$时,$T_E = \frac{(2u_0)^2 EI}{l^2} > \frac{\pi^2 EI}{l^2}$,欧拉力大于第一种失稳情形,取 $T_E = \frac{\pi^2 EI}{l^2}$。

总之具有中间弹性支座连续压杆的欧拉力将随着弹性支座刚性系数 K 的增加而增大,当达到临界刚度 K_c时,欧拉力 T_E 将保持不变,这时候中间弹性支座相当于一个刚性支座。

(9)板架的稳定性问题

①不论纵骨数目有多少,只要纵骨是等间距的,并且横梁两端是自由支持的,则弹性支座的刚性系数

$$K = \mu^4 \frac{EIb}{B^4} = \frac{\pi^4 EI}{l^3} X_j(\lambda) \text{ 或 } X_j(\lambda) = I\left(\frac{\mu}{\pi}\right)^4 \left(\frac{l}{B}\right)^3 \frac{b}{B} \cdot \frac{1}{I}$$

当 $K > K_c$时,甲板板架的欧拉应力 σ_E 等于纵骨作为单跨杆的欧拉应力 σ_0,即

$$\sigma_E = \sigma_0 = \frac{\pi^2 EI}{Al}$$

当 $K < K_c$时,求 $x_j(\lambda) \to k \to \lambda \to T_E$。

②弹性支座的临界刚度 – 横梁的临界刚度,$X_j(\lambda) = X_{j,max}$时求到,此 $X_{j,max}$ 就是当 $\lambda = 1$ 时的 X_j 的值,有

$$I_c = \left(\frac{\pi}{\mu}\right)^4 \left(\frac{B}{l}\right)^3 \frac{B}{b} I X_{j,max}$$

③一般来说提高横梁的惯性矩可以提高甲板板架稳定性,但是若横梁的惯性矩超过了其临界惯性矩 I_c,则再加大横梁尺寸对甲板板架的稳定性并无好处。在这种情况下要提高

甲板板架的稳定性只有增大甲板纵骨尺寸,由于横骨架式甲板只有横骨和甲板板,没有纵向骨架,此时甲板失稳可认为是发生筒形弯曲。

(10)板的后屈曲性能

①由于杆受的压力大于临界力时,即使压力略为增加一点,杆件就发生很大的变形而导致破坏,因此认为压杆的临界力为破坏压力。

②板失稳后还能继续承载的原因

a. 对于船体结构中的板,它四周由骨架支持,并且实际上骨架的临界力远大于板的临界力,因此,当板受压失稳时,骨架尚未失稳,它对船体板还起着支持作用,使板的周界不能自由弯曲和趋近。

b 船体板是连续的板,每一板格都会受到相邻板格的牵制作用,因此它和孤立板不同,板边不能自由趋近。

③板在失稳后,不会立刻破坏,还能继续承受一定程度的压缩荷重,这一现象称为板具有后屈曲强度。

④板的极限强度:$\sigma_{ut} = \dfrac{T_{ut}}{bt} = 1.9 \dfrac{t}{b} \sqrt{E\sigma_y}$,由此可见,板的极限荷重与板的宽度无关,与板的厚度 t 平方成正比。

⑤板边和板中部应力

中压应力的平均值:$\sigma_m = \dfrac{1}{b} \displaystyle\int_0^b \sigma_x(y)\,\mathrm{d}y$

板边最大压应力:$\overline{\sigma}$ 满足关系式:$\sigma_m b = \overline{\sigma} b_e$ 或 $b_e = \dfrac{\sigma_m}{\overline{\sigma}} b$,其中 b_e 称为有效宽度,表示假想板与骨架能承受同样大小的压应力,板实际起作用的那一部分宽度。屈曲前 $\overline{\sigma} = \sigma_m$,$b_e = b$;屈曲后 $\overline{\sigma} > \sigma_m$,$b_e > b$。

折减系数:$\psi = \dfrac{b_e}{b} = \dfrac{\sigma_m}{\overline{\sigma}}$,$b_e$ 越接近 b,越接近 1,板的后屈曲强度越高。

⑥假设屈曲后板的压应力分布可用阶梯形曲线来代替,板边宽度为 ηb 的一部分板,应力与骨架相同,即它们与骨架承担同样的负荷,或与骨架一起工作,称为刚性构件,中间板的宽度为 $(1-\eta)b$,应力始终保持为临界应力 σ_{cr},称为柔性构件。

9.3　典型题解析

1. 如图 9.1 所示校核下列压杆的稳定性,求出临界应力,已知 $\sigma_y = 240$ N/mm^2。

①某浮船坞的坞墙扶强材,扶强材为 NO.12 球扁钢,长 3.5 m,断面积为 16.7 cm^2,扶强材间距 75 cm,坞墙板厚 20 mm。

②某海洋拖轮拖缆机下的舱壁扶强材为 NO.10 球扁钢,间距 50 cm,长度 2 m,舱壁板厚 6 mm。

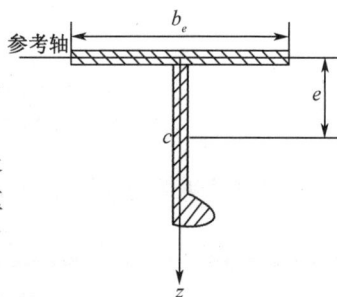

图 9.1

解 ①由中国钢船建造规范:带板宽度 $b_e = b = 75$ cm,查附录 D 得 NO.12 球扁钢的断面面积为 $A' = 11.15$ cm^2,断面惯性矩 $I'_z = 158$ cm^4。

故连带板的坞墙扶强材断面面积 A 和惯性矩 I_z 如下:

	面积 A_i/cm^2	对参考轴的静矩 $A_i Z_i$/cm^2	$A_i Z_i^2$/cm^4	自身惯性矩 i_0/cm^4
带板	150	0	0	$\frac{1}{12} \times 75 \times 2^3$
球扁钢	11.15	$11.15 \times (7.55 + 1)$	$11.15 \times (7.55 + 1)^2$	15^8
$\sum$	161.15	95.33	815.09	208
	a	b	\multicolumn{2}{c}{$c = 1\,023.09$}	
\multicolumn{5}{l}{$e = \dfrac{b}{a} = \dfrac{116.15}{95.33} = 1.22$ cm}				
\multicolumn{5}{l}{$I_z = c - Ae^2 = 1\,023.09 - 161.15 \cdot 1.22^2 = 783.14$ cm^4}				

扶强材两端约束简化为铰支,计算杆件的柔度 λ

$$\lambda = \frac{l}{r} = l \sqrt{\frac{A}{I_z}} = 350 \sqrt{\frac{161.15}{783.14}} = 158.76 > 100$$

可知该杆件为弹性失稳,故

$$\sigma_{cr} = \frac{\pi^2 E}{\lambda^2} = \frac{3.14^2 \times 2 \times 10^5}{158.76^2} = 78.24$$

②取带板宽度 $b_e = b = 50$ cm,查附录 D 得 NO.10 球扁钢的断面面积为 $A' = 8.63$ cm^2,断面惯性矩 $I'_z = 85.22$ cm^4。

故连带板的舱壁扶强材断面面积 A 和惯性矩 I_z 如下:

	面积 A_i/cm^2	对参考轴的静矩 $A_i Z_i$/cm^2	$A_i Z_i^2$/cm^4	自身惯性矩 i_0/cm^4
带板	30	0	0	$\frac{1}{12} \times 50 \times 0.6^3$
球扁钢	8.63	$8.63 \times (6.29 + 0.3)$	$8.63 \times (6.29 + 0.3)^2$	85.22
$\sum$	38.63	56.87	374.78	86.12
	a	b	\multicolumn{2}{c}{$c = 460.9$}	
\multicolumn{5}{l}{$e = \dfrac{b}{a} = \dfrac{56.87}{38.63} = 1.47$ cm}				
\multicolumn{5}{l}{$I_z = c - Ae^2 = 460.9 - 38.63 \cdot 1.47^2 = 377.42$ cm^4}				

扶强材两端约束简化为铰支,计算杆件的柔度 λ

$$\lambda = \frac{l}{r} = l \sqrt{\frac{A}{I_z}} = 200 \sqrt{\frac{38.63}{377.42}} = 63.99$$

由 λ 查附录 F 压杆临界应力曲线($\sigma_y = 240$ MPa),可知该杆件为非弹性失稳,$\sigma_{cr} = 210$ MPa。

2. 据中国钢船规范,在设计支柱的尺寸时,可按支柱的长度 l 及负荷 P 来得到。例如 $l = 5$ m,$P = 300$ kN 时,可选用的钢质管形支柱的剖面尺寸为:直径 $D = 159$ mm,厚 $t = 9$ mm,剖面积 $A = 42.4$ cm^2,惯性半径 $r = 5.32$ cm。试计算此支柱在受压时有多大的安全系数? 设钢管的 $\sigma_y = 240$ N/mm^2。

解　支柱两端约束简化为铰支

$$\lambda = \frac{l}{r} = \frac{5}{5.32 \times 10^{-2}} = 94$$

由 λ 查附录 F 压杆临界应力曲线($\sigma_y = 240$ MPa),可知该杆件为非弹性失稳

$$T_{cr} = A\sigma_{cr} = 180 \cdot 42.4 \cdot 10^2 \cdot 10^{-3} = 763.2 \text{ kN}$$

故支柱在受压时的安全系数

$$n = \frac{T_{cr}}{P} = \frac{763.2}{300} = 2.54$$

3. 一根两端自由支持的变断面压杆,若其断面的惯性矩变化如图 9.2 所示:$I_1 = 0.4I_0$,$I_2 = I_0$,试用能量法(一次近似)求出此压杆的欧拉力。

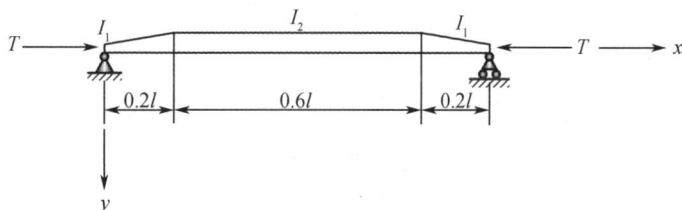

图 9.2

解　根据图 9.2 中的坐标,一次近似时可取

$$v = a_1 \sin \frac{\pi x}{l}$$

则

$$v' = a_1 \frac{\pi}{l} \cos \frac{\pi x}{l}, \quad v'' = -a_1 \left(\frac{\pi}{l}\right)^2 \sin \frac{\pi x}{l}$$

列出惯性矩沿 x 轴的变化规律

$$I_x = \begin{cases} I_1 + \dfrac{I_0 - I_1}{0.2l} & (x \leqslant 0.2l) \\ I_0 & (0.2l \leqslant x \leqslant 0.5l) \end{cases}$$

计算变形能

$$V = 2\left\{ \frac{1}{2} E \int_0^{0.2l} \left[I_1 + \frac{I_0 - I_1}{0.2l}x \right]\left[-a_1 \left(\frac{\pi}{l}\right)^2 \sin \frac{\pi x}{l} \right]^2 dx + \frac{1}{2} EI_0 \int_{0.2l}^{0.5l} \left[-a_1 \left(\frac{\pi}{l}\right)^2 \sin \frac{\pi x}{l} \right]^2 dx \right\}$$

$$= EI_0 \int_0^{0.2l} \left[0.4 + \frac{3x}{l} \right]\left[a_1^2 \left(\frac{\pi}{l}\right)^4 \sin^2 \frac{\pi x}{l} \right]dx + \frac{1}{2} EI_0 \int_{0.2l}^{0.5l} \left[a_1^2 \left(\frac{\pi}{l}\right)^4 \sin^2 \frac{\pi x}{l} \right]dx$$

$$= 0.773\,6 EI_0 a_1^2 \left(\frac{\pi}{l}\right)^3$$

计算力函数

$$U = \frac{1}{2}T\int_0^l v'^2 \mathrm{d}x = \frac{1}{2}T\int_0^l \left(a_1\frac{\pi}{l}\cos\frac{\pi x}{l}\right)^2 \mathrm{d}x = \frac{Ta_1^2\pi^2}{4l}$$

令 $\dfrac{\partial(V-U)}{\partial a_1}=0$，得

$$a_1\left[1.5472EI_0\left(\frac{\pi}{l}\right)^3 - \frac{T\pi^2}{2l}\right]=0$$

因为 $a_1\neq 0$，故解得

$$T_E = 9.71\frac{EI_0}{l^2}$$

4. 用力法解图 9.3 中所示梯形变断面杆的稳定性，已知 $l_1=2l_2$，$I_1=8I_2$。

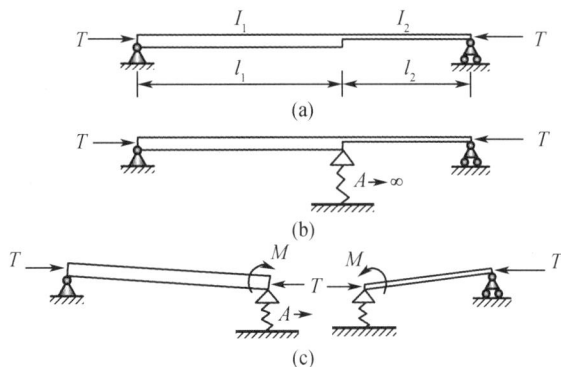

图 9.3

解 在断面变化处虚加一个柔性系数 $A\to\infty$ 的弹性支座，如图 9.3(b) 所示，并列出图 9.3(c) 的弹性支座处的转角连续方程

$$\frac{M(2l_2)}{3E(8I_2)}\psi_1^*(u_1^*) + \frac{v}{(2l_2)} = -\frac{Ml_2}{3EI_2}\psi_1^*(u_2^*) - \frac{v}{l_2} \tag{1}$$

式中

$$u_1^* = \frac{l_1}{2}\sqrt{\frac{T}{EI_1}} = \frac{(2l_2)}{2}\sqrt{\frac{T}{E(8I_2)}} = \frac{\sqrt{2}}{2}u_2^*, \psi_1^*(u^*)=\frac{3}{2u^*}\left(\frac{1}{2u^*}-\frac{1}{\tan 2u^*}\right)$$

$$T = \frac{(2u_2^*)^2 EI_2}{l_2^2}$$

弹性支座的支反力

$$R = \frac{M+Tv}{2l_2} + \frac{M+Tv}{l_2} = 0 \tag{2}$$

将 (1)(2) 式化简，并列出联立方程组求 M 和 v

$$\begin{cases}M\left[\dfrac{l_2}{12EI_2}\psi_1^*(u_1^*) + \dfrac{l_2}{3EI_2}\psi_1^*(u_2^*)\right] + \dfrac{3v}{2l_2}=0 \\ M+vT=0\end{cases}$$

由于杆在中性平衡状态时 M 和 v 不能同时为 0，所以只有系数行列式为零

$$\begin{vmatrix} \dfrac{l_2}{12EI_2}[\psi_1^*(u_1^*)+4\psi_1^*(u_2^*)] & \dfrac{3}{2l_2} \\ 1 & T \end{vmatrix}=0$$

解此行列式,得

$$\frac{2u_2^*}{3}\Big[\frac{9}{2u_2^{*2}}-\frac{3}{\sqrt{2}}\frac{1}{\tan(\sqrt{2}u_2^*)}-\frac{2}{u_2^*\tan(2u_2^*)}\Big]=3$$

化简得

$$\tan x=-2\sqrt{2}\tan\left(\frac{\sqrt{2}}{2}x\right) \tag{3}$$

其中

$$x=2u_2^*$$

(4)式可由迭代法或图解法得到满足中性平衡状态的压力中的最小的一个,即

$$(2u_2^*)_{\min}=1.705$$

故

$$T_E=\frac{(1.705)^2EI_2}{l_2^2}=\frac{2.91EI_2}{l_2^2}$$

5.用力法分别导出图9.4(a)和图9.4(b)中简单刚架的稳定性方程式(即求解欧拉力的方程式)。并解出图9.4(a)中刚架当 $l_1=l,I_1=I$ 时的结果。

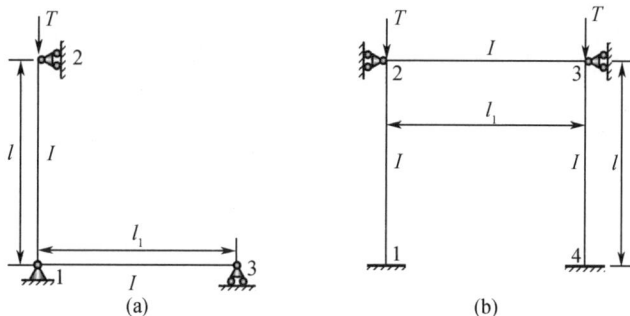

图9.4

解 ①列出节点1的转角连续方程式子($\theta_{12}=\theta_{13}$)

$$-\frac{Ml}{3EI}\psi_1^*(u^*)=\frac{Ml_1}{3EI} \tag{1}$$

由于 $l_1=l,I_1=I,M\neq0$,代入(1)式,可得简单刚架的稳定性方程式为

$$\psi_1^*(u^*)=\frac{3}{2u^*}\left(\frac{1}{2u^*}-\frac{1}{\tan 2u^*}\right)=-1,\ u^*=\frac{l}{2}\sqrt{\frac{T^*}{EI}}$$

$\psi_1^*(u^*)$	-1.07^{56}	-1.04^{80}	-1.0039	-1.0011	-0.9982	-0.995	-0.9925
$2u^*\ (>\pi)$	3.701	3.710	3.725	3.726	3.727	3.728	3.729

采用线性差值,求得当 $\psi_1^*(u^*)=-1$ 时,$u^*=1.8632$ 为最小根,故

$$T_\mathrm{E} = \left(\frac{2u^*}{l}\right)^2 EI = \frac{(2\times1.863)^2 EI}{l^2} = \frac{13.89EI}{l^2}$$

②图 9.4(b)为对称刚架,只需考虑一半,列出节点 1 和节点 2 的转角连续方程

$$\begin{cases} -\dfrac{M_1 l}{3EI}\psi_1^*(u^*) - \dfrac{M_2 l}{6EI}\psi_2^*(u^*) = 0 \\[3mm] \dfrac{M_1 l}{6EI}\psi_2^*(u^*) + \dfrac{M_2 l}{3EI}\psi_1^*(u^*) = -\dfrac{M_2 l_1}{3EI} - \dfrac{M_2 l}{6EI} \end{cases}$$

由于杆在中性平衡状态时 M_1 和 M_2 不能同时为 0,所以只有系数行列式为零,即

$$\begin{vmatrix} -\dfrac{l}{3EI}\psi_1^*(u^*) & \dfrac{l}{6EI}\psi_2^*(u^*) \\[3mm] \dfrac{l}{6EI}\psi_2^*(u^*) & \dfrac{l}{3EI}\psi_1^*(u^*) \end{vmatrix} = 0 \tag{2}$$

化简得欧拉力的方程式为

$$\psi_2^*(u^*) = 2\psi_1^*(u^*)\left[2\psi_1^*(u^*) + \frac{3Il_1}{I_1 l}\right]$$

6. 用解析法求图 9.5(a)中所示等断面压杆的稳定性,求出计算欧拉力的方程式。

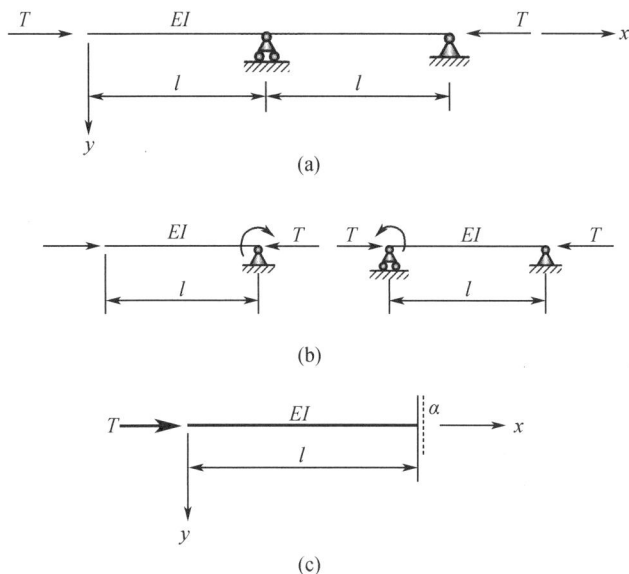

(a)

(b)

(c)

图 9.5

解　此题可用三种方法求解。

①用初参数法解。

取图 9.5(a)中的坐标,用初参数法写出压杆在中性平衡时的挠曲线方程式

$$v(x) = v_0 + \frac{\theta_0}{k}\sin kx - \|_l \frac{R}{EIk^3}[k(x-l) - \sin k(x-l)] \tag{1}$$

式中,$k = \sqrt{\dfrac{T}{EI}}$;R 为中间支座的反力,方向竖直向上。

由于 v_0、θ_0、R 均为未知量,故利用三个边界条件求解:$v(l)=0$、$v(2l)=0$、$v''(2l)=0$,代

入（1）得到

$$v_0 + \frac{\theta_0}{k}\sin 2u = 0 \tag{2}$$

$$v_0 + \frac{\theta_0}{k}\sin 4u - \frac{R}{EIk^3}(2u - \sin 2u) = 0 \tag{3}$$

$$\theta_0 \sin 4u + \frac{R}{EIk^2}\sin 2u = 0 \tag{4}$$

式中，$u = kl/2$。将（4）式中的 R 代入（3）式，得

$$v_0 + \frac{\theta_0}{k}\left(2u\,\frac{\sin 4u}{\sin 2u}\right) = 0 \tag{5}$$

由（2）和（5）式，当 v_0，θ_0 均不为零时，有

$$\begin{vmatrix} 1 & \dfrac{1}{k}\sin 2u \\ 1 & \dfrac{2u\sin 4u}{k\,\sin 2u} \end{vmatrix} = 0$$

解得

$$\tan 2u = 4u \tag{6}$$

此即为压杆的稳定性方程，可用来求出欧拉力。

②用力法求解

用力法解此压杆时，将它在中间支座切开，加上弯矩，如图 9.5（b）所示。

利用 2.3 节中 15 题的结果，图 9.5（b）中两个单跨压杆的转角连续方程式可写成

$$-\frac{Ml}{2uEI}\cdot\frac{1}{\tan 2u} = -\frac{Ml}{3EI}\psi_1^*(u) = -\frac{Ml}{3EI}\cdot\frac{3}{2u}\left(\frac{1}{2u} - \frac{1}{\tan 2u}\right) \tag{7}$$

当 $M \neq 0$ 时，上式给出

$$\tan 2u = 4u$$

③将压杆化为具有弹性固定端的单跨梁，见图 9.5（c）所示。

此时弹性固定端的柔性系数为

$$\alpha = \frac{l}{3EI}\psi_1^*(u) = \frac{l}{3EI}\cdot\frac{3}{2u}\left(\frac{1}{2u} - \frac{1}{\tan 2u}\right)$$

按图 9.5（c）中的坐标，压杆中性平衡时的挠曲线方程式为

$$v(x) = v_0 + \frac{\theta_0}{k}\sin kx \tag{8}$$

将边界条件 $v(l) = 0$ 及 $v'(l) = \alpha EIv''(l)$ 代入（8）式可得

$$v_0 + \frac{\theta_0}{k}\sin 2u = 0 \tag{9}$$

$$\theta_0 \cos 2u = \alpha EI\theta_0 k\sin 2u \tag{10}$$

当 v_0、θ_0 不为零时，有

$$\begin{vmatrix} 1 & \dfrac{1}{k}\sin 2u \\ 0 & \cos 2u - \alpha EIk\sin 2u \end{vmatrix} = 0$$

由此可得

$$\cos 2u - \alpha EIk \sin 2u = 0$$

将 α 代入后可解得

$$\tan 2u = 4u$$

此稳定方程式的解为 $2u = 1.166$，所以杆的欧拉力为

$$T_E = \frac{(2u)^2 EI}{l^2} = 1.36 \frac{EI}{l^2}$$

8. 某纵骨架式船甲板板架沿船长方向均匀受压，已知横梁间距 $l = 2.5$ m，纵骨间距 $b = 0.7$ m，板架长度 $L = 20$ m，宽度 $B = 5.6$ m，板厚 $t = 2$ cm，横梁连带板惯性矩 $I = 5\ 000$ cm^4，纵骨连带板惯性矩 $i = 1\ 000$ cm^4，材料比例极限 $\sigma_p = 200$ N/mm^2，纵骨的断面面积 $f = 20$ cm^2，横梁一端为自由支持，另一端为刚性固定，见图 9.6。试求：

(1) 该甲板板架失稳时的欧拉应力和失稳的半波数。

(2) 此甲板板架是否需要考虑非弹性稳定性？

(3) 计算横梁的临界惯性矩 I_c。

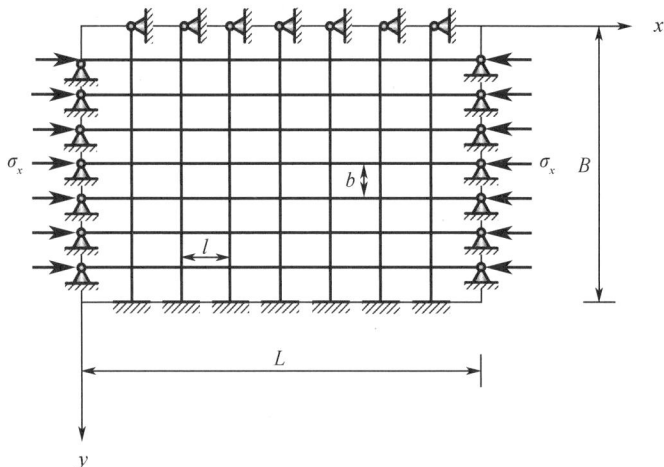

图 9.6

解　①因横梁一端刚性固定，一端自由支持，故相当固定系数 $v_1 = 1, v_2 = 0$，查出 $\mu = 3.93$，则

$$X_j = I\left(\frac{\mu}{\pi}\right)^4 \left(\frac{l}{B}\right)^3 \frac{b}{B} \cdot \frac{1}{i} = \frac{5\ 000}{1\ 000}\left(\frac{3.93}{3.14}\right)^4 \left(\frac{2.5}{5.6}\right)^3 \frac{0.7}{5.6} = 0.136\ 5$$

纵骨跨度 $n = \dfrac{L}{l} = \dfrac{20}{2.5} = 8$，查附录 G-4，求得 $\lambda = 0.73, j = 5$，则

$$\sigma_E = \sigma_0 \lambda = \frac{\pi^2 Ei}{(f + bt)l^2}\lambda = \frac{3.14^2 \times 2 \times 10^5 \times 10^7}{(20 + 2 \times 70) \times 10^2 \times 2.5^2 \times 10^6} \times 0.73 = 144\ \text{N/mm}^2 < \sigma_p = 200\ \text{N/mm}^2$$

故不需要考虑非弹性稳定性。

②横梁的临界惯性矩

$$I_c = \left(\frac{\pi}{\mu}\right)^4 \left(\frac{B}{l}\right)^3 \frac{B}{b} i X_{j,\max} = \left(\frac{3.14}{3.93}\right)^4 \left(\frac{5.6}{2.5}\right)^3 \frac{5.6}{0.7} \times 10^3 \times 0.388 = 14\ 217.2\ \text{cm}^4$$

9. 一矩形板三边简支,另一边由弯曲刚度为 EI 的梁支持,单向受压,见图 9.7 所示,试用能量法一次近似求此结构的稳定性方程式。

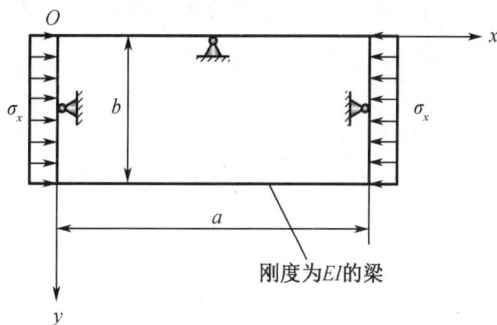

图 9.7

解　若取图 9.7 中的坐标,则板中性平衡的挠曲面可写作

$$w(x,y) = \left(A_1 \sin \frac{\pi y}{b} + A_2 \frac{y}{b}\right) \sin \frac{\pi x}{a} \tag{1}$$

板的弯曲应变能为

$$V_{板} = \frac{D}{2} \int_0^a \int_0^b \left\{ \left(\frac{\partial^2 w}{\partial x^2} + \frac{\partial^2 w}{\partial y^2} \right) + 2(1-\mu) \left[\left(\frac{\partial^2 w}{\partial x \partial y} \right)^2 - \frac{\partial^2 w}{\partial x^2} \cdot \frac{\partial^2 w}{\partial y^2} \right] \right\} dx dy \tag{2}$$

梁的弯曲应变能为

$$V_{梁} = \frac{EI}{2} \int_0^a \left(\frac{\partial^2 w}{\partial x^2} \right)^2 \bigg|_{y=b} dx \tag{3}$$

将所取之 $\omega(x,y)$ 代入(2)式和(3)式,计算得

$$V_{板} = \frac{D}{2} \left[A_1^2 \frac{ab\pi^4}{4} \left(\frac{1}{a^2} + \frac{1}{b^2} \right)^2 + A_2^2 \frac{\pi^2}{2a} \left(\frac{\pi^2}{a^2} \cdot \frac{b}{3} + \frac{2}{b} - \frac{2\mu}{b} \right) + A_1 A_2 \frac{\pi^3}{a} \left(\frac{b}{a^2} + \frac{\mu}{b} \right) \right]$$

$$V_{梁} = \frac{EI\pi^4}{4a^3} A_2^2$$

从而结构应变能为 $V = V_{板} + V_{梁}$。

结构的力函数为

$$U = \frac{T_x}{2} \int_0^a \int_0^b \left(\frac{\partial w}{\partial x} \right)^2 dx dy = \frac{T_x}{4} \frac{\pi^2 b}{a} \left(\frac{A_1^2}{2} + \frac{2A_1 A_2}{\pi} + \frac{A_2^2}{3} \right)$$

结构中性平衡的虚位移原理给出

$$\frac{\partial(V-U)}{\partial A_1} = 0, \frac{\partial(V-U)}{\partial A_2} = 0$$

将 V 和 U 的式子代入上两式,得

$$\frac{A_1}{2} \left[\frac{\pi^2 D}{b^2} \left(\frac{b}{a} + \frac{a}{b} \right)^2 - T_x \right] + \frac{A_2}{\pi} \left[\frac{\pi^2 D}{b^2} \left(\frac{b^2}{a^2} + \mu \right) - T_x \right] = 0 \tag{4}$$

$$\frac{A_1}{\pi} \left[\frac{\pi^2 D}{b^2} \left(\frac{b^2}{a^2} + \mu \right) - T_x \right] + A_2 \left[\frac{\pi^2 D}{b^2} \left(\frac{b^2}{3a^2} + \frac{2-2\mu}{\pi^2} \right) + \frac{EI\pi^2}{a^{2b}} - \frac{T_x}{3} \right] = 0 \tag{5}$$

由 A_1 和 A_2 有非零解的条件,上两式系数的行列式应等于零即可得到求解临界荷重的稳定性方程式。若设 $a=b$,$EI = \gamma bD$,$\mu = 0.25$ 可得到稳定性方程式为

$$0.065\,3T_x^2 - (0.656 + 0.5\gamma)\frac{\pi^2 D}{b^2}\cdot T_x + (0.812 + 2\gamma)\frac{\pi^4 D^2}{b^4} = 0 \tag{6}$$

解此方程式得 T_x 的最小根即为所需之临界荷重。若 $EI = 0$，表示 $y = b$ 边为全自由，由
(6)式可解得 $T_{x,\min} = 1.466\,\dfrac{\pi^2 D}{b^2}$，故 $\sigma_{x,\mathrm{cr}} = 1.466\,\dfrac{\pi^2 D}{b^2 t}$。

10. 试用能量法求图9.8中所示的三边自由支持，另一边完全自由的受压矩形板的临界
应力。计算是板的挠曲面形状可取为 $\omega(x,y) = A\,\dfrac{y}{b}\sin\dfrac{\pi x}{a}$。

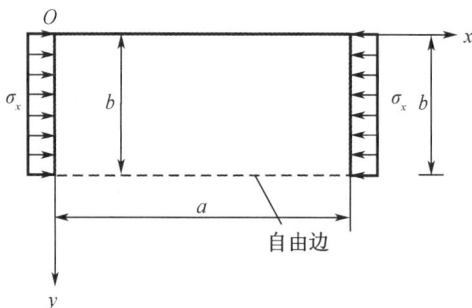

图9.8

解 由已知条件可知：$T_x = \sigma_x t$，由于板三边自由支持，另一边完全自由，故可假定挠曲
函数

$$\omega(x,y) = A\,\frac{y}{b}\sin\frac{\pi x}{a}$$

则
$$\frac{\partial\omega}{\partial x} = A\left(\frac{\pi}{a}\right)\frac{y}{b}\cos\frac{\pi x}{a},\ \frac{\partial^2\omega}{\partial x^2} = -A\left(\frac{\pi}{a}\right)^2\frac{y}{b}\sin\frac{\pi x}{a},\ \frac{\partial\omega}{\partial y} = \frac{A}{b}\sin\frac{\pi x}{a}$$

$$\frac{\partial^2\omega}{\partial y^2} = 0,\ \frac{\partial^2\omega}{\partial x\partial y} = A\left(\frac{\pi}{a}\right)\frac{1}{b}\cos\frac{\pi x}{a}$$

于是板的弯曲应变能

$$V = \frac{D}{2}\int_0^a\int_0^b\left\{\left(\frac{\partial^2\omega}{\partial x^2} + \frac{\partial^2\omega}{\partial y^2}\right)^2 + 2(1-\mu)\left[\left(\frac{\partial^2\omega}{\partial x\partial y}\right)^2 - \frac{\partial^2\omega}{\partial x^2}\frac{\partial^2\omega}{\partial y^2}\right]\right\}\mathrm{d}x\mathrm{d}y$$

$$= \frac{D}{2}\int_0^a\int_0^b\left\{A^2\left(\frac{\pi}{a}\right)^4\left(\frac{y}{b}\right)^2\sin^2\frac{\pi x}{a} + 2(1-\mu)\left[A^2\left(\frac{\pi}{a}\right)^2\frac{1}{b^2}\cos^2\frac{\pi x}{a}\right]\right\}\mathrm{d}x\mathrm{d}y$$

$$= \frac{D}{2}\left(\frac{\pi}{ab}\right)^2 A^2\int_0^a\int_0^b\left\{\left(\frac{\pi}{a}\right)^2 y^2\sin^2\frac{\pi x}{a} + 2(1-\mu)\cos^2\frac{\pi x}{a}\right\}\mathrm{d}x\mathrm{d}y$$

$$= \frac{D}{2}\left(\frac{\pi}{ab}\right)^2 A^2\left[\left(\frac{\pi}{a}\right)^2\frac{ab^3}{6} + (1-\mu)ab\right] = \frac{DA^2\pi^2}{2a}\left[\frac{\pi^2 b}{6a^2} + \frac{1-\mu}{b}\right]$$

再计算出板的力函数

$$U = \frac{1}{2}\int_0^a\int_0^b\left[T_x\left(\frac{\partial\omega}{\partial x}\right)^2\right]\mathrm{d}x\mathrm{d}y = \frac{1}{2}\int_0^a\int_0^b\left[\sigma_x t\left(\frac{\partial\omega}{\partial x}\right)^2\right]\mathrm{d}x\mathrm{d}y$$

$$= \frac{\sigma_x t}{2}\int_0^a\int_0^b\left(A\frac{\pi y}{ab}\cos\frac{\pi x}{a}\right)^2\mathrm{d}x\mathrm{d}y = \frac{A^2\pi^2}{12}\left(\frac{b}{a}\right)\sigma_x t$$

令 $\dfrac{\partial(V-U)}{\partial a_1}=0$,得

$$\frac{DA\pi^2}{a}\left[\frac{\pi^2 b}{6a^2}+\frac{1-\mu}{b}\right]-\frac{A}{6}\pi^2\left(\frac{b}{a}\right)\sigma_x t$$

由于 $A\neq0$,于是

$$\sigma_x=\frac{6D}{bt}\left[\frac{\pi^2 b}{6a^2}+\frac{1-\mu}{b}\right]=\frac{\pi^2 D}{b^2 t}\left[\frac{b^2}{a^2}+\frac{6(1-\mu)}{\pi^2}\right]=k\frac{\pi^2 D}{b^2 t}$$

式中, $k=\dfrac{b^2}{a^2}+\dfrac{6(1-\mu)}{\pi^2}$。

11. 设有一纵骨架式船,船底肋板间距为 1.2 m,纵骨间距为 0.7 m,如要保证船底板的临界应力达到 $\sigma_y=240\ \text{N/mm}^2$,求所需板厚为多少?

解　已知纵骨架式船体板格尺寸 $a=1.2\ \text{m}=120\ \text{mm}$, $b=0.7\ \text{m}=700\ \text{mm}$,则

$$\frac{a}{b}=\frac{120}{70}=1.7>1$$

故 $k\approx4$,所以实用上取

$$\sigma_{\text{cr}}=\frac{4\pi^2 D}{b^2 t}\geq\sigma_y$$

于是

$$t^2\geq\frac{\sigma_y b^2}{4\pi^2}\cdot\frac{12(1-\mu^2)}{E}=\frac{2\,400\times70^2}{4\pi^2}\times\frac{12\times0.91}{2\times10^6}=1.626$$

解得

$$t\geq1.28\ \text{cm}$$

12. 设有一纵骨架式甲板,强横梁间距为 2.2 m,自船舷至舱口间的距离为 6 m,甲板板厚已定为 12 mm,试设计纵骨间距使甲板板的临界应力达到材料的屈服极限 $\sigma_y=240\ \text{N/mm}^2$。若纵骨选用 NO.12 球扁钢,断面面积为 11.15 cm²,则纵骨包括带板的惯性矩应有多大?

解　已知纵骨架式甲板板格长 $a=220\ \text{cm}$, $t=1.2\ \text{cm}$,甲板板的临界应力 $\sigma_{\text{cr}}=\sigma_y=240\ \text{N/mm}^2$。

由于 $\sigma_{\text{cr}}=\dfrac{4\pi^2 D}{b^2 t}$,于是纵骨间距

$$b=\sqrt{\frac{4\pi^2 E t^2}{12\sigma_{\text{cr}}(1-\mu^2)}}=\sqrt{\frac{4\pi^2\times2\times10^7\times1.2^2}{12\times24\,000\times0.91}}=65.9\ \text{cm}$$

要求骨架的临界应力不小于板的临界应力

$$\sigma_{\text{cr}}=\frac{\pi^2 Ei}{a^2 A}\geq\sigma_{\text{E}}^{\text{板}}=\sigma_y$$

式中, i 是纵骨连带板的惯性矩。

解得

$$i\geq\frac{a^2 A}{\pi^2 E}\sigma_y=\frac{220^2\times(11.15+65.9\times1.2)\times24\,000}{3.14^2\times2\times10^7}=531.5\ \text{cm}^4$$

13. 计算某船的甲板板架,求出甲板板架的临界应力。已知:板架长度 $L=12.5$ m,宽度 $B=5$ m,横梁间距 $l=2.5$ m,纵骨间距 $b=0.5$ m,横梁惯性矩 $I=5\,000\ \text{cm}^4$,纵骨连带板的断

面惯性矩及断面面积分别为 $i = 1\ 250\ \mathrm{cm}^4$，$A = 64.05\ \mathrm{cm}^2$，横梁一端自由支持，另一端弹性固定，柔性系数 $\alpha = 0.5\dfrac{B}{EI}$，材料的屈服应力 $\sigma_y = 240\ \mathrm{N/mm}^2$。

解 要计算甲板板架的临界应力，为此先计算出系数 μ，因横梁两端的相当固定系数 $v_1 = 0$ 及 $v_2 = 1/\left(1 + \dfrac{2\alpha EI}{B}\right) = 0.5$，故由参考文献[1]的图 10 - 22 可得 $\mu = 3.36$。

纵骨的跨数为

$$n = \frac{12.5}{2.5} = 5$$

纵骨作为刚性支座上的连续压杆的欧拉应力为

$$\sigma_0 = \frac{\pi^2 E i}{A l^2} = \frac{\pi^2 \times 2 \times 10^7 \times 1\ 250}{64.05 \times 250^2} = 61\ 636.87\ \mathrm{N/cm}^2$$

横梁作为纵骨的弹性支座的刚性系数

$$K = \frac{\mu^4 EIb}{B^4} = \frac{3.36^4 \times 2 \times 10^7 \times 5\ 000 \times 50}{500^4} = 10\ 196.4\ \mathrm{N/cm}$$

弹性支座的临界刚度

$$K_c = 0.364\frac{\pi^4 E i}{l^3} = 0.364\frac{3.14^4 \times 2 \times 10^7 \times 1\ 250}{250^3} = 56\ 731.05\ \mathrm{N/cm} > K = 10\ 196.4\ \mathrm{N/cm}$$

故 $\sigma_{cr} < \sigma_0$。

$$X_j(\lambda) = I\left(\frac{\mu}{\pi}\right)^4\left(\frac{l}{B}\right)^3\frac{b}{B}\cdot\frac{1}{i} = 500\left(\frac{3.36}{3.14}\right)^4\left(\frac{2.5}{5}\right)^3\frac{0.5}{5}\times\frac{1}{1\ 250} = 0.065\ 4$$

由附录图 G - 4 查得 $\lambda = 0.52$，于是

$$\sigma_E = \lambda\sigma_0 = 0.52 \times 61\ 636.87 = 31\ 909.21\ \mathrm{N/cm}^2 > \sigma_y = 24\ 000\ \mathrm{N/cm}^2$$

故需要非弹性修正，令 $\varphi x_j(\lambda) = 0.065\ 4$，假定一系列临界应力 σ_{cr} 的值，由附录 F 找出相应的 φ 值，从而求出一系列的 λ 值，见表 9 - 1。

表 9 - 1

$\sigma_{cr}/(\mathrm{N/cm}^2)$	φ	$\varphi\sigma_0$	$\lambda = \dfrac{\sigma_{cr}}{\varphi\sigma_0}$	$x_j(\lambda)$	$\varphi x_j(\lambda)$
160	0.888 8	547.83	0.292	0.024	0.021 3
180	0.750 0	462.28	0.389	0.040	0.030 0
200	0.555 5	342.39	0.584	0.088	0.048 8
205	0.498 2	307.07	0.668	0.120	0.059 8
210	0.437 5	269.66	0.779	0.160	0.070 0

由线性插值求出甲板板架的临界应力为

$$\sigma_{cr} = 205 + \frac{210 - 205}{0.070\ 0 - 0.059\ 8}(0.065\ 4 - 0.059\ 8) = 210\ \mathrm{N/cm}^2$$

14. 设有一对称的 NO.18 工字钢，如图 9.9 所示，断面尺寸：翼板 $94 \times 10\ \mathrm{mm}^2$，腹板 $180 \times 6.5\ \mathrm{mm}^2$，长度为 2 m，两端自由支持在刚性支座上，梁上受到均布荷重 $q = 40\ \mathrm{kN/m}$。

①校核此工字钢翼板的稳定性。

②校核工字钢腹板在弯曲正应力作用下的稳定性。

③校核腹板在切应力作用下的稳定性。

④校核腹板在弯曲正应力与切应力联合作用下的稳定性。

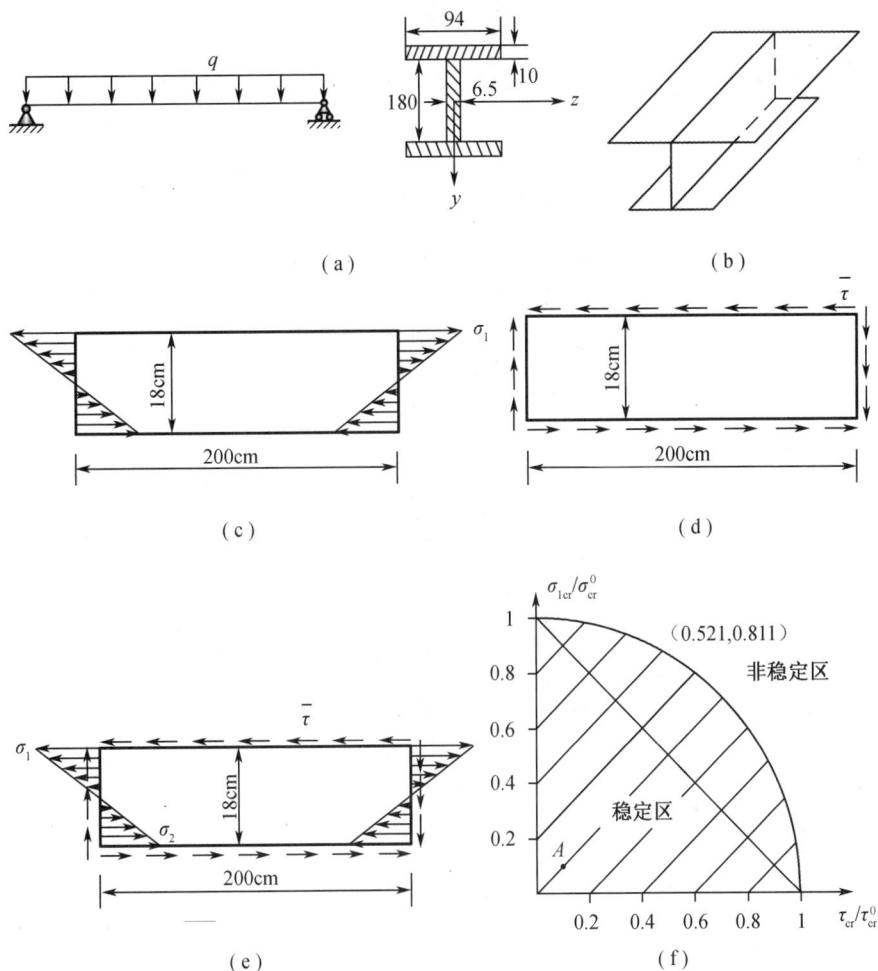

图 9.9

解 ①计算出工字型截面的断面惯性矩

$$I = \frac{1}{12} \times 9.4 \times 20^3 - \frac{1}{12}(9.4 - 0.65) \times 18^3 = 2\ 014.17\ \text{cm}^4$$

简支梁最大弯矩在跨中为

$$M_{max} = ql^2/8 = 400 \times 200^2/8 = 2 \times 10^6\ \text{N} \cdot \text{cm}$$

于是

$$|\sigma_{max}| = \left| \frac{M_{max}y_{max}}{I} \right| = \frac{2 \times 10^6 \times 10}{2\ 014.17} = 9\ 929.65\ \text{N/cm}^2$$

将翼板取其中一半,如图 9.9(b)所示,其边界可认为三边自由支持,一边完全自由。由于边长比相当大($\frac{a}{b} = \frac{2 \times 200}{9.4} = 42.6$),故 k 取 0.426。于是

$$\sigma_{cr} = 8.2 \left(\frac{100t}{b} \right)^2 = 8.2 \left(\frac{100 \times 1}{4.7} \right)^2 \cdot 10^2 = 371\ 209\ \text{N/cm}^2$$

由于 $|\sigma_{\max}| < \sigma_{cr}$，所以工字钢翼板的稳定性足够。

②腹板在弯曲正应力（$\eta = 2$）作用下的计算如图9.9（c）所示。

由于边长比相当大（$\dfrac{a}{b} = \dfrac{200}{18} = 11.11$），故 k 取24。

于是

$$\sigma_{1cr}^0 = k\frac{\pi^2 D}{b^2 t} = 24\,\frac{3.14^2 \times 2 \times 10^7 \times 0.65^2}{18^2 \times 12 \times 0.91} = 565\,144.62\ \text{N/cm}^2$$

$$\sigma_{\max} = \frac{M_{\max}\left(\dfrac{b}{2}\right)}{I} = \frac{2 \times 10^6 \times 9}{2\,014.17} = 8\,936.68\ \text{N/cm}^2 < \sigma_{1cr}$$

故工字钢腹板在弯曲正应力作用下的稳定性是足够的。

③腹板在切应力作用下计算如图9.9（d）所示。

简支梁最大剪力发生在支座上，其大小为

$$N_{\max} = \frac{ql}{2} = \frac{40 \times 10^3 \times 2}{2} = 40 \times 10^3\ \text{N}$$

工字型截面梁腹板上的平均切应力近似为

$$\bar{\tau} = \frac{N_{\max}}{A_w} = \frac{40 \times 10^3}{180 \times 6.5} = 34.18\ \text{MPa}$$

由于腹板长宽比相当大（$\dfrac{a}{b} = \dfrac{200}{18} = 11.11$），取 $k = 5.35$，得

$$\tau_{cr}^0 = 102\left(\frac{100\,t}{b}\right)^2 = 102\left(\frac{65}{18}\right)^2 = 1\,330.09\ \text{MPa} > \bar{\tau} = 34.18\ \text{MPa}$$

则工字钢腹板在切应力作用下的稳定性是足够的。

④腹板在弯曲正应力和切应力共同作用下计算如图9.9（e）所示。

查附录 H – 1 NO.3，计算如下参数：

边长比

$$\alpha = \frac{a}{b} = \frac{200}{18} = 11.1 > 1, \quad \kappa = \frac{2}{9} + \frac{1}{6\alpha^2} = 0.223\,6$$

压应力与切应力之比

$$\beta = \frac{\sigma_1}{\tau} = \frac{894}{327} = 2.73$$

则

$$k = 24\kappa\,\sqrt{\beta^2 + 3} \cdot \sqrt{\frac{1}{1 + \beta^2 \kappa^2}} = 24 \times 0.223\,6 \times \sqrt{2.73^2 + 3} \times \sqrt{\frac{1}{1 + (2.73 \times 0.223\,6)^2}}$$

$$= 14.81$$

$$\sigma_i = \frac{\pi^2 E}{12(1 - \mu^2)}\left(\frac{t}{b}\right)^2 k = \frac{\pi^2 \times 2 \times 10^7}{12 \times 0.91}\left(\frac{6.5}{180}\right)^2 \times 14.81 = 348\,741.33\ \text{N/cm}^2$$

于是计算出压应力的临界值为

$$\sigma_{1cr} = \frac{\beta\sigma_i}{\sqrt{\beta^2 + 3}} = \frac{2.73 \times 348\,741.33}{\sqrt{2.73^2 + 3}} = 294\,474.48\ \text{N/cm}^2$$

切应力的临界值为

$$\tau_{cr} = \frac{\sigma_i}{\sqrt{\beta^2 + 3}} = \frac{\sigma_{1cr}}{\beta} = \frac{294\,474.48}{2.73} = 107\,866.11\ \text{N/cm}^2$$

$$\frac{\sigma_{1cr}}{\sigma_{cr}^0}=\frac{294\ 474.48}{565\ 144.62}=0.521, \frac{\tau_{cr}}{\tau_{cr}^0}=\frac{107\ 866.11}{133\ 009}=0.811$$

点(0.521,0.811)在不稳定区和稳定区的交界上,故过此点及点(0,1)和点(1,0)画一条抛物线,如图9.9(f)所示,其中阴影区为稳定区。

$$\frac{\sigma_{max}}{\sigma_{cr}^0}=\frac{8\ 936.68}{565\ 144.62}=0.0158, \frac{\tau_{max}}{\tau_{cr}^0}=\frac{34.18}{1\ 330.09}=0.026$$

A 点(0.015 8,0.026)显然落于稳定区内,故此工字钢腹板在复合受力的情况下,稳定性是足够的。

15.图9.10中的杆系,受压纵骨由两根横梁支持。已知纵骨的断面面积及惯性矩分别为 $A=20\ \text{cm}^2$, $i=1\ 000\ \text{cm}^4$,长度为 $3l=15\ \text{m}$;横梁的断面惯性矩为 $I=15\ 000\ \text{cm}^4$,长度为 $L=6\ \text{m}$。

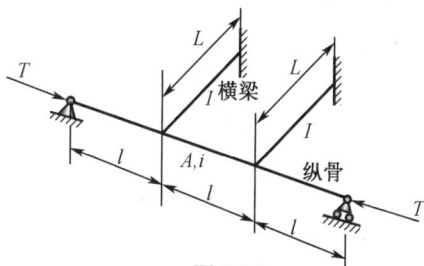

图 9.10

①求出横梁作为纵骨弹性支座的刚性系数 K。

②考虑材料非弹性影响,计算出弹性支座的临界刚度 K_c(钢材的屈服极限为 $\sigma_y=400\ \text{N/mm}^2$)。

③此纵骨能承受的最大压应力为多少?

解　①由于横梁关于纵骨对称,所以横梁作为纵骨弹性支座的刚性系数相等。

下面计算横梁作为纵骨弹性支座的刚性系数 K。

由于

$$v=AR=\frac{RL^3}{3EI}$$

故

$$K=\frac{1}{A}=\frac{R}{v}=\frac{3EI}{L^3}=\frac{3\times2\times10^7\times15\ 000}{6^3\times10^6}\ \text{N/cm}=4\ 167\ \text{N/cm}$$

②根据求出 K 的值,计算系数 X_j

$$X_j=\frac{K}{\dfrac{\pi^4 Ei}{l^3}}=\frac{5^3\times10^6\times4167}{3.14^4\times2\times10^7\times1\ 000}=0.268$$

查附录 G-2,得当 $X_j=0.268$ 时, $\lambda=0.91$,于是

$$\sigma_E=\lambda\sigma_0=0.91\frac{\pi^2 Ei}{Al^2}=0.91\frac{3.14^2\times2\times10^5\times1\ 000\times10^4}{20\times10^2\times5^2\times10^6}=358.9\ \text{N/mm}^2$$

$$\sigma_{cr}^0=k\frac{\pi^2 D}{b^2 l}=\frac{24\times\pi^2\times2\times10^6\times0.65^2}{18^2\times0.91\times12}=56\ 571\ \text{kg/cm}^2\gg\sigma_y$$

而

$$\sigma_{max}=\frac{M_{max}\left(\dfrac{b}{2}\right)}{I}=\frac{2\times10^5\times9}{2\ 012.6}=894\ \text{kg/cm}^2<\sigma_y$$

附　　录

附录 A　单跨梁的弯曲要素表

1. 在弯曲要素表中采用下列符号：

l——梁的长度；

x——沿梁长方向的坐标，向右为正；

E——材料的弹性模数；

I——梁的断面惯性矩；

v——梁的挠度，向下为正；

θ——梁断面的转角，顺时针方向为正；θ_1、θ_2分别为梁左、右支座断面的转角；

M——梁断面的弯矩，在左断面向下为正，在右断面向上为正，M_1、M_2分别为梁左、右支座断面的弯矩；

N——梁断面的剪力，在左断面向下为正，在右断面向上为正；

R_1、R_2——梁左、右支座的支座反力，向上为正；

q——梁上单位长度的分布荷重；

Q——梁上分布荷重的总值；

P——梁上的集中力；

m——梁上的集中外弯矩。

2. 梁的坐标原点在左支座。

3. 弯曲要素表的公式中，符号 $\|$ 后的项仅用于 $x > c$ 的断面。

表 A－1　悬臂梁的弯曲要素表

NO.	荷重形式	挠曲线方程	梁端挠度	梁端转角
1		$v = \dfrac{Pl^3}{3EI}\left[\dfrac{x^2}{l^2}\left(\dfrac{3}{2} - \dfrac{x}{2l}\right)\right]$	$\dfrac{Pl^3}{3EI}$	$\dfrac{Pl^2}{2EI}$
2		$v = \dfrac{mx^2}{2EI}$	$\dfrac{ml^2}{2EI}$	$\dfrac{ml}{EI}$
3		$v = \dfrac{Ql^3}{24EI}\cdot\dfrac{x^2}{l^2}\left(6 - 4\dfrac{x}{l} + \dfrac{x^2}{l^2}\right)$	$\dfrac{Ql^3}{8EI}$	$\dfrac{Ql^2}{6EI}$
4		$v = \dfrac{Ql^3}{60EI}\cdot\dfrac{x^2}{l^2}\left(10 - 10\dfrac{x}{l} + 5\dfrac{x^2}{l^2} - \dfrac{x^3}{l^3}\right)$	$\dfrac{Ql^3}{15EI}$	$\dfrac{Ql^2}{12EI}$

表 A－2　两端自由支持梁的弯曲要素表

NO.	荷重形式与弯矩剪力图	挠曲线方程式及挠度	梁端转角	弯矩	支座反力
1		$$v = \frac{Pl^3}{6EI}\left[\frac{b}{l}\cdot\frac{x}{l}\left(1-\frac{b^2}{l^2}-\frac{x^2}{l^2}\right)\right] + \|_a\left(\frac{x-a}{l}\right)^3$$ $$v(a) = \frac{Pa^2b^2}{3EIl}$$ 当 $a=b=\frac{l}{2}$ 时 $$v\left(\frac{l}{2}\right) = \frac{Pl^3}{48EI}$$	$$\theta_1 = \frac{Pab}{6EI}\left(1+\frac{b}{l}\right)$$ $$\theta_2 = -\frac{Pab}{6EI}\left(1+\frac{a}{l}\right)$$ 当 $a=b=\frac{l}{2}$ 时 $$\theta_1 = -\theta_2 = \frac{Pl^2}{16EI}$$	$$M(a) = -\frac{Pab}{l}$$ 当 $a=b=\frac{l}{2}$ 时 $$M\left(\frac{l}{2}\right) = -\frac{Pl}{4}$$	$$R_1 = \frac{Pb}{l}$$ $$R_2 = \frac{Pa}{l}$$ 当 $a=b=\frac{l}{2}$ 时 $$R_1 = R_2 = \frac{P}{2}$$
2		$$v = \frac{Pl^3}{6EI}\left[\frac{x}{l}\left(3\frac{ab}{l^2}-\frac{x^2}{l^2}\right)\right] + \|_b\left(\frac{x-b}{l}\right)^3$$ $$v(a) = \frac{Pa^2l}{6EI}\left(3\frac{b}{l}-\frac{a}{l}\right)$$ $$v\left(\frac{l}{2}\right) = \frac{Pal^2}{6EI}\left(\frac{3}{4}-\frac{a^2}{l^2}\right)$$	$$\theta_1 = -\theta_2 = \frac{Pab}{2EI}$$	当 $a \le x \le b$ 时 $$M = -Pa$$	$$R_1 = R_2 = P$$
3		$$v = -\frac{mlx}{6EI}\left(2-3\frac{x}{l}+\frac{x^2}{l^2}\right)$$ $$v\left(\frac{l}{2}\right) = -\frac{ml^2}{16EI}$$	$$\theta_1 = -\frac{ml}{3EI}$$ $$\theta_2 = \frac{ml}{6EI}$$	$$M = \frac{m}{l}(l-x)$$	$$R_1 = \frac{m}{l}$$ $$R_2 = -\frac{m}{l}$$

表 A - 2（续）

NO.	荷重形式与弯矩剪力图	挠曲线方程式及挠度	梁端转角	弯矩	支座反力
4		$$v = -\frac{l^2}{6EI} \cdot \frac{x}{l}\left(1 - \frac{x}{l}\right) \times \left[m_1\left(2 - \frac{x}{l}\right) + m_2\left(1 + \frac{x}{l}\right)\right]$$	$$\theta_1 = -\frac{m_1 l}{3EI} - \frac{m_2 l}{6EI}$$ $$\theta_2 = \frac{m_1 l}{6EI} + \frac{m_2 l}{3EI}$$	$$M = m_1\left(1 - \frac{x}{l}\right) + m_2\frac{x}{l}$$	$$R_1 = \frac{m_1 - m_2}{l}$$ $$R_2 = \frac{m_2 - m_1}{l}$$
5		$$v = \frac{ml^2}{6EI}\left[\frac{x}{l}\left(1 - \frac{3b^2}{l^2} - \frac{x^2}{l^2}\right) + \|_a^3\left(\frac{x-a}{l}\right)^2\right]$$ $$v(a) = \frac{mab}{3EI}\left(\frac{a-b}{l}\right)$$	$$\theta_1 = \frac{ml}{6EI}\left(1 - \frac{3b^2}{l^2}\right)$$ $$\theta_2 = \frac{ml}{6EI}\left(1 - \frac{3a^2}{l^2}\right)$$	$$M = -m\left(\frac{x}{l} - \|_a 1\right)$$	$$R_1 = \frac{m}{l}$$ $$R_2 = -\frac{m}{l}$$
6		$$v = \frac{Ql^3}{4EI}\left(\frac{x}{l} - \frac{2x^3}{l^3} + \frac{x^4}{l^4}\right)$$ $$v\left(\frac{l}{2}\right) = \frac{5Ql^3}{384EI}$$	$$\theta_1 = -\theta_2 = \frac{Ql^2}{24EI}$$	$$M\left(\frac{l}{2}\right) = -\frac{Ql}{8}$$	$$R_1 = R_2 = \frac{Q}{2}$$

表 A – 2（续）

NO.	荷重形式与弯矩剪力图	挠曲线方程式及挠度	梁端转角	弯矩	支座反力
7		$v = \dfrac{Qbl^2}{24EI}\left[\dfrac{x}{l}\left(1+\dfrac{2a}{l}-\dfrac{a^2}{l^2}-\dfrac{2x^2}{l^2}\right)+\|_a\dfrac{(x-a)^4}{b^2l^2}\right]$	$\theta_1 = \dfrac{Qbl}{24EI}\left(1+\dfrac{2a}{l}-\dfrac{a^2}{l^2}\right)$ $\theta_2 = -\dfrac{Qbl}{24EI}\times\left(1+\dfrac{a}{l}\right)^2$	$M_{max}=-\dfrac{Qb}{8}\left(1+\dfrac{a}{l}\right)^2$	$R_1=\dfrac{Qb}{2l}$ $R_2=Q\left(1-\dfrac{b}{2l}\right)$
8		$v = \dfrac{Ql^3}{180EI}\left(\dfrac{7x}{l}-\dfrac{10a^3}{l^3}+\dfrac{3x^5}{l^5}\right)$ 当 $x=0.519\,3l$ 时 $v_{max}=0.013\,04\dfrac{Ql^3}{EI}$	$\theta_1=\dfrac{7Ql^2}{180EI}$ $\theta_2=-\dfrac{2Ql^2}{45EI}$	当 $b=0.577\,3l$ 时 $M_{max}=0.128\,3Ql$	$R_1=\dfrac{Q}{3}$ $R_2=\dfrac{2Q}{3}$
9		$v = \dfrac{Ql^3}{180EI}\left[\dfrac{b}{l}\left(7+6\dfrac{a}{l}-\dfrac{3a^2}{l^2}-\dfrac{10x^2}{l^2}\right)\dfrac{x}{l}+\|_a 3\dfrac{(x-a)^5}{b^2l^3}\right]$	$\theta_1=\dfrac{Qbl}{180EI}\left(7+\dfrac{6b}{l}-3\dfrac{a^2}{l^2}\right)$ $\theta_2=-\dfrac{Qbl}{180EI}\left(8+\dfrac{9a}{l}+\dfrac{3a^2}{l^2}\right)$	$M=-\dfrac{Ql}{3}\left[\dfrac{bx}{l^2}-\|_a\dfrac{(x-a)^3}{b^2l}\right]$	$R_1=\dfrac{Qb}{3l}$ $R_2=Q\left(1-\dfrac{b}{3l}\right)$

表 A－3 一端自有支持，一端刚性固定梁的弯曲要素表

NO.	荷重形式与弯矩剪力图	挠曲线方程式及挠度	固定断面弯矩	右支座反力
1		$$v = \frac{Pl^3}{6EI}\left\{\frac{x^2}{l^2}\left[\frac{3}{2}\cdot\frac{ab}{l^2}\left(1+\frac{b}{l}\right)-\left(1-\frac{3a^2}{2l^2}+\frac{a^3}{2l^3}\right)\frac{x}{l}\right]+\right.$$ $$\left.\|_a\left(\frac{x-a}{l}\right)^3\right\}$$ 当 $a=b=\frac{l}{2}$ 时 $$v\left(\frac{l}{2}\right)=\frac{7Pl^3}{768EI}$$	$$M_1 = \frac{P}{2}\cdot\frac{ab}{l}\times\left(1+\frac{b}{l}\right)$$ 当 $a=b=\frac{l}{2}$ 时 $$M_1 = \frac{3}{16}Pl$$	$$R_2 = \frac{Pa^2}{2l^2}\times\left(3-\frac{a}{l}\right)$$ 当 $a=b=\frac{l}{2}$ 时 $$R_2 = \frac{5P}{16}$$
2		$$v = \frac{Ql^3}{24EI}\cdot\frac{x^2}{l^2}\left(\frac{x^2}{l^2}-\frac{5x}{2l}+\frac{3}{2}\right)$$ $$v\left(\frac{l}{2}\right)=\frac{Ql^3}{192EI}$$ 当 $x=0.579l$ 时 $$v_{max}=\frac{Ql^3}{185EI}$$	$$M_1 = \frac{Ql}{6}$$	$$R_2 = \frac{3}{8}Q$$

表 A – 3（续）

NO.	荷重形式与弯矩剪力图	挠曲线方程式及挠度	固定断面弯矩	右支座反力
3		$$v = \frac{ql^4}{24EI}\left\{\frac{x^2}{l^2}\left[\frac{a^2}{l^2}\left(6 - \frac{6a}{l} + \frac{3a^2}{2l^2}\right) + \frac{x}{l}\left(\frac{x}{l} - \frac{4a}{l} + \frac{2a^3}{l^3} - \frac{a^4}{2l^4}\right)\right] - \|_a\left(\frac{x-a}{l}\right)^4\right\}$$	$$M_1 = \frac{qa^2}{8}\times\left(2 - \frac{a}{l}\right)^2$$	$$R_2 = \frac{qa^3}{8l^2}\times\left(4 - \frac{a}{l}\right)$$
4		$$v = \frac{Ql^3}{60EI}\cdot\frac{x^2}{l^2}\left(4 - \frac{8x}{l} + \frac{5x^2}{l^2} - \frac{x^3}{l^3}\right)$$ $$v\left(\frac{l}{2}\right) = \frac{Ql^3}{213.3EI}$$ 当 $x = 0.552l$ 时 $$v_{max} = \frac{Ql^3}{209.3EI}$$	$$M_1 = \frac{Ql}{7.5}$$	$$R_2 = 0.2Q$$

附　录

表 A-4　两端刚性固定梁的弯曲要素表

NO.	荷重形式与弯矩剪力图	挠曲线方程式及挠度	固定断面弯矩	支座反力
1	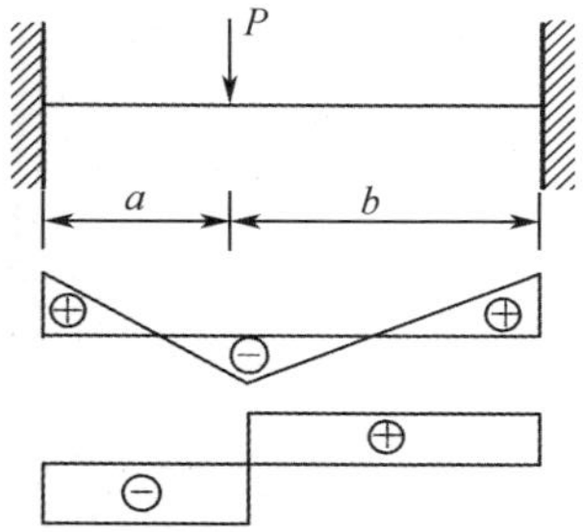	$$v=\frac{Pl^3}{6EI}\left[\frac{b^2}{l^2}\cdot\frac{x^2}{l^2}\left(\frac{3a}{l}-\frac{3a+b}{l}\cdot\frac{x}{l}\right)+\|_a\left(\frac{x-a}{l}\right)^3\right]$$ $$v(a)=\frac{Pl^3}{3EI}\cdot\frac{a^3b^3}{l^6}$$ 当 $a=b=\frac{l}{2}$ 时 $$v\left(\frac{l}{2}\right)=\frac{Pl^3}{192EI}$$	$$M_1=\frac{ab^2}{l^2}P$$ $$M_2=\frac{a^2b}{l^2}P$$ 当 $a=b=\frac{l}{2}$ 时 $$M_1=M_2=\frac{Pl}{8}$$	$$R_1=\frac{b^2}{l^2}(3a+b)P$$ $$R_2=\frac{a^2}{l^3}(3b+a)P$$ 当 $a=b=\frac{1}{2}$ 时 $$R_1=R_2=\frac{P}{2}$$
2	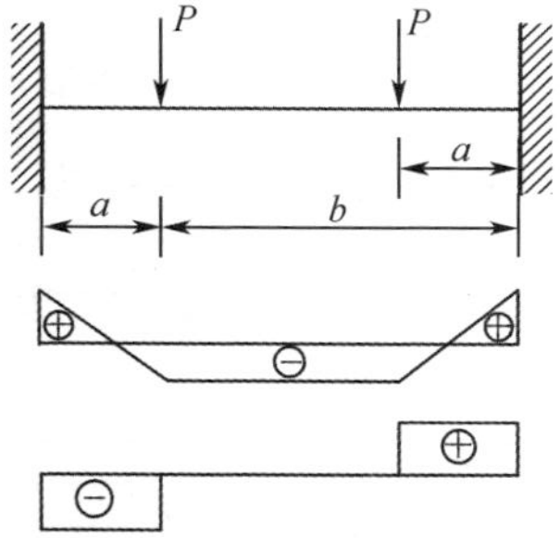	$$v=\frac{Pl^3}{6EI}\left[\frac{x^2}{l^2}\left(\frac{3ab}{l^2}-\frac{x}{l}\right)+\|_a\left(\frac{x-a}{l}\right)^3+\|_b\left(\frac{x-b}{l}\right)^3\right]$$ $$v(a)=\frac{Pl^3}{6EI}\cdot\frac{a^3}{l^3}\cdot\frac{2b-a}{l}$$	$$M_1=M_2=P\frac{ab}{l}$$	$$R_1=R_2=P$$
3	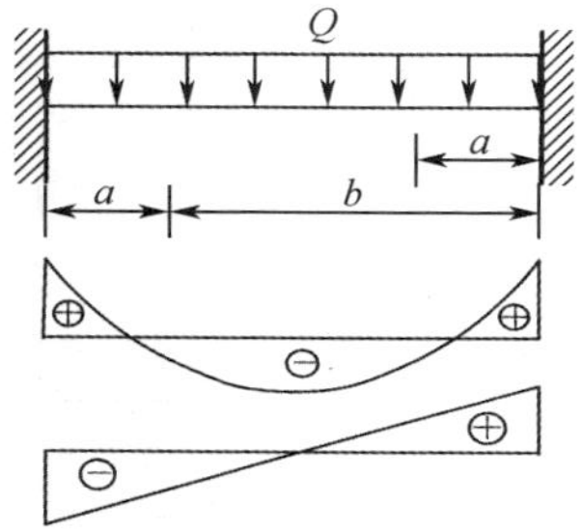	$$v=\frac{Ql^3}{24EI}\cdot\frac{x^2}{l^2}\left(1-\frac{2x}{l}+\frac{x^2}{l^2}\right)$$ $$x\left(\frac{l}{2}\right)=\frac{Ql^3}{334EI}$$	$$M_1=M_2=\frac{Ql}{12}$$	$$R_1=R_2=\frac{Q}{2}$$

表 A－4（续）

NO.	荷重形式与弯矩剪力图	挠曲线方程式及挠度	固定断面弯矩	支座反力
4		$v = \dfrac{ql^3}{24EI}\left\{\dfrac{x^2}{l^2}\left[\dfrac{x^2}{l} - \dfrac{2ax}{l}\left(2 - \dfrac{2a^2}{l^2} + \dfrac{a^3}{l^3}\right) + \dfrac{a^2}{l}\left(6 - \dfrac{8a}{l} + \dfrac{3a^2}{l^2}\right)\right] - \|_a\left(\dfrac{x-a}{l}\right)^4\right\}$	$M_1 = \dfrac{qa^2}{12}\left(8 - \dfrac{8a}{l} + \dfrac{3a^2}{l^2}\right)$ $M_2 = \dfrac{qa^2}{12}\left(4 - \dfrac{3a}{l}\right)\dfrac{a}{l}$	$R_1 = \dfrac{qa}{2}\left(2 - \dfrac{2a^2}{l^2} + \dfrac{a^3}{l^3}\right)$ $R_2 = \dfrac{qa}{2}\left(2 - \dfrac{a}{l}\right)\dfrac{a^2}{l^2}$
5		$v = \dfrac{Ql^3}{60EI}\cdot\dfrac{x^2}{l^2}\left(\dfrac{x^3}{l^3} - \dfrac{3x}{l} + 2\right)$ $v\left(\dfrac{l}{2}\right) = \dfrac{Ql^3}{384EI}$ 当 $x = 0.525l$ 时 $v_{max} = \dfrac{Ql^2}{382EI}$	$M_1 = \dfrac{Ql}{15}$ $M_2 = \dfrac{Ql}{10}$	$R_1 = 0.3\,Q$ $R_2 = 0.7\,Q$
6		$v = \dfrac{Ql^3}{60EI}\left\{\dfrac{b}{l}\cdot\dfrac{x^2}{l^2}\left[2 + \dfrac{a}{l} - \dfrac{3a^2}{l^2} + \dfrac{x}{l}\left(\dfrac{2a^2}{l^2} + \dfrac{a}{l} - 3\right)\right] + \|_a\dfrac{(x-a)^5}{b^2l^3}\right\}$	$M_1 = \dfrac{Q}{30}\cdot\dfrac{b^2}{l^2}(2l + 3a)$ $M_2 = \dfrac{Qb}{30}\left(\dfrac{10a}{l} + \dfrac{3b^2}{l^2}\right)$	$R_1 = \dfrac{Q}{10}\cdot\dfrac{b^2}{l^2}\left(3 + \dfrac{2a}{l}\right)$ $R_2 = \dfrac{Q}{10}\left(10 - \dfrac{3b^2}{l^2} - \dfrac{2ab^2}{l^3}\right)$

表 A - 5 中符号：

$$\bar{\alpha} = \frac{\alpha EI}{L}, \bar{A} = \frac{AEI}{l^3}$$

式中　α——弹性固定端的柔性系数；

　　　A——弹性支座的柔性系数。

$$K_A = \bar{\alpha} + \bar{A} + \frac{1}{3}, K_0 = 3\bar{\alpha} + 1$$

表 A - 5　一端弹性固定,另一端弹性支座的梁的固定断面弯矩

NO.	荷重形式	固定断面弯矩($A \neq 0$ 时)	固定断面弯矩($A = 0$ 时)
1		$\dfrac{Pl}{2} \cdot \dfrac{1}{K_A}\left(\bar{A} + \dfrac{1}{8}\right)$	$\dfrac{3Pl}{16} \cdot \dfrac{1}{K_0}$
2		$\dfrac{Pa}{K_A}\left[\bar{A} + \dfrac{b}{6l}\left(1 + \dfrac{b}{l}\right)\right]$	$\dfrac{Pab}{2l} \cdot \dfrac{1}{K_0}\left(1 + \dfrac{b}{l}\right)$
3		$\dfrac{Pl}{K_A}\left(\bar{A} + \dfrac{1}{9}\right)$	$\dfrac{Pl}{3} \cdot \dfrac{1}{K_0}$
4		$\dfrac{Ql}{24} \cdot \dfrac{1}{K_A}(12\bar{A} + 1)$	$\dfrac{Ql}{8} \cdot \dfrac{1}{K_0}$
5		$\dfrac{Ql}{45} \cdot \dfrac{1}{K_A}(15\bar{A} + 2)$	$\dfrac{Ql}{15} \cdot \dfrac{2}{K_0}$
6		$\dfrac{Qa}{24} \cdot \dfrac{1}{K_A}\left[12\bar{A} + \left(1 + \dfrac{b}{l}\right)^2\right]$	$\dfrac{Qa}{8} \cdot \dfrac{1}{K_0}\left(1 + \dfrac{b}{l}\right)^2$

表 A - 6 中符号：

$$\overline{\alpha}_1 = \frac{\alpha_1 EI}{l}, \overline{\alpha}_2 = \frac{\alpha_2 EI}{l}$$

式中　α_1——梁左弹性固定端的柔性系数；

　　　α_2——梁右弹性固定端的柔性系数。

$$K = \left(\overline{\alpha}_1 + \frac{1}{3}\right)\left(\overline{\alpha}_2 + \frac{1}{3}\right) - \frac{1}{36}$$

表 A - 6　两端弹性固定的梁的固定断面弯矩

NO.	荷重形式	左端弯矩 M_1	右端弯矩 M_2
1		$\dfrac{Pl}{16} \cdot \dfrac{1}{K}\left(\overline{\alpha}_2 + \dfrac{1}{6}\right)$	$\dfrac{Pl}{16} \cdot \dfrac{1}{K}\left(\overline{\alpha}_1 + \dfrac{1}{6}\right)$
2		$\dfrac{Pab}{6l} \cdot \dfrac{1}{K}\left[\left(1 + \dfrac{b}{l}\right) \times \left(\overline{\alpha}_2 + \dfrac{1}{3}\right) - \dfrac{1}{6}\left(1 + \dfrac{a}{l}\right)\right]$	$\dfrac{Pab}{6l} \cdot \dfrac{1}{K}\left[\left(1 + \dfrac{a}{l}\right) \times \left(\overline{\alpha}_1 + \dfrac{1}{3}\right) - \dfrac{1}{6}\left(1 + \dfrac{b}{l}\right)\right]$
3		$\dfrac{Pl}{9} \cdot \dfrac{1}{K}\left(\overline{\alpha}_2 + \dfrac{1}{6}\right)$	$\dfrac{Pl}{9} \cdot \dfrac{1}{K}\left(\overline{\alpha}_1 + \dfrac{1}{6}\right)$
4		$\dfrac{Ql}{24} \cdot \dfrac{1}{K}\left(\overline{\alpha}_2 + \dfrac{1}{6}\right)$	$\dfrac{Ql}{24} \cdot \dfrac{1}{K}\left(\overline{\alpha}_1 + \dfrac{1}{6}\right)$
5		$\dfrac{2Ql}{45} \cdot \dfrac{1}{K}\left(\overline{\alpha}_2 + \dfrac{3}{16}\right)$	$\dfrac{7Ql}{108} \cdot \dfrac{1}{K}\left(\overline{\alpha}_1 + \dfrac{1}{7}\right)$
6		$\dfrac{Qa}{24} \cdot \dfrac{1}{K}\left[\left(\overline{\alpha}_2 + \dfrac{1}{3}\right)\left(1 + \dfrac{b}{l}\right)^2 - \dfrac{1}{6}\left(1 + \dfrac{2b}{l} - \dfrac{b^2}{l^2}\right)\right]$	$\dfrac{Qa}{24} \cdot \dfrac{1}{K}\left[\left(\overline{\alpha}_1 + \dfrac{1}{3}\right)\left(1 + \dfrac{2b}{l} - \dfrac{b^2}{l^2}\right) - \dfrac{1}{6}\left(1 + \dfrac{b}{l}\right)^2\right]$

附录 B　单跨梁复杂弯曲的弯曲要素表及辅助函数

1. 采用下列符号：

T——梁的轴向拉力；

T^*——梁的轴向压力；

$$k = \sqrt{\frac{T}{EI}}, \; k^* = \sqrt{\frac{T^*}{EI}}$$

$$u = \frac{kl}{2}, \; u^* = \frac{k^* l}{2}$$

其余符号同附录 A。

2. 梁受到对称于跨度中点的荷重作用时，坐标原点在跨度中点；其余情况下的坐标原点在梁左端。

3. 弯曲要素表 B‑1、表 B‑2 中的辅助函数公式及其数值分别列在表 B‑3、表 B‑4 中。

表 B-1 复杂弯曲（轴向拉力）的弯曲要素表（节选）

NO.	梁的载重与支座形式	挠曲线方程式及挠度	梁端转角	弯矩
1	q	$v = \dfrac{q l^4}{EI(2u)^4}\left[\dfrac{\operatorname{ch} kx}{\operatorname{ch} u} - 1 + \dfrac{1}{2}(u^2 - k^2 x^2)\right]$ $v(0) = \dfrac{5}{384}\cdot\dfrac{q l^4}{EI} f_0(u)$	$\theta_1 = -\theta_2 = \dfrac{q l^3}{24EI}\psi_0(u)$	$M(0) = -\dfrac{q l^2}{8}\varphi_0(u)$
2	q	$v = \dfrac{q l^4}{EI(2u)^4}\left[\dfrac{u^2 - k^2 x^2}{2} + \dfrac{u\operatorname{ch}(kx)}{\operatorname{sh}(u)} - \dfrac{u}{\operatorname{th} u}\right]$ $v(0) = \dfrac{1}{384}\cdot\dfrac{q l^4}{EI} f_1(u)$	—	$M(0) = -\dfrac{q l^2}{24}\varphi_1(u)$ $M\left(\pm\dfrac{l}{2}\right) = \dfrac{q l^2}{12}\chi(u)$
3	m	$v = \dfrac{m}{EIk^2}\left[\dfrac{\operatorname{sh} k(l-x)}{\operatorname{sh} kl} - \dfrac{k(l-x)}{kl}\right]$	$\theta_1 = -\dfrac{ml}{3EI}\psi_1(u)$ $\theta_2 = \dfrac{ml}{6EI}\psi_2(u)$	—
4	P，a，b	$v = \dfrac{Pl^3}{EI(2u)^3}\left\{\dfrac{kbkx}{2u} - \dfrac{\operatorname{sh} kb\,\operatorname{sh} kx}{\operatorname{sh} 2u} + \|_a\operatorname{sh}[k(x-a) - k(x-a)]\right\}$	$\theta_1 = \dfrac{P l^2}{EI(2u)^2}\left(\dfrac{kb}{2u} - \dfrac{\operatorname{sh} kb}{\operatorname{sh} 2u}\right)$ $\theta_2 = -\dfrac{P l^2}{EI(2u)^2}\left(\dfrac{ka}{2u} - \dfrac{\operatorname{sh} ka}{\operatorname{sh} 2u}\right)$	$M = \dfrac{Pl}{2u}\left[-\dfrac{\operatorname{sh} kb\operatorname{sh} kx}{\operatorname{sh} 2u} + \|_a\operatorname{sh} k(x-a)\right]$
5	q	$v = \dfrac{q l^2}{EI(2u)^2}\left(-\dfrac{x^3}{6l} + \dfrac{\operatorname{sh} kx}{k^2\operatorname{sh} 2u} - \dfrac{x}{2uk} + \dfrac{lx}{6}\right)$	$\theta_1 = \dfrac{q l^2}{EI(2u)^2}\left(\dfrac{1}{k\operatorname{sh} 2u} - \dfrac{1}{2uk} + \dfrac{1}{6}\right)$ $\theta_2 = \dfrac{q l^2}{EI(2u)^2}\left(-\dfrac{1}{3} + \dfrac{1}{k\operatorname{th} 2u} - \dfrac{1}{2uk}\right)$	$M = \dfrac{q l^2}{(2u)^2}\left(-\dfrac{kx}{2u} + \dfrac{\operatorname{sh} kx}{\operatorname{sh} 2u}\right)$

附　录

表 B-2　复杂弯曲（轴向压力）的弯曲要素表

NO.	梁的荷重与支座形式	挠曲线方程式及挠度	梁端转角	弯矩
1		$v = \dfrac{ql^4}{EI(2u^*)^4}\left[\dfrac{\cos k^* x}{\cos u^*} - 1 + \dfrac{1}{2}(k^{*2}x^2 - u^{*2})\right]$ $v(0) = \dfrac{5}{384}\cdot\dfrac{ql^4}{EI}f_0^*(u^*)$	$\theta_1 = -\theta_2 = \dfrac{ql^3}{24EI}\psi_0^*(u^*)$	$M(0) = -\dfrac{ql^2}{8}\varphi_0^*(u^*)$
2		$v = \dfrac{ql^4}{EI(2u^*)^4}\left[\dfrac{k^{*2}x^2 - u^{*2}}{2} + \dfrac{u^*\cos k^* x}{\sin u^*} - \dfrac{u^*}{\tan u^*}\right]$ $v(0) = \dfrac{1}{384}\cdot\dfrac{ql^4}{EI}f_1^*(u^*)$	—	$M(0) = -\dfrac{ql^2}{24}\varphi_1^*(u^*)$ $M\left(\pm\dfrac{l}{2}\right) = \dfrac{ql^2}{12}x^*(u^*)$
3		$v = -\dfrac{m}{EIk^{*2}}\left[\dfrac{\sin k^*(l-x)}{\sin k^* l} - \left(1 - \dfrac{x}{l}\right)\right]$	$\theta_1 = -\dfrac{ml}{3EI}\psi_1^*(u^*)$ $\theta_2 = \dfrac{ml}{6EI}\psi_2^*(u^*)$	—
4		$v = \dfrac{Pl^3}{EI(2u^*)^3}\left[\dfrac{\sin k^* b\sin k^* x}{\sin 2u^*} + \dfrac{k^* bk^* x}{2u^*} +\right.$ $\left.\|_a k^*(x-a) - \sin k^*(x-a)\right]$	$\theta_1 = \dfrac{Pl^2}{EI(2u^*)^2}\left(\dfrac{\sin k^* b}{\sin 2u^*} - \dfrac{k^* b}{2u^*}\right)$ $\theta_2 = \dfrac{-Pl^2}{EI(2u^*)^2}\left(\dfrac{\sin k^* a}{\sin 2u^*} - \dfrac{k^* a}{2u^*}\right)$	$M = \dfrac{Pl}{2u^*}\left[-\dfrac{\sin k^* b\sin k^* x}{\sin 2u^*}\right.$ $\left. + \|_a\sin k^*(x-a)\right]$
5		$v = \dfrac{ql^2}{EI(2u^*)^3}\left(\dfrac{x^3}{6l} + \dfrac{\sin k^* x}{k^{*2}\sin 2u^*} - \dfrac{x}{2u^* k^*} - \dfrac{lx}{6}\right)$	$\theta_1 = \dfrac{ql^2}{EI(2u^*)^2}\left[\dfrac{1}{k^*\sin 2u^*} - \dfrac{l}{6} - \dfrac{1}{2u^* k^*}\right]$ $\theta_2 = \dfrac{ql^2}{EI(2u^*)^2}\left(\dfrac{l}{3} + \dfrac{1}{k^*\tan 2u^*} - \dfrac{1}{2u^* k^*}\right)$	$M = \dfrac{ql^2}{EI(2u^*)^2}\left(\dfrac{\sin k^* x}{\sin 2u^*} - \dfrac{k^* x}{2u^*}\right)$

表 B – 3 中函数公式：

$$f_0(u) = \frac{24}{5u^4}\left(\frac{u^2}{2} + \frac{1}{\mathrm{ch}\,u} - 1\right) \qquad \varphi_0(u) = \frac{2}{u^2}\left(1 - \frac{1}{\mathrm{ch}\,u}\right)$$

$$\psi_0(u) = f_1(2u) = \frac{3}{u^3}(u - \mathrm{th}\,u) \qquad f_1(u) = \frac{24}{u^3}\left(\frac{u}{2} - \mathrm{th}\,\frac{u}{2}\right)$$

$$\varphi_1(u) = \frac{6}{u^2}\left(1 - \frac{u}{\mathrm{sh}\,u}\right) \qquad \chi(u) = \frac{3}{u^2}\left(\frac{u}{\mathrm{th}\,u} - 1\right)$$

$$\psi_1(u) = \chi(2u) = \frac{3}{2u}\left(\frac{1}{\mathrm{th}\,2u} - \frac{1}{2u}\right) \qquad \psi_2(u) = \varphi_1(2u) = \frac{3}{u}\left(\frac{1}{2u} - \frac{1}{\mathrm{sh}\,2u}\right)$$

表 B – 3　复杂弯曲的辅助函数（轴向拉力）

u	$f_0(u)$	$f_1(u)$	$\varphi_0(u)$	$\varphi_1(u)$	$\chi(u)$
0	1.000	1.000	1.000	1.000	1.000
0.5	0.908	0.976	0.905	0.972	0.984
1.0	0.711	0.909	0.704	0.894	0.939
1.5	0.532	0.817	0.511	0.788	0.876
2.0	0.380	0.715	0.367	0.673	0.806
2.5	0.281	0.617	0.268	0.563	0.736
3.0	0.213	0.529	0.200	0.467	0.672
3.5	0.166	0.453	0.153	0.386	0.614
4.0	0.132	0.388	0.120	0.320	0.563
4.5	0.107	0.335	0.097	0.267	0.519
5.0	0.088	0.291	0.079	0.224	0.480
5.5	0.074	0.254	0.066	0.189	0.446
6.0	0.063	0.223	0.055	0.162	0.417
6.5	0.054	0.197	0.047	0.139	0.391
7.0	0.047	0.175	0.041	0.121	0.367
7.5	0.041	0.156	0.036	0.106	0.347
8.0	0.036	0.141	0.031	0.093	0.328
8.5	0.032	0.127	0.028	0.083	0.311
9.0	0.029	0.115	0.025	0.074	0.296
9.5	0.026	0.105	0.022	0.066	0.283
10.0	0.024	0.096	0.020	0.060	0.270
10.5	0.021	0.088	0.018	0.054	0.259
11.0	0.020	0.081	0.017	0.050	0.248
11.5	0.018	0.075	0.015	0.045	0.238
12.0	0.016	0.069	0.014	0.042	0.229

表 B－4 中函数公式：

$$f_0^*(u^*) = \frac{24}{5u^{*4}}\left(\frac{1}{\cos u^*} - \frac{u^{*2}}{2} - 1\right)$$

$$\psi_0^*(u^*) = f_1^*(2u^*) = \frac{3}{u^{*3}}(\tan u^* - u^*)$$

$$\varphi_1^*(u^*) = \frac{6}{u^{*2}}\left(\frac{u^*}{\sin u^*} - 1\right)$$

$$\psi_1^*(u^*) = \chi^*(2u^*) = \frac{3}{2u^*}\left(\frac{1}{2u^*} - \frac{1}{\tan 2u^*}\right)$$

$$\varphi_0^*(u^*) = \frac{2}{u^{*2}}\left(\frac{1}{\cos u^*} - 1\right)$$

$$f_1^*(u^*) = \frac{24}{u^{*3}}\left(\tan\frac{u^*}{2} - \frac{u^*}{2}\right)$$

$$\chi^*(u^*) = \frac{3}{u^{*2}}\left(1 - \frac{u^*}{\tan u^*}\right)$$

表 B－4　复杂弯曲的辅助函数(轴向压力)

u^*	$\varphi_1^*(u^*)$	$\chi^*(u^*)$	$f_1^*(u^*)$
0.00	1.000 0	1.000 0	1.000 0
0.50	1.030 0	1.017 1	1.025 6
1.00	1.130 4	1.073 7	1.111 3
1.10	1.161 7	1.091 2	1.137 9
1.20	1.197 9	1.111 4	1.168 6
1.30	1.239 6	1.134 5	1.203 9
1.40	1.287 8	1.161 0	1.244 5
1.50	1.343 4	1.191 5	1.291 4
1.60	1.407 8	1.226 6	1.345 5
1.70	1.483 0	1.267 3	1.408 5
1.80	1.571 0	1.314 7	1.482 1
1.90	1.675 0	1.370 4	1.568 9
2.00	1.799 3	1.436 5	1.672 2
2.10	1.949 4	1.515 7	1.796 7
2.20	2.133 6	1.612 4	1.949 2
2.30	2.364 1	1.732 5	1.139 2
2.40	2.659 5	1.885 4	2.382 2
2.45	2.840 4	1.978 6	2.530 7
2.50	3.050 2	2.086 4	2.702 7
2.55	3.296 4	2.212 5	2.904 3

表 **B −4**(续)

u^*	$\varphi_1^*(u^*)$	$\chi^*(u^*)$	$f_1^*(u^*)$
2.60	3.589 0	2.361 7	3.143 5
2.65	3.942 2	2.541 5	3.432 0
2.70	4.376 6	2.761 9	3.786 3
2.75	4.923 3	3.038 6	4.231 7
2.80	5.631 5	3.396 4	4.808 2
2.85	6.586 5	3.877 4	5.585 2
2.90	7.934 3	4.555 0	6.679 8
2.95	9.991 5	5.587 5	8.350 3
3.00	13.506	7.768 6	11.201
3.05	20.863	11.031	17.168
3.10	45.923	23.566	37.484
	∞	∞	∞

u^*	0	0.10	0.20	0.30	0.40	0.50	0.60	0.70	0.80
$\varphi_0^*(u^*)$	1.000	1.004	1.016	1.038	1.073	1.117	1.176	1.255	1.361
$f_0^*(u^*)$	1.000	1.004	1.016	1.037	1.040	1.114	1.173	1.250	1.354
u^*	0.90	1.00	1.10	1.20	1.30	1.40	1.45	1.50	$\dfrac{\pi}{2}$
$\varphi_0^*(u^*)$	1.504	1.704	1.989	2.441	3.240	4.938	6.940	11.670	∞
$f_0^*(u^*)$	1.494	1.690	1.962	2.400	3.181	4.822	6.790	11.490	∞

附录 C　弹性基础梁的弯曲要素表及辅助函数

1. 采用下列符号：

k ——弹性基础的刚性系数；

$$\alpha = \sqrt[4]{\frac{k}{4EI}} \, , \, u = \frac{\alpha l}{2}$$

A ——梁端弹性支座的柔性系数；

其余符号同附录 A。

2. 梁受到对称于跨度中点的荷重作用时，坐标原点在跨度中点；其余情况下的坐标原点在梁左端。

3. 弯曲要素表 C－1 中的函数 V_0、V_1、V_2、V_3 的公式及其数值列在表 C－3 中；弯曲要素表 C－1 中的辅助函数的数值列在表 C－2 中。

表 C-1　弹性基础梁的弯曲要素表（节选）

NO.	梁的荷重与支座形式	挠曲线方程式及挠度	梁端转角	弯矩	梁端剪力
1	q（均布荷重，两端弹性支座）	$v = \dfrac{q}{k}\left[1 - \dfrac{V_0(u)V_0(\alpha x) + V_2(u)V_2(\alpha x)}{V_0^2(u) + V_2^2(u)}\cdot\dfrac{1}{1+B}\right]$ $B = \dfrac{Akl}{2}\mu_0(u)$ $v(0) = \dfrac{q}{k}\left[1 - \dfrac{\varphi_0(u)}{1+B}\right]$	$v'\left(\pm\dfrac{l}{2}\right) = \mp\dfrac{ql^3}{24EI}\cdot\dfrac{\psi_2(u)}{1+B}$	$M(0) = -\dfrac{ql^2}{8}\cdot\dfrac{\chi_0(u)}{1+B}$	$N\left(\pm\dfrac{l}{2}\right) = \pm\dfrac{ql}{2}\cdot\dfrac{\mu_0(u)}{1+B}$
2	q（均布荷重，两端弹性支座）	$v = \dfrac{q}{k}\left[1 - \dfrac{V_1(u)V_0(\alpha x) + V_3(u)V_2(\alpha x)}{V_0(u)V_1(u) + V_2(u)V_3(u)}\cdot\dfrac{1}{1+B_1}\right]$ $B_1 = \dfrac{Akl}{2}\mu_1(u)$ $v(0) = \dfrac{q}{k}\left[1 - \dfrac{\varphi_1(u)}{1+B_1}\right]$		$M(0) = -\dfrac{ql^2}{24}\cdot\dfrac{\chi_1(u)}{1+B_1}$ $M\left(\pm\dfrac{l}{2}\right) = \dfrac{ql^2}{12}\cdot\dfrac{\chi_2(u)}{1+B_1}$	$N\left(\pm\dfrac{l}{2}\right) = \pm\dfrac{ql}{2}\cdot\dfrac{\mu_1(u)}{1+B_1}$
3	P（集中荷重，两端简支）	$v = \dfrac{P}{4\sqrt{2}\alpha^3 EI}\left\{V_3(\alpha x) + \dfrac{[V_1(u)V_2(u) - V_0(u)V_3(u)]V_0(\alpha x)}{V_0^2(u)+V_2^2(u)} - \dfrac{[V_0(u)V_1(u)+V_2(u)V_3(u)]V_2(\alpha x)}{V_0^2(u)+V_2^2(u)}\right\}$ $v(0) = \dfrac{Pl^3}{48EI}\psi_2(u)$	$v'\left(\pm\dfrac{l}{2}\right) = \mp\dfrac{Pl^2}{16EI}\chi_0(u)$	$M_0 = -\dfrac{Pl}{4}\mu_0(u)$	$N\left(\pm\dfrac{l}{2}\right) = \pm\dfrac{P}{2}\varphi_0(u)$

表 C-2a 弹性基础梁的辅助函数

u	$\varphi_0(u)$	$\varphi_1(u)$	$\chi_0(u)$	$\chi_1(u)$	$\chi_2(u)$	$\psi_0(u)$	$\psi_1(u)$	$\psi_2(u)$	$\mu_0(u)$	$\mu_1(u)$
0	1.000	1.000	1.000	1.000	1.000	1.000	1.000	1.000	1.000	1.000
0.1	1.000	1.000	1.000	1.000	1.000	1.000	1.000	1.000	1.000	1.000
0.2	0.999	1.000	0.999	1.000	1.000	0.999	0.999	0.999	0.999	1.000
0.3	0.993	0.999	0.995	0.999	0.999	0.997	0.994	0.995	0.996	1.000
0.4	0.979	0.996	0.983	0.996	0.997	0.990	0.980	0.983	0.987	0.999
0.5	0.950	0.990	0.959	0.991	0.993	0.976	0.953	0.961	0.968	0.995
0.6	0.901	0.979	0.919	0.982	0.985	0.951	0.906	0.923	0.936	0.988
0.7	0.827	0.961	0.895	0.967	0.973	0.916	0.838	0.866	0.882	0.978
0.8	0.731	0.935	0.781	0.946	0.956	0.868	0.747	0.791	0.828	0.967
0.9	0.619	0.899	0.689	0.917	0.931	0.812	0.641	0.702	0.755	0.948
1.0	0.448	0.852	0.591	0.878	0.899	0.752	0.529	0.609	0.678	0.920
1.1	0.380	0.795	0.494	0.830	0.859	0.692	0.420	0.517	0.602	0.889
1.2	0.272	0.728	0.405	0.774	0.813	0.636	0.321	0.431	0.531	0.856

表 C-2b

u	$\Lambda_1(u)$	$\eta_1(u)$	$\varepsilon_0(u)$	$\varepsilon_1(u)$	$\zeta_0(u)$	$\zeta_1(u)$	$\omega(u)$	$\omega_0(u)$	$\omega_1(u)$	$\rho_0(u)$
0	1.000	1.000	1.000	1.000	1.000	1.000	1.000	1.000	1.000	1.000
0.1	1.000	1.000	1.000	1.000	1.000	1.000	1.000	1.000	1.000	1.000
0.2	1.000	1.000	1.000	0.998	1.000	0.998	1.000	1.000	1.000	0.999
0.3	0.999	0.999	0.996	0.996	0.994	0.996	0.998	0.999	0.999	0.996
0.4	0.995	0.997	0.980	0.993	0.980.	0.993	0.993	0.997	0.997	0.984
0.5	0.992	0.991	0.955	0.988	0.956	0.988	0.986	0.993	0.993	0.965
0.6	0.980	0.983	0.912	0.979	0.918	0.900	0.974	0.985	0.988	0.927

表 C – 2b（续）

u	$\lambda_1(u)$	$\eta_1(u)$	$\varepsilon_0(u)$	$\zeta_0(u)$	$\varepsilon_1(u)$	$\zeta_1(u)$	$\omega(u)$	$\omega_0(u)$	$\omega_1(u)$	$\rho_0(u)$
0.7	0.966	0.969	0.855	0.864	0.965	0.967	0.955	0.965	0.978	0.876
0.8	0.945	0.949	0.776	0.787	0.941	0.944	0.927	0.941	0.966	0.806
0.9	0.911	0.921	0.683	0.669	0.910	0.915	0.888	0.911	0.944	0.721
1.0	0.874	0.889	0.587	0.603	0.870	0.879	0.841	0.876	0.914	0.632
1.1	0.822	0.849	0.483	0.510	0.818	0.836	0.787	0.827	0.880	0.545
1.2	0.763	0.800	0.393	0.421	0.751	0.785	0.725	0.769	0.841	0.463

表 C – 2c

u	$\pi_0(u)$	$\pi(u)$	$\sigma_1(u)$	$\sigma_2(u)$	$\tau_0(u)$	$\tau_1(u)$	$\tau_2(u)$	$\theta_0(u)$	$\theta_1(u)$
0	1.000	1.000	1.000	1.000	1.000	1.000	1.000	1.000	1.000
0.1	1.000	1.000	1.000	1.000	1.000	1.000	1.000	1.003	1.000
0.2	0.999	0.999	1.000	1.000	0.999	1.000	1.000	1.005	0.998
0.3	0.994	0.998	1.000	0.999	0.997	0.999	0.999	1.011	0.990
0.4	0.982	0.992	0.999	0.994	0.991	0.997	0.997	1.036	0.968
0.5	0.957	0.978	0.998	0.979	0.976	0.994	0.992	1.085	0.926
0.6	0.918	0.965	0.995	0.957	0.951	0.989	0.982	1.171	0.852
0.7	0.855	0.929	0.986	0.923	0.915	0.978	0.969	1.289	0.744
0.8	0.774	0.883	0.951	0.872	0.868	0.967	0.950	1.468	0.604
0.9	0.680	0.827	0.911	0.808	0.812	0.954	0.924	1.672	0.442
1.0	0.583	0.767	0.874	0.729	0.753	0.939	0.892	1.898	0.274
1.1	0.485	0.725	0.824	0.640	0.693	0.918	0.837	2.132	0.114
1.2	0.396	0.615	0.766	0.546	0.636	0.896	0.815	2.364	−0.022

表 C-3 中，$V_0(u) = \mathrm{ch}\, u\cos u$

$\sqrt{2}\,V_1(u) = \mathrm{ch}\, u\sin u + \mathrm{sh}\, u\cos u$

$V_2(u) = \mathrm{sh}\, u\sin u$

$\sqrt{2}\,V_3(u) = \mathrm{ch}\, u\sin u - \mathrm{sh}\, u\cos u$

表 C-3　弹性基础梁的普日列夫斯基函数(节选)

u	$V_0(u)$	$\sqrt{2}\,V_1(u)$	$V_2(u)$	$\sqrt{2}\,V_3(u)$
0.58	0.981 1	1.155 6	0.336 0	0.130 0
0.59	0.979 8	1.175 2	0.347 6	0.136 8
0.60	0.978 4	1.194 9	0.359 5	0.143 9
0.61	0.976 9	1.214 4	0.371 5	0.151 2
0.62	0.975 4	1.233 9	0.383 8	0.158 7
0.63	0.973 8	1.253 4	0.396 2	0.166 6
0.64	0.972 1	1.272 8	0.408 8	0.174 6
0.65	0.970 3	1.292 3	0.421 7	0.182 9
0.66	0.968 4	1.311 7	0.434 7	0.191 5
0.67	0.966 4	1.331 0	0.447 9	0.200 4
0.68	0.964 4	1.350 3	0.461 3	0.209 5
0.69	0.962 3	1.369 6	0.474 9	0.218 8
0.70	0.960 0	1.388 8	0.488 7	0.228 4
0.71	0.957 7	1.407 9	0.502 7	0.238 3
0.72	0.955 2	1.427 1	0.516 8	0.248 5
0.73	0.952 7	1.446 2	0.531 2	0.259 0
0.74	0.950 1	1.465 2	0.545 8	0.269 8
0.75	0.947 3	1.484 2	0.560 5	0.280 8
0.76	0.944 4	1.503 1	0.575 5	0.292 1
0.77	0.941 5	1.522 0	0.590 6	0.303 8
0.78	0.938 4	1.540 8	0.605 9	0.315 8
0.79	0.935 1	1.559 5	0.621 4	0.328 1
0.80	0.931 8	1.578 2	0.637 1	0.340 6
0.81	0.928 3	1.596 8	0.653 0	0.353 6
0.82	0.924 7	1.615 4	0.669 0	0.366 8
0.83	0.921 0	1.633 7	0.685 3	0.380 3
0.84	0.917 1	1.652 2	0.701 7	0.394 2
0.85	0.913 1	1.670 4	0.718 3	0.408 4
0.86	0.909 0	1.688 7	0.735 1	0.422 9

表 C-3（续）

u	$V_0(u)$	$\sqrt{2}V_1(u)$	$V_2(u)$	$\sqrt{2}V_3(u)$
0.87	0.904 7	1.706 8	0.752 1	0.437 8
0.88	0.900 2	1.724 8	0.769 2	0.453 0
0.89	0.895 6	1.742 8	0.736 6	0.468 6
0.90	0.893 1	1.760 7	0.804 1	0.484 5
0.91	0.885 9	1.778 5	0.821 8	0.500 7
0.92	0.850 8	1.796 1	0.839 7	0.517 3
0.93	0.875 3	1.813 7	0.857 7	0.584 3
0.94	0.870 1	1.831 1	0.879 5	0.551 7
0.95	0.854 5	1.848 4	0.894 3	0.569 4
0.96	0.858 7	1.865 7	0.912 9	0.587 5
0.97	0.852 8	1.882 9	0.931 7	0.608 9
0.98	0.846 6	1.899 8	0.950 6	0.624 8
0.99	0.838 9	1.907 1	0.969 7	0.634 3
1.00	0.833 7	1.933 5	0.988 9	0.663 5
1.01	0.827 0	1.950 0	1.008 3	0.683 4
1.02	0.820 1	1.966 5	1.027 9	0.703 9
1.03	0.812 9	1.982 8	1.047 6	0.724 6

附录 D　船用球扁钢断面要素

符号：

h——球扁钢高度；

t——球扁钢厚度；

b——球宽度；

y_0——断面形心坐标；

A——断面面积；

I_z——断面对过形心的水平轴 $z-z$ 的惯性矩。

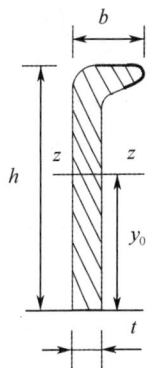

表 D-1

NO.	h /mm	b /mm	t /mm	A /cm²	I_z /cm⁴	y_0 /cm	NO.	h /mm	b /mm	t /mm	A /cm²	I_z /cm⁴	y_0 /cm
5	50	16	4	2.87	6.96	3.13	16b	160	38	10	21.16	527	9.75
5.5	55	17	4.5	3.48	10.20	3.38	18a	180	40	9	22.20	724	11.15
6	60	19	5	4.27	15.0	3.74	b	180	42	11	25.80	837	10.81
7	70	21	5	5.08	24.10	4.40	20a	200	44	10	27.36	1078	12.40
8	80	22	5	5.84	36.23	5.07	b	200	46	12	31.36	1265	12.06
9	90	24	5.5	7.03	55.60	5.65	22a	220	48	11	32.82	1165	13.50
10	100	26	6	8.63	85.22	6.29	b	220	50	13	37.22	1795	13.20
12	120	30	6.5	11.15	158	7.55	24a	240	52	12	38.75	2232	14.70
14a	140	33	7	14.05	274	8.82	b	240	54	14	43.55	2542	14.35
b	140	35	9	16.85	321	8.55	27a	270	55	12	43.82	3265	16.60
16a	160	36	8	17.96	468	9.95	b	270	57	14	49.22	3515	16.30

附录 E 矩形平板的弯曲要素

符号：

t——板厚；

a——x 方向板的边长；

b——y 方向板的边长；

E——材料的弹性模数；

q——板上单位面积的均布荷重；

M_x——垂直于 x 轴断面单位宽度的弯矩；

M_y——垂直于 y 轴断面单位宽度的弯矩；

N_x——垂直于 x 轴断面单位宽度的剪力；

N_y——垂直于 y 轴断面单位宽度的剪力；M_x、M_y、N_x、N_y 的正向如上图所示。

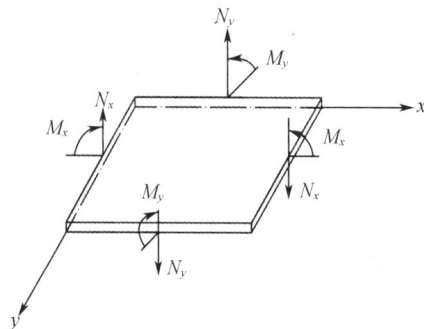

表 E – 1 中：

$\omega_{\max} = k_1 \dfrac{qb^4}{Et^3}$——板中点的最大挠度；

$M_x = k_2 qb^2$——板中点垂直于 x 轴的断面弯矩；

$M_y = k_3 qb^2$——板中点垂直于 y 轴的断面弯矩；

$N_x = k_4 qb$——板短边中点的剪力；

$N_y = k_5 qb$——板长边中点的剪力；

$r_x = N_x + \dfrac{\partial M_{xy}}{\partial y} = k_6 qb$——板短边中点的支反力；

$r_x = N_y + \dfrac{\partial M_{xy}}{\partial_x} = k_7 qb$——板长边中点的支反力；

$R = k_8 qab$——板四角的集中反力。

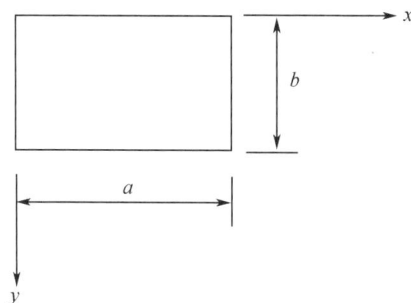

表 E – 1 四边自由支持的矩形板在均布荷重作用下的挠度、弯矩、剪力与反力

a/b	k_1	k_2	k_3	k_4	k_5	k_6	k_7	k_8
1.0	0.044 3	0.047 9	0.047 9	0.338	0.338	0.420	0.420	0.065
1.1	0.053 0	0.049 3	0.055 4	0.347	0.360	0.440	0.440	0.064
1.2	0.061 6	0.050 1	0.062 7	0.353	0.380	0.453	0.455	0.062
1.3	0.069 7	0.050 3	0.069 4	0.357	0.397	0.464	0.468	0.061
1.4	0.077 0	0.050 2	0.075 5	0.361	0.411	0.471	0.478	0.059
1.5	0.084 3	0.049 8	0.081 2	0.363	0.424	0.480	0.486	0.057
1.6	0.090 6	0.049 2	0.086 2	0.365	0.435	0.488	0.491	0.054
1.7	0.096 4	0.048 6	0.090 8	0.367	0.444	0.485	0.496	0.052
1.8	0.101 7	0.047 9	0.094 8	0.368	0.452	0.491	0.499	0.050
1.9	0.106 4	0.047 1	0.098 5	0.369	0.459	0.494	0.502	0.048

表 E-1（续）

a/b	k_1	k_2	k_3	k_4	k_5	k_6	k_7	k_8
2.0	0.110 6	0.046 2	0.101 7	0.370	0.465	0.496	0.503	0.046
3.0	0.133 6	0.040 6	0.118 9	0.372	0.493	0.498	0.505	0.031
4.0	0.140 0	0.038 4	0.123 5	0.372	0.493	0.500	0.502	0.024
5.0	0.141 6	0.037 5	0.124 6	0.372	0.500	0.500	0.500	0.019
∞	0.142 2	0.037 5	0.125 0	0.372	0.500	0.500	0.500	

表 E-2 中：

$\omega_{max} = k_1 \dfrac{qb^4}{Et^3}$ ——板中点的最大挠度；

$M_x = k_2 qb^2$ ——板中点垂直于 x 轴的断面弯矩；

$M_y = k_3 qb^2$ ——板中点垂直于 y 轴的断面弯矩；

$\overline{M_x} = -k_4 qb^2$ ——板短边中点的弯距；

$\overline{M_y} = -k_5 qb^2$ ——板长边中点的弯距；

$N_x = k_6 qb$ ——板短边中点的剪力；

$N = k_7 qb$ ——板长边中点的剪力。

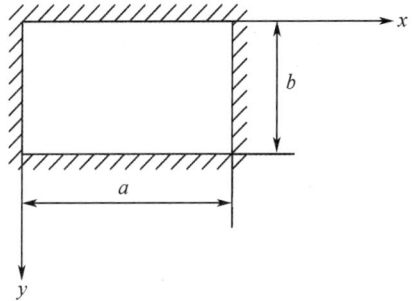

表 E-2　四边刚性固定的矩形板在均布荷重作用下的挠度、弯矩与剪力

a/b	k_1	k_2	k_3	k_4	k_5	k_6	k_7
1.0	0.013 8	0.023 1	0.023 1	0.051 3	0.051 3	0.452	0.452
1.1	0.016 4	0.023 1	0.026 4	0.053 8	0.058 1	0.412	0.448
1.2	0.018 8	0.022 8	0.029 9	0.055 4	0.063 9	0.381	0.471
1.3	0.020 9	0.022 2	0.032 7	0.056 3	0.068 7	0.352	0.491
1.4	0.022 6	0.021 2	0.034 9	0.056 8	0.072 6	0.327	0.505
1.5	0.024 0	0.020 3	0.036 8	0.057 0	0.075 7	0.305	0.517
1.6	0.025 1	0.019 3	0.039 1	0.057 1	0.078 0		
1.7	0.026 0	0.018 2	0.039 2	0.057 1	0.079 9		
1.8	0.026 8	0.017 4	0.040 1	0.057 1	0.081 2		
1.9	0.027 2	0.016 5	0.040 7	0.057 1	0.082 2		
2.0	0.027 7	0.015 8	0.041 2	0.057 1	0.082 9		

173

表 E-3 中：

板中心的最大挠度：

$$\omega_{\max} = \begin{cases} k_1 \dfrac{qb^4}{Et^3}, a > b \\[3mm] k_1 \dfrac{qa^4}{Et^3}, a < b \end{cases}$$

板中心垂直于 y 轴的断面弯矩：

$$M_y = \begin{cases} k_2 qb^2, a > b \\ k_2 qa^2, a < b \end{cases}$$

板中心垂直于 x 轴的断面弯矩：

$$M_x = \begin{cases} k_3 qb^2, a > b \\ k_3 qa^2, a < b \end{cases}$$

板刚性固定边的中点弯距：

$$\overline{M_y} = \begin{cases} -k_4 qb^2, \text{当} \, a > b \\ -k_4 qa^2, \text{当} \, a < b \end{cases}$$

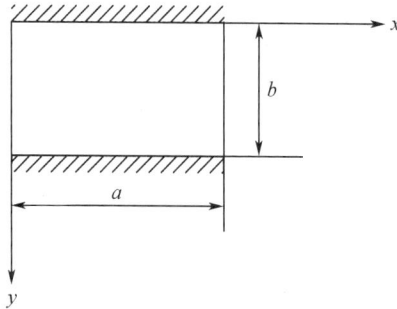

表 E-3　一对边自由支持另一对边刚性固定的矩形板在均布荷重作用下的挠度与弯矩

板的边长比	$a > b$				$a < b$			
	k_1	k_2	k_3	k_4	k_1	k_2	k_3	k_4
1.0	0.021 4	0.033 2	0.024 4	0.069 7	0.021 4	0.033 2	0.024 4	0.069 7
1.1	0.022 8	0.035 5	0.023 0	0.073 9	0.027 4	0.037 1	0.030 7	0.078 7
1.2	0.024 4	0.037 5	0.021 5	0.077 1	0.034 8	0.040 0	0.037 6	0.086 8
1.3	0.025 6	0.038 8	0.020 3	0.079 4	0.042 4	0.042 6	0.044 6	0.093 8
1.4	0.026 2	0.039 9	0.019 2	0.081 0	0.050 2	0.044 8	0.051 4	0.099 8
1.5	0.027 0	0.040 6	0.017 9	0.082 2	0.058 0	0.048 0	0.058 5	0.104 9
1.6	—	—	—	—	0.065 8	0.046 9	0.065 0	0.109 0
1.7	—	—	—	—	0.072 9	0.047 5	0.071 2	0.112 2
1.8	—	—	—	—	0.079 9	0.047 7	0.076 8	0.115 2
1.9	—	—	—	—	0.086 3	0.047 6	0.082 1	0.117 4
2.0	0.028 4	0.042 0	0.014 2	0.084 2	0.092 2	0.047 4	0.086 9	0.119 1
3.0	—	—	—	—	0.127 9	0.041 9	0.114 4	0.124 6
4.0	—	—	—	—	0.138 3	0.039 0	0.122 3	0.125 0
5.0	—	—	—	—	0.141 2	0.037 9	0.124 3	0.125 0
∞	0.028 4	0.041 7	0.012 5	0.083 3	0.142 2	0.037 5	0.125 0	0.125 0

附录 F　压杆的临界应力曲线及修正系数

图 F – 1 为压杆的临界应力曲线。

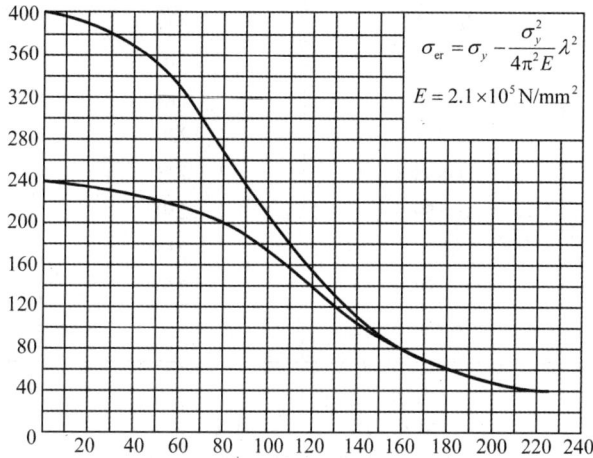

$$\sigma_{er} = \sigma_y - \frac{\sigma_y^2}{4\pi^2 E}\lambda^2$$
$$E = 2.1\times10^5\,\text{N/mm}^2$$

图 F – 1　压杆的临界与应力曲线

说明:该曲线按公式

$$\sigma_{cr} = \sigma_y - \frac{\sigma_y^2}{4\pi^2 E}\lambda^2$$

制成,包括屈服点为 $\sigma_y = 240\,\text{N/mm}^2$ 及 $\sigma_y = 400\,\text{N/mm}^2$ 两个钢种,取 $E = 2.1\times10^5\,\text{N/mm}^2$;

$\lambda = \dfrac{l}{r}$——杆的柔度;

L——杆的长度;

$r = \sqrt{\dfrac{I}{A}}$——杆的惯性半径;

I——杆断面的最小惯性矩;

A——杆断面的面积。

说明:非弹性稳定性的修正系数为材料在超过弹性范围后的切线模 E_t 与弹性模数 E 之比,按下列公式计算:

$$\varphi = \frac{E_t}{E} = \frac{4(\sigma_y - \sigma_{cr})\sigma_{cr}}{\sigma_y^2}$$

式中　σ_{cr}——临界应力;

σ_y——材料的屈服极限。

表 F－1a $\quad \sigma_y = 240 \text{ N/mm}^2$

σ_{cr}	φ	σ_{cr}	φ
120	1.000 0	185	0.706 5
125	0.998 2	190	0.659 7
130	0.993 0	195	0.609 3
135	0.984 3	200	0.555 5
140	0.972 2	205	0.498 2
145	0.956 5	210	0.437 5
150	0.937 5	215	0.373 2
155	0.914 6	220	0.305 5
160	0.888 8	225	0.234 3
165	0.859 3	230	0.159 7
170	0.826 3	235	0.082
175	0.789 9	240	0
180	0.750 0		

表 F－1b $\quad \sigma_y = 400 \text{ N/mm}^2$

σ_{cr}	φ	σ_{cr}	φ	σ_{cr}	φ
200	1.000 0	270	0.877 5	340	0.510 0
205	0.999 3	275	0.859 3	345	0.474 3
210	0.997 5	280	0.840 0	350	0.437 5
215	0.994 3	285	0.819 3	355	0.399 3
220	0.990 0	290	0.797 5	360	0.360 0
225	0.984 3	295	0.774 3	365	0.319 3
230	0.977 5	300	0.750 0	370	0.277 5
235	0.969 3	305	0.724 3	375	0.234 3
240	0.960 0	310	0.697 5	380	0.190 0
245	0.949 3	315	0.669 3	385	0.144 3
250	0.937 5	320	0.640 0	390	0.097 5
255	0.924 3	325	0.609 3	395	0.049 3
260	0.910 0	330	0.577 5	400	0
265	0.894 3	335	0.544 3		

附录 G　在中间弹性支座上连续压杆的稳定性曲线

图 G-1 为在中间弹性支座上连续压杆的稳定性曲线。

符号：

n——连续压杆的跨读数；

l——每跨的长度；

K——弹性支座的刚性系数；

I——压杆的断面惯性矩；

E——材料的弹性模数；

T——压杆的欧拉力；

j——压杆失稳时的半波数。

$$X_j = \frac{K}{\frac{\pi^4 EI}{l^3}} \; ; \; \lambda = \frac{T}{T_0} = \frac{T}{\frac{\pi^2 EI}{l^2}}$$

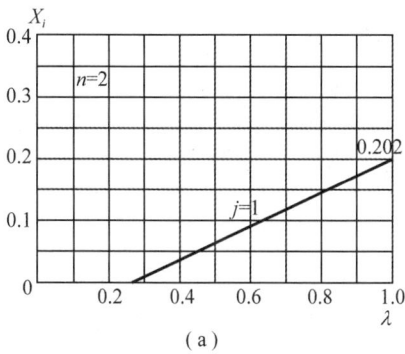

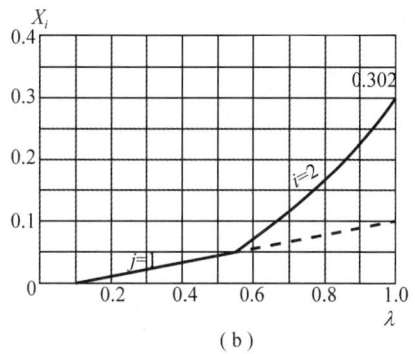

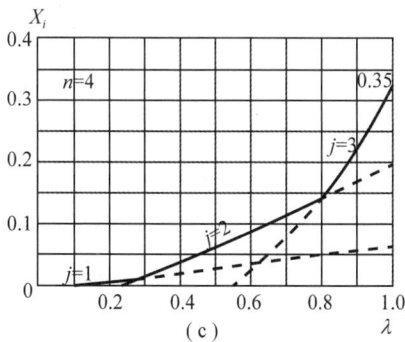

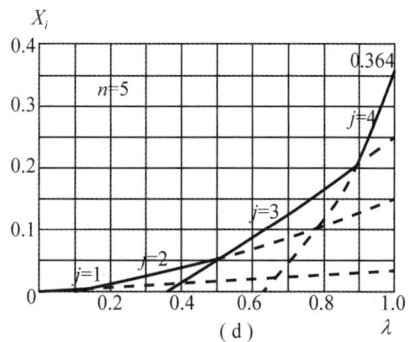

图 G-1　在中间弹性支座上连续压杆的稳定性曲线

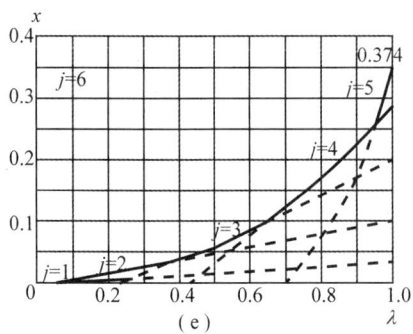

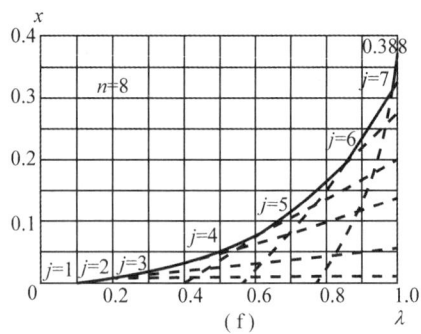

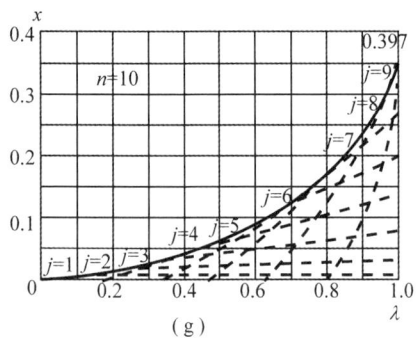

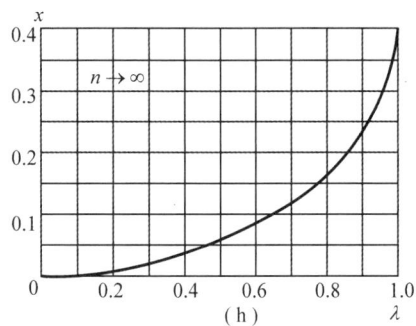

图 G -1(续)

附录 H　矩形板的稳定性计算公式

符号：

t——板的厚度；

$\alpha = a/b$——板的边长比；

$\beta = \sigma_1/\tau$——压应力 σ_1 与剪应力 τ 之比；

说明：

应用表 H–1 时先从表中求出系数 k，然后按下计算公式 σ_i：

$$\sigma_i = \frac{\pi^2 E}{12(1-\mu^2)}\left(\frac{t}{b}\right)^2 k$$

再按下式计算出压应力 σ_1 与剪应力 γ 的临界值

$$\sigma_{1\text{cr}} = \frac{\beta\,\sigma_t}{\sqrt{\beta^2+3}}$$

$$\gamma_{\text{cr}} = \frac{\sigma_t}{\sqrt{\beta^2+3}}$$

表 H–1　四边自由支持矩形板在压力在压力与剪力共同作用下的稳定性公式符号：

NO.	受载形式	系数 k
1	$\sigma_2/\sigma_1 = 1$ $\sigma_1 \quad \overleftarrow{\tau} \quad \sigma_1$ $b \quad a$	当 $\alpha \geqslant 1$ 时 $k = 2\kappa^2\beta\sqrt{\beta^2+3}\left[-1+\sqrt{1+\dfrac{4}{\beta^2\kappa^2}}\right]$； $\kappa = \dfrac{4}{3}+\dfrac{1}{\alpha^2}$ 当 $\dfrac{1}{2} \leqslant \alpha \leqslant 1$ 时 $k = \dfrac{1}{2}\kappa^2\beta\left(\alpha+\dfrac{1}{\alpha}\right)^2\sqrt{\beta^2+3}\left[-1+\sqrt{1+\dfrac{4}{\beta^2\kappa^2}}\right]$ $\kappa = \dfrac{4a^2+5.34}{(a^2+1)^2}$
2	$\sigma_2/\sigma_1 = 0$ $\sigma_1 \quad \overleftarrow{\tau} \quad \sigma_1$	$k = 3.85\kappa^2\beta\sqrt{\beta^2+3}\left[-1+\sqrt{1+\dfrac{4}{\beta^2\kappa^2}}\right]$ 当 $\alpha \geqslant 1$ 时，$\kappa = \dfrac{5.34+4/\alpha^2}{7.7}$ 当 $\dfrac{1}{2} \leqslant \alpha \leqslant 1$ 时，$\kappa = \dfrac{4+5.34/\alpha^2}{7.7+33(1-\alpha)^3}$

表 H −1(续)

NO.	受载形式	系数 k
3		$k = 24\kappa \sqrt{\beta^2 + 3} \sqrt{\dfrac{1}{1 + \beta^2 \kappa^2}}$ 当 $\alpha \geq 1$ 时, $\kappa = \dfrac{2}{9} + \dfrac{1}{6\alpha^2}$ 当 $\dfrac{1}{2} \leq \alpha \leq 1$ 时, $\kappa = \dfrac{1}{6} + \dfrac{2}{9\alpha^2}$

参 考 文 献

[1]陈铁云,陈柏真. 船舶结构力学[M].上海:上海交通大学出版社,1991.

[2]陈柏真,阮先政. 船舶结构力学习题集[M].上海:上海交通大学出版社,1994.

[3]陈柏真. 薄壁结构力学[M].上海:上海交通大学出版社,1988.

[4]黄克智. 板壳理论[M].北京:清华大学出版社,1986.

[5]包世华,周坚. 薄壁杆件结构力学[M].北京:中国建筑工业出版社,2006.

[6]徐芝纶. 弹性力学[M].5 版.北京:高等教育出版社,2016.

[7]王光钦. 弹性力学理论概要与典型题解[M].成都:西南交通大学出版社,2009.

[8]中国船舶集团,中国造船工程学会. 船舶设计实用手册·结构分册[M].3 版.北京:国防工业出版社,2013.

[9]帕利. 船舶结构力学手册[M].徐秉汉,译. 北京:国防工业出版社,2002.

[10]聂武,孙丽萍. 船舶计算结构力学[M].哈尔滨:哈尔滨工程大学出版社,2003.

[11]孙丽萍. 船舶结构有限元分析[M].哈尔滨:哈尔滨工程大学出版社,2013.

[12]熊志鑫. 船体结构有限元建模与分析[M].上海:上海交通大学出版社,2014.